2017 象甲漂亮一手

XIANGJIA PIAOLIANG YISHOU

张郁伟　贺　进／编著

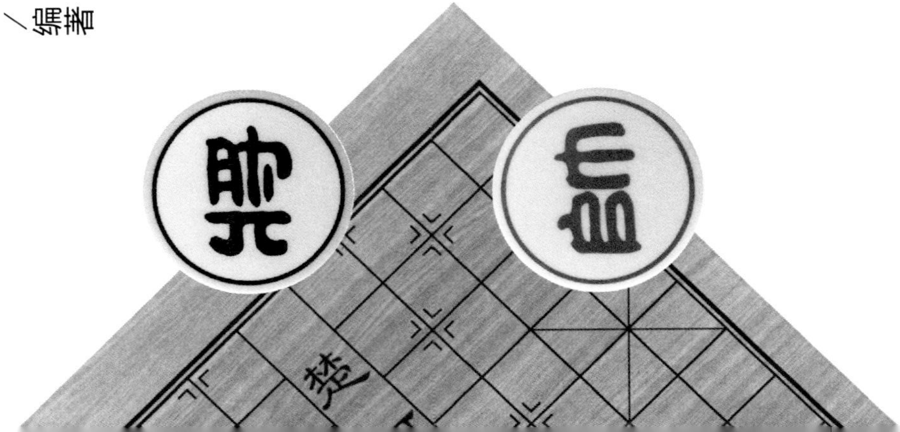

成都时代出版社
CHENGDU TIMES PRESS

图书在版编目(CIP)数据

2017象甲漂亮一手/张郁伟,贺进编著.—成都:成都时代出版社,2018.7

ISBN 978-7-5464-2114-8

Ⅰ.①2… Ⅱ.①张… ②贺… Ⅲ.①中国象棋-竞赛-介绍-中国 Ⅳ.①G891.2

中国版本图书馆CIP数据核字(2018)第121749号

2017 **象甲漂亮一手**

XIANGJIA PIAOLIANG YISHOU

张郁伟 贺进 编著

出品人 石碧川
责任编辑 曾绍东
责任校对 翟 理
封面设计 墨创文化
责任印制 唐莹莹
出版发行 成都时代出版社
电 话 (028)86619530(编辑部) (028)86615250(发行部)
网 址 www.chengdusd.com
印 刷 成都蜀通印务有限责任公司
规 格 165 mm×230 mm
印 张 17
彩 插 2
字 数 210千字
版 次 2018年7月第1版
印 次 2018年7月第1次印刷
印 数 4000册
书 号 ISBN 978-7-5464-2114-8
定 价 32.00元

2017象甲冠军队——广东碧桂园象棋队，左起第二：张学潮、郑惟桐、吕钦、许银川、许国义。右起第一：中国象棋协会主席陈泽兰女士。

2017象甲亚军队——内蒙古伊泰象棋队，左起第二：郝继超、宿少峰、赵有存、赵国荣、洪智、陈栋。右起第一：中国象棋协会秘书长郭莉萍女士。

前排左起：许银川、柳大华。后排左起：谢靖、徐超、郑惟桐、赵鑫鑫、洪智、吕钦、王天一、赵国荣、蒋川、孙勇征。

三棋王复盘研究。左起：赵国荣、洪智、郑惟桐。

冠军寄语。左起：吕钦、赵国荣、许银川、王天一、郑惟桐、蒋川。

象棋大师与学生们进行车轮战对弈表演

赛场精彩瞬间

特级大师王天一：锐不可挡

特级大师郑惟桐：沉着应战

特级大师许银川：深思熟虑

（部分图片由打虎将李爱忠提供）

代序

《2017象甲漂亮一手》就要和广大读者见面了，我作为一名老运动员，对此感到非常欣慰。众所周知，全国象棋甲级联赛，是棋坛专业运动员一年一度的盛会，代表着当代棋艺的最高水平。联赛几乎囊括了当今所有的顶尖高手，他们在小小棋盘上驱车跃马，尽情展示自己的才华，留下了许多精彩的棋谱。这些佳局，是棋手们智慧的结晶，更是十分珍贵的历史资料。以往这些棋局，仅仅散见于各种媒体，时间一长，难免会造成部分丢失，令人惋惜。感谢成都时代出版社，他们以超前的战略眼光和专业的严谨态度，从去年开始就致力于打造有关象甲的精品书籍，使得这些资料基本得以完整的保存并传之后世，确实是做了一件大好事。

本书的两位作者，一位是闻名遐迩的棋谱作家、著名记者；一位是资深的国家级裁判，象甲联赛的参与者和见证人。他们以独特的视觉和认真负责的态度，全景式地为读者展现了 2017 象甲联赛波澜壮阔、风起云涌的完整过程。该书史料详实，图文并茂，对相关棋手的介绍、对局时的积分形势，以及棋局的关键之处，均有精彩的描述。技术性和趣味性并重，对于普通棋迷和专业运动员、教练来说，都具备一定的收藏价值。

2017 象甲联赛已经成为过去，2018 象甲的战鼓又在催人奋起。在此，我祝愿各队在今年的赛场上再创辉煌，弈出属于自己的漂亮一手。

是为序。

吕钦

2018 年 4 月

目录

代　序

综述一

象甲第一轮到第五轮

中国象棋甲级联赛，历时十五个春秋。有如旭日之喷薄，大海之澎湃，成为亿万棋迷一年一度的美味大餐。由于中国象棋协会的锐意改革，全快棋的对抗登堂入室，（20分钟加5秒，加赛5分钟加3秒的比赛规则）更吸引了亿万棋迷的眼球。

2017年全国象棋男子甲级联赛，有14支队伍参加角逐，他们是广东碧桂园象棋队，内蒙古伊泰象棋队，四川成都龙翔通讯象棋队，北京威凯金环建设京冀联队，上海金外滩象棋队，杭州市环境集团象棋队，浙江民泰银行象棋队，山东中国重汽象棋队，黑龙江省农村信用社象棋队，厦门象棋队，湖北武汉光谷象棋队和河南楚河汉界天伦象棋队，杭州市象棋协会象棋队。毫无疑问，他们代表了当今象坛的最高水平，是楚河汉界“第一方阵”的大阅兵。

2017年5月3日

腾讯棋牌“天天象棋”2017全国象棋男子甲级联赛，“大庆杯”第一阶段赛会制，在黑龙江省大庆市举行，我应邀前往参加赛会的宣传报道工作。

今天是报到日，列车早晨8点半到达大庆西，一下车，扑面而来的大风足有六级多，虽说没有飞沙走石，确有沙尘暴的味道，灰蒙蒙的天空下，空旷的原野上道路显得非常宽阔，汽车以九十迈的速度在飞驰，路旁不远处的抽油机（当地人称“点头机”）比比皆是，十米高的井架隐约可见，操作工人都是在野外作业，工作之艰辛可想而知。这不禁令人想起草原篝火的年代，铁人精神的传承彰显了油都的风采。当年余秋里副总理亲自挂帅，率领数万大军战天斗地，才有了今天耸立云天的巍巍油都。

大庆又称百湖之城，龙凤湿地更是闻名遐迩，透过车窗可以看到，一群群野鸭和野鸟，涂抹了一副春色盎然的画卷，一簇簇丁香花在大风中摇拽，仿佛在欢迎远道的客人，十四路象甲人马云集，就像当年的大庆会战，我们来了！

下午，我在酒店大堂巧遇王天一，这位两届全国冠军，棋手等级分高居第一的“一天王”，在时隔一年之后重返象甲，无疑是人们关注的焦点。我请王天一谈谈今年的象甲，他欣然如约，下午 4 点半钟，准时来到我的房间。王天一 1 米 87 的个头，28 岁的年龄，处处给人一种英姿勃勃的感觉，深邃的目光炯炯有神，流露出一位超凡棋手的睿智。

话题从去年的那场风波谈起，因为广西跨世纪集团的违约，他们（还有王跃飞）起诉该集团，主要是拖欠几个月的工资，大约有几十万元吧，因为程序比较长，还没有了结，加上数额不是很大，他也不愿意耗费过多的精力，做为一个棋手，下棋应该是第一位的。

今年签约杭州环境集团象棋队，说来已经是第五家了，沈阳、北京、内蒙古、广西，也算是纵横南北了。从 2011 年到 2013 年，他在北京队三年，取得个人名次刚好是第一，第二，第三，随后又助内蒙古队建功立业，再就是率领广西队，一举登上全国冠军的宝座。说到眼下大战在即，他最看好哪个队。天一坦言，吕钦率领的广东队，洪智、赵国荣担纲的内蒙古队，实力明显要强一些；川、沪、京冀联队，还有升班马江苏队，实力不俗，属于第二集团；杭州队应该努力挤进第二集团，他说，特别是江苏队，引进了孟辰，再加上程鸣等悍将，实力不可小觑。

说到本队，天一信心满满，他认为，赵金城处在上升阶段，快棋也不错，外援赖理兄实力相当于国内强大师吧，只要大家齐心协力，发挥得好，很有可能给大赛一个惊喜。

当然，象甲无弱旅，从哪冒出一匹黑马也未可知。（笑）说到他这位北大学子，频繁的比赛和学业如何兼顾。他说，原本四年的学期，延迟了两年，比赛耽误的课程都得补上，拿到学士学位也靠自己的努力，他学的是信息管理，IT 行业吃的是青春饭，他现在全力以赴在下棋，将来具体干什么目前还没想好。不过一定要寻求适合自己的环境。话题又转到了人工智能“入侵”的问题，他认为，随着高科技的快速发展，利用软件拆棋，可以帮助棋手提高水平，但绝不是决定性的。另外，相对于老式的训练方法，比如说集体研究，有些人更适合单兵作战。

2017 年 5 月 4 日

今天一大早，又是大风呼号，沙尘飞扬，战幕尚未开启，就让人感觉到，象甲的风暴已经迫在眉睫了。上午 10 点，开幕式在大庆市工人文化宫举行，据黑龙江海之龙体育发展有限公司董事长孙寿华介绍，这次开幕式的规格之高，媒体阵容之豪华，都是空前的。

大庆市市委副书记张亚中致欢迎词，他说大庆出了围棋世界冠军柁嘉熹、象棋特级大师郝继超，棋类在我市有非常好的基础，去年我们成功地举办了全国象棋少年赛，2016 全国象棋男子甲级联赛第二阶段赛会制的比赛，今年又迎来了“大庆杯”全国象棋男子甲级联赛第一阶段赛会制的比赛，这一系列的体育赛事，必将形成与旅游相结合的产业链，并希望更多的赛事落户大庆。

中国象棋协会主席陈泽兰致开幕词，她说黑龙江的象棋事业有着很好的传统，曾培养出王嘉良、赵国荣、郭丽萍、王琳娜等众多象棋国手，她希望中国象棋协会进一步加强与黑龙江体育局，大庆市政府的合作，在普及推广和品牌赛事的打造方面，取得新的突破。

开幕式之后，世界冠军吕钦、赵国荣进行了车轮战表演，两位超级巨星的精彩对弈，受到了大庆棋迷们的热烈追捧。

下午 1 点整，比赛在昊方诺福特酒店开战。需要说明的是，比赛分日场和夜场两个部分进行。六冠王广东队是唯一拥有全特大豪华阵容的队伍，首轮对厦门队，自然成为人们关注的焦点。首战广东队派出了特级大师郑惟桐，厦门队则派出了“冷面杀手”钟少鸿，双方以对兵局拉开战幕，布阵斗法20回合，大家竟毫发无损，缠斗中郑惟桐突然发力，借兑车之机，围猎对方孤炮，并取得两个“通头兵”的优势，继而兵临城下，并果断弃兵破士扩大战果。但钟少鸿的顽强抵抗，让郑惟桐的攻势慢慢减弱，岂奈时间催人，最终被郑惟桐做成绝杀，广东队力拔头筹。接下来许国义战和才溢，张申宏顶和许银川，第四盘厦门陈鸿盛击败广东张学潮，双方4∶4战成平手。不曾想，广东福将张学潮此局之失，不仅惜和厦门，而且比竞争对手内蒙古队落后了半个身位，直至第一阶段赛会制结束。

重返象甲的王天一吸引了众人的眼球，他加盟的杭州队首轮对阵成都队。王天一最后一个上场，对阵成都李少庚，这之前场上比分为4∶2成都队领先，在许胜不许和的情况下王天一只能背水一战。开局未几，王天一就把局面引向复杂化，李少庚也毫不手软，一场激战在所难免，对攻中王天一突然妙施回马金枪如火中取粟，李少庚见状不敢冒进，退车河口暂避锋芒，接着王天一不惜弃士发动强攻，双骑扑出似追风逐电，一举攻破对方城池，将大分追平。这是王天一重返象甲的首秀，先声夺人。

其他场次的战绩为：黑龙江2∶6负内蒙古，杭州象协2∶6负上海，河南2∶6负江苏，京冀联队5∶3胜山东，浙江6∶2胜湖北。

2017年5月5号

象甲第二轮白天的比赛有六支队伍参加角逐，内蒙古对湖北之战率先结束。内蒙古昨天6∶2轻取黑龙江之后，今天5∶3战胜湖北，梅开二度。因程进超不大适应快棋的节奏，湖北队今天换上了柳天，他和汪洋分别战和了蔚强和郝继超，问题出在了第三盘，李智屏对洪智，在双方大致相等的局面下，李智屏走错了一个次序，洪智洞若观火，乘微隙谋取多一兵的优势转化为胜势。最后一盘赵之雨虽然竭力拼杀，并取得了一定的攻势，但都被老谋深算的赵国荣轻松化解，湖北队惨遭两连负。同为首轮获胜的江苏与京冀联队相遇，以4∶4战成平手。其中“大杀器蒋川”与“刀斧手”程鸣大战180回合才握手言和。浙江与山东交手，第二盘先折一阵，赵旸鹤负于陈富杰，第四盘赵鑫鑫上场，大斗李翰林。比分落后只有华山一条路，赵鑫鑫渴望绝处逢生，面对对方四子归边的强大攻势，不惜老将登上三层楼，一时间王城风声鹤唳，双方杀得兴起，都不愿善罢甘休，乱战之中都有错进错出，最终还是两难进，只能鸣金收兵。这样，山东5∶3击败浙江，取得首胜。

其他场次的战绩为：江苏4∶4平京冀联，杭州4∶4平河南，厦门3∶5负成都，上海2∶6负广东，黑龙江6∶2胜杭州象协。

2017年5月6号

今天有雨，而且下得不小，气温骤降。但象甲赛场的气氛，愈演愈烈。卫冕冠军广东队，8∶0狂扫黑龙江队，是今天最大新闻。首战郑惟桐对金松，我看到的棋已是有车对无车的局面，而且郑有小兵助阵，金松没支持多久便投子认负。许银川也是依仗先手的小优势，逐步扩大战果，蚕食而胜，赢了刘俊达。许国义和张学潮分别以后手击败何伟宁，聂铁文。8∶0的比分太过悬殊，这也是第一阶段赛会制的唯一。升班马江苏与浙江之战，颇有戏剧性。首战黄竹风与孙逸阳战平之后，主帅徐天红在交条子的时候误写了自己的名字，临战，还不知道是自己上场，仓促上阵的结果可想而知，最终导致3∶5落败。徐帅后悔不迭。值得一提的是，老牌劲旅上海队迎来了第二场胜利。

5∶3 战胜成都，由特级大师万春林建功。他后手击败了苗立明，宝刀不老。京冀联队与杭州队，经过一场血战，握手言和。双方都是主将建功。蒋川胜了李炳贤，王天一赢了赵殿宇。领头羊内蒙古队轻取杭州象协，洪智再下一城。这样，塞外铁骑内蒙古队三战皆捷，一马当先。广东队积 5 分，穷追不舍。积 4 分的有浙江、山东、上海、京冀联队四队之多。

射手榜上，郑惟桐、王天一、洪智同为三连胜，并列首位。

2017 年 5 月 7 日

今天是个大晴天，这里的太阳升起的时间特别早，蓝天白云，大庆真美。

今天的头号新闻是，杭州与浙江同室操戈，王天一遭遇徐崇峰的顽强阻击，终止了连胜的势头。是局，徐崇峰虽是后手，但表现得镇静自如，应对精准，让王天一难越雷池一步，只能言和。塞外铁骑内蒙古队 6∶2 战胜山东，一骑绝尘。蔚强、洪智双建功，执先手分别战胜陈富杰、刘子健。厦门以相同的比分战胜京冀联队。鹭岛剑客郑一泓和陈鸿盛同获胜券。上海战平河南新军，四台全部打平，孙勇征、谢靖两棋王表现不尽人意。黑龙江与成都也战成平手，不过双方各有胜绩，聂铁文、武俊强都为本队抢分。湖北与杭州象协再遭败绩，真是一胜难求，一对难兄难弟早早就跌入了沦陷区。

射手榜上郑惟桐、洪智均为四连胜，并列射手榜第一。

2017 年 5 月 8 日

2017 全国象棋甲级联赛，第一阶段赛会制，今天是最后一轮，日场和夜场合并，14 支队伍齐聚一堂。毫无疑问，排在前两位的内蒙古与广东之战，成为万众瞩目的焦点。

首轮双方派出最强手，许银川与洪智狭路相逢，二人以飞相局对左中炮布阵斗法，布局未几，许银川即双炮过河压制对方，洪智扎住阵角密云不雨，双方都是小心细微，但貌似平静的表象下已杀机四伏，谁能一剑封喉呢？观者摒住呼吸，但见洪智自摆乌龙，出现大漏，谁知许银川没有看到，坐失胜机，战局在跌宕起伏之后化为平静，和局。另一场焦点之战在赵国荣与郑惟桐之间展开，久经沙场的老将赵国荣一直持有小先手，蓄势待发，郑惟桐不敢有丝毫的懈怠，风雨不透，经过一番转换，郑惟桐稍好，但一直找不到更大的机会，只能鸣金收兵。其他两台也战和。天地大冲撞，没能撞出火花来，让观者意犹未尽。象甲开赛以来一局未胜的湖北队，今天首战派上汪洋，对阵杭州队外援赖理兄，汪中盘发力，果断一车换二并残去对手一象，海外第一人使尽浑身解数，仍难以阻挡汪洋如潮的攻势，战至第74手，黑方要求核定自然限着步数，经核准还未到，黑方爽快认负。

其他诸队战况为：浙江5∶3胜厦门，杭州5∶3胜湖北，京冀联队5∶3胜上海，山东4∶4平江苏，成都7∶1胜杭州象协。河南4∶4平黑龙江。至此，象甲第一阶段赛会制五轮大战偃旗息鼓，排在前六名的队伍是内蒙古、广东、浙江、成都、江苏、杭州。

射手榜的前六位是郑惟桐、洪智、王天一、许银川、陈泓盛、聂铁文。曲终人散，似有余音绕梁。5月8日象甲大庆站落幕。海之龙董事长孙寿华通知我，要我晚上一块儿吃饭，恭敬不如从命。原来5月4日他就找过我，说吕钦过来国荣肯定请客，你也参加。我说手头要采写的东西多，躲过了初一。

晚宴在工人文化宫举行，出席晚宴的嘉宾有，大庆市委副秘书长、总工会主席袁晶女士、当代体育杂志社社长赵虹煜女士、大庆市工人文化宫主任丁赍先生、象甲裁判长栾晓峰先生、大庆杯全国象棋公开赛裁判长王聚群先生。（两个比赛无缝对接）当代象棋的两位领军人物——南吕北赵，以及广东队宗永生大师、许国义特大、大庆本土男女棋王陈国庆、崔燕等济济一堂。

袁晶主席发表了热情洋溢的讲话，高度赞誉了象甲联赛的成功举办，并希望明年的象甲季后赛能安排在大庆，让南方的客人领略一下北方冰雪温泉的奇妙，袁晶主席口若悬河，字字珠玑，赢得满堂喝彩。接着，海之龙董事长孙寿华先生代表组委会向大庆市委，市总工会领导表示了衷心的感谢！感谢东道主的热情周到，全力支持和配合，使象甲联赛得以圆满成功。

听了诸位的讲话，受益匪浅。觉得今晚上来的值！没想到更精彩的还在后面。

晚宴后，安排喝茶，地点在黎明湖畔竹叶青茶叶专卖店。我们一行有吕钦、赵国荣、赵虹煜社长、栾晓峰裁判长、崔燕和我，显然这是本土女棋王燕子安排的。茶艺师端庄秀美，手法娴熟，深谙茶道之精华。第一道上的是竹叶青绿茶，静心等级的。没等举起茶杯，国荣就问我，今晚在一起聚好不好？南吕北赵好不好？南吕北赵关系这么好，好不好？国荣一向言语不多，一连串的发问，让我精神为之一振。今晚有料。不知谁喊了一声，服务员拿纸来！国荣一开场就十分精彩，煮酒论英雄；一吕二赵三典韦，（四关五马六张飞）。吕钦立即谦让，国荣 60 年的，我是 62 年的，他是我大哥。吕钦接着说，国荣来广东，他能当我半个家，不不，他说了算。国荣说，吕钦来到黑龙江，不用找我，他说话好使。这大概不是酒后言欢，称兄道弟，我回来翻出许多照片，不经意间发现，冠军合影中，吕赵常常总是站在一起的。

吕钦说，五年前我上任省棋牌中心主任，当时有点不想干，是国荣打电话给我……国荣说，是的，是我给他打电话，为了象棋你必须当。惺惺相惜。此时上了第二道茶，竹叶青品味级。南吕北赵尽管还在成长过程，人生经历有诸多不同，但它们有许多共同点：

全国冠军

亚洲冠军

世界冠军

大满贯棋王

象棋南北领军人物

话题自然转到他们的老师南杨北王身上。当年杨官璘和王嘉良是“死对头”，而今吕钦和赵国荣是好朋友。

吕钦说，杨老的行事风格一贯很严谨，他认定的东西别人很难改变，那个年代也缺少沟通，也有一些误解，这也是历史的局限性。国荣很赞同吕钦的说法，是的，是历史的局限性。他接着说，王老特别喜欢人才，当年他就特别喜欢吕钦，说吕钦很聪明，说吕钦要是能在黑龙江那就好了。吕钦连忙说，没有没有（没有那么好）。国荣说，别人都说我南北兼收，其实有些说法我是不赞同的，什么北派棋手就大刀阔斧，南派棋手就细腻严谨，南派棋手中，不就有吕钦、洪智这样的战神级杀手？吕钦说，不能把棋手的风格笼统的归结为南北两派。又不是武术中的门派，什么华山派、武当派、少林派，而是每个人都有个人的风格，南北只是一个地域的概念。

英雄所见略同。此时上了第三道茶，红茶，君临天下。

连茶叶的品种都考虑到了南北客人的口味，东道主用心良苦。我突然给国荣提出了一个问题，这次象甲广东 8∶0 狂扫黑龙江，不知国荣你有何感想？如果你国荣在黑龙江，这个几率可能不存在。国荣说，一个人要懂得感谢和感恩（这句话他重复了多次），我担任黑龙江棋院院长 20 年，一直受到省市领导和体育局领导的关心关爱，原来的孙尧副省长，体育局杨涛主任，还有恩师王嘉良，一直对我关爱有加。

1974 年恢复全国比赛，那时我才多大？就破格让我参加，目的就是让我尽早见世面，后来我拿了全国冠军，全国团体赛冠军，就让我享受到了国务院津贴和省政府津贴。这么多年我承受了许多压力，但都没有流过泪，让我流泪记得有两次：一次是父亲去世；再一次就是体育局领导跟我谈话，要我担任三棋总教练……

大家都在静静地倾听国荣的倾诉，栾晓峰裁判长也和国荣一样，一支烟，接着一支烟。大家知道，我一家都是搞棋的，开个公司赚点钱不是个事儿，我到内蒙古打象甲，就是要引领象棋商业化的潮流，同时也让年轻人多锻炼。吕钦插话，碧桂园一年投入象棋大概有 1000 万左右。国荣说，伊泰一年大约也有 500 万，如果多几个碧桂园多几个伊泰，象棋早就火了。

赵虹煜社长插话不多，但说起话来如珠落玉盘，十分精准，她说，吕钦和国荣都是我的老师，我是搞体育的，我最懂得战绩对一个棋手是多么的重要，而他的实力和对事业的热爱都会影响很多人，他们两位都是六零后的，在棋界一批又一批后起之秀的冲击下，他们还能挺住，在象棋界已经不多了，吕钦插话，天红也还在下。

还有，象棋一定要走商业化道路。比如说，郭丽萍搞比赛搞得风生水起，孙寿华搞商业运作长袖善舞，这其实也是一种遥相呼应（国荣插话，孙寿华也是我们黑龙江出来的能人）。赵社长接着说，南吕北赵是象坛的领军人物，是象坛的旗帜，也是象坛的骄傲。我今天能够近距离地聆听两位棋王的交谈，真是三生有幸。

离开茶室已经是午夜时分，阵阵冷风袭来让人清醒了许多，明天就要离开大庆，该早点休息了，谁知燕子不依不饶，又驱车把我们拉到烧烤一条街，我看到一排排一串串烤肉，经不住劝尝了一串，不曾想咬一口满嘴流油，真个是外脆内嫩，松软肥美，香气扑鼻，禁不住大快朵颐起来。

1 开局妙手

1．炮八平五　马2进3　2．马八进七　车1平2
3．车九平八　马8进7　4．兵七进一　卒7进1
5．马二进一　卒9进1　6．车一进一　卒9进1
7．兵一进一　车9进5　8．炮五平三

图1是第一轮成都孙浩宇与杭州李炳下成的开局，双方以反方向的中炮进三兵对屏风马进三卒布阵斗法。黑方采用边路大出车战法，虎视红方七路兵，此时以往红方多走车八进四或车一平六，都可收到红方略优的局面。而今红方另辟蹊径，弃兵拆中炮是全局构思的漂亮一手！看来绝非临场突发奇想，而是一份准备充分的“家庭作业”。

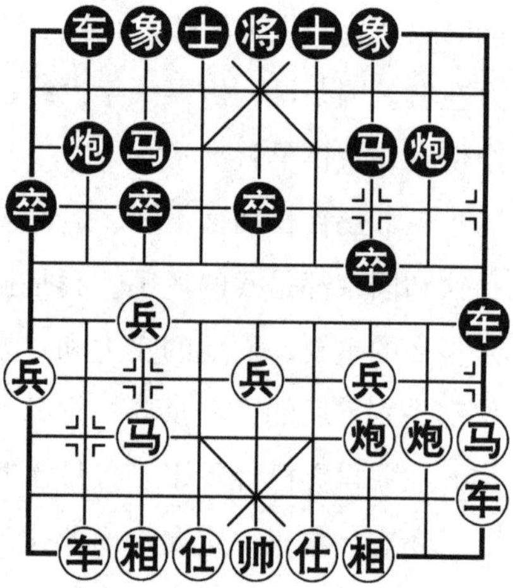
图1

8．……　卒3进1

黑方不吃兵而弃卒，是较为新颖的战术，意在活通3路马路，以便快速出动子力。

9．兵七进一　车9平3　10．兵七平六　马3进4

兵给马吃耐人寻味，后面两个回合就见分晓。

11．相七进五　车3进1　12．兵三进一　马4进5

13. 马七进五　　车3平5　　14. 兵三进一　　车5平7

15. 车一平三　　车7退2　　16. 炮二进一　　马7退5

红车叶底藏花，是中炮右移的连续动作和技术支撑，由此红方完成了由中路进攻转为侧翼进攻的战略转移。

17. 炮二平三　　车7平6　　18. 车八进六　　象3进5

19. 车三平二　　车2平3　　20. 车二进五　　车3进4

21. 车二平五　　车6平5　　22. 车五平三　　马5退3

23. 马一进二　　车5平8　　24. 前炮平五　　车3平5

25. 炮三进七　　士6进5　　26. 炮三平一　　炮8进3

27. 车三进三　　士5退6　　28. 车八平四（红胜）

2　巧打争先

图2是第一轮山东重汽谢岿与京冀联队赵殿宇交手18回合出现的盘面，眼下双方都集结重兵于一翼，这是仙人指路对卒底炮阵式常常出现的局面，现轮红下：

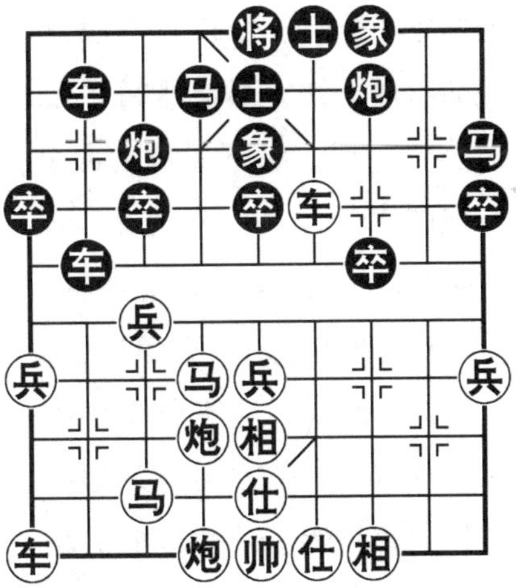

图2

19. 前炮平八　　前车进3

红平炮打车是漂亮一手！黑方被迫一车换二实出无奈，如后车平1，则红有兵七进一的严厉手段。

20. 马六退八　　车2进6　　21. 车九进二　　车2进1

22. 马七进六　车2退2　23. 仕五进六　炮3平2
24. 兵五进一　车2平3　25. 车九平八　炮2进4
26. 马六退四　炮2平9　27. 车四进二　炮9平5
28. 仕四进五　炮5平4　29. 车四退五　炮4平5

红步步紧逼已经控制全局。

30. 车八进六　炮7平8　31. 相三进一　马9进7
32. 车八平七　炮8平9　33. 车七进一　士5退4
34. 车七平六　将5进1　35. 车四进六

红以双峰贯耳之势完成绝杀。

3　杀局表演

图3是第一轮内蒙古洪智与黑龙江金松激战32回合时出现的盘面，红方不惜藩篱尽毁而全力一搏，眼下黑车4退1捉炮试其应手，如车1进2，则红车三进一白吃黑马。

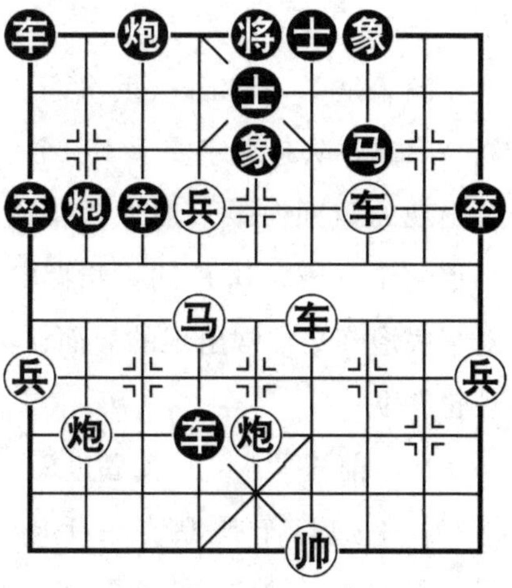

图3

33. 炮八进三　卒3进1

红炮倒骑河漂亮一手！伏多个攻击点，黑方无奈只能挺卒拦炮暂解燃眉，红方乘机吃马已成胜势。

34. 车三进一　车1进1

直接车1进2尚可坚持。

35. 兵六进一　车1进1　36. 兵六进一　车1平4
37. 车四进五　炮3平6　38. 兵六平五　将5平4
39. 兵五进一　将4进1　40. 车三进一

红方完成了在教科书中常见的杀棋表演。

4　巧取豪夺

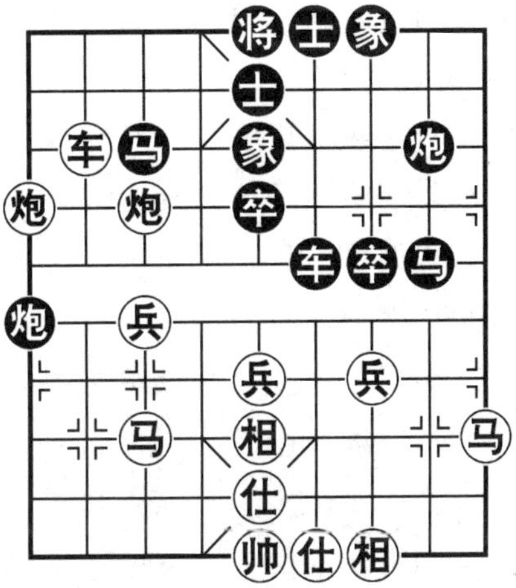

图 4

图 4 是第二轮黑龙江刘俊达与杭州象协吴欣洋战罢 17 回合出现的盘面，黑边炮轻发授人以隙，红抓住战机边路发动进攻。

18. 炮九进一　车6平4

红不沉底炮而进炮打马，漂亮的一手！也是黑方忽略掉的一步巧妙的顿挫。黑如马3退4，则红炮九进二黑必失子。

19. 炮九平七　车4退2
20. 车八进二　士5退4　21. 前炮进一　车4平3
22. 前炮平二　车3进1　23. 炮二退三　车3平4
24. 车八退五　炮1退3　25. 兵七进一　车4进3
26. 兵七进一　车4平3　27. 车八平七

黑失子失势，红胜。

5 谋子策略

图5是第二轮四川李少庚与厦门才溢交手22回合形成的盘面，眼下双方子力完全均等，局面似乎平淡无奇，但仔细审势就可以发现，黑方的危险已经临近。

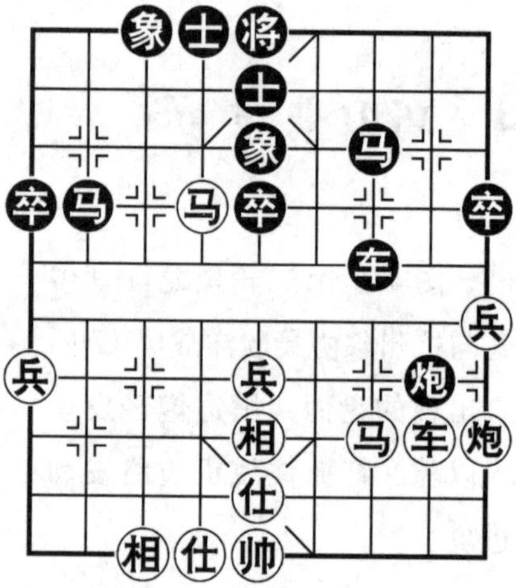

图5

23. 马六退五　　车7平8

红巧施回马枪，漂亮的一手！黑如车7退1，则马三进四黑仍要失子。

24. 马三进四　　车8进1
25. 马四退二　　马7进8　　26. 车二退一　　卒5进1
27. 马五退七　　马8进6　　28. 马二退四　　车8平9
29. 相五进三　　车9进1　　30. 车二进二　　车9退2
31. 兵五进一　　马2进3　　32. 兵九进一　　马3退4
33. 兵五进一　　车9平5　　34. 车二平四　　马6退5
35. 车四进三

至此，红方得子且控制局面，最终红胜。余着从略。

6 弃子抢攻

图6是第三轮杭州李炳贤与京冀联队蒋川战至第九回合时出现的

盘面。此时红车正捉住黑马，且看黑方如何应对？

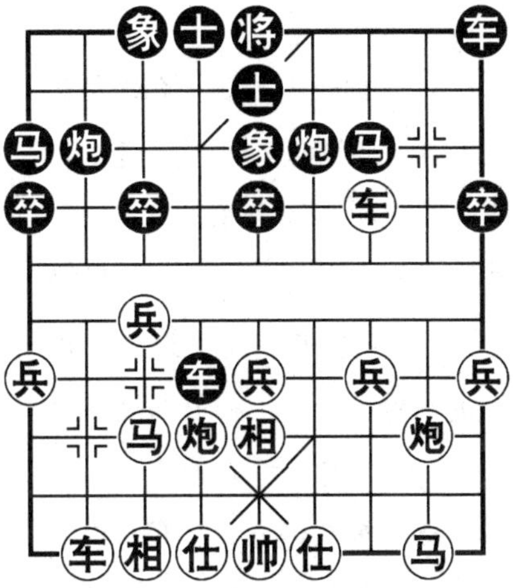

图 6

9．……　　　　车9 平 8

黑无视红车捉马而果断亮车，漂亮的一手！是弃子抢攻的精妙构思。

10．车三进一　　　　炮2 平 4

巧兑，弃子争先的妙手

11．马二进四　　　　炮4 进 5

12．炮二平六　　　　车8 进 8

13．车八进一　　　　炮6 进 7

再弃子，妙手连珠。

14．炮六退一　　　　车8 平 6

红如帅五平四，则车8 平 7，帅四平五车7 进 1，帅五进一车4 进 1，红也难下。

15．仕六进五　　　　车4 进 2

三度弃子，弈来精彩动人！

16．车八平六　　　　炮6 平 7　　　　17．车三退三　　　　将5 平 6

18．仕五进四　　　　车6 平 4　　　　19．相五退三　　　　车4 平 3

20．马七进六　　　　车3 进 1　　　　21．帅五进一　　　　车3 退 1

22．帅五退一　　　　车3 进 1　　　　23．帅五进一　　　　车3 平 7

至此，形成黑方优势残局，战至 71 回合黑胜。

7　闪击空门

图 7 是第四轮广东许银川与杭州象协吴魏交手 33 回合形成的盘

面，黑四个大子倾巢而出全部压上，但后防空虚已经暴露无遗，且看红方妙手闪击：

34. 车四平八　　车3平2

红平车捉炮并闪击空门，漂亮的一手！黑若车3退4，则车八进五士5退4，炮九进四车3平1，车八退六车1退4，兵五进一马6退4，相五进七马4进3，马三进五黑失子。

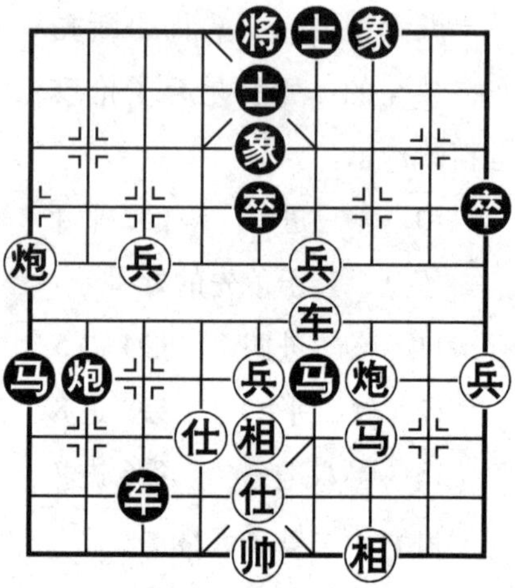

图7

35. 车八进五　　象5退3
36. 炮九进四　　士5退4
37. 炮九平七　　将5进1
38. 车八退一　　将5进1
39. 兵四进一　　车2进1　　40. 相五退七　　炮2退1
41. 兵四平五　　将5平6　　42. 车八退一　　将6退1
43. 前兵进一　　士6进5　　44. 车八退一

一气呵成，红胜。

8　乱中夺子

图8是第四轮杭州象协吉星海与广东许国义交手18回合时出现的盘面，双方以中炮过河车对屏风马左马盘河布阵斗法，现轮黑方走子：

18. ……　　马7进6

黑马踏相腰，应该是第一感觉。

19. 车一平三　　车6进3

黑进车讹车，漂亮的一手！回过头来看，红车一平三是疑问手，应相三进一尚无大碍。

20. 车三退一　　车6平5

砍炮！乱中夺子。

21. 车三进二　　炮4平7

22. 兵五进一　　马6退5

23. 马七进五　　车3平5

24. 兵九进一　　车5平1

至此，黑多子胜势。红苦撑至91回合仍难免一败。

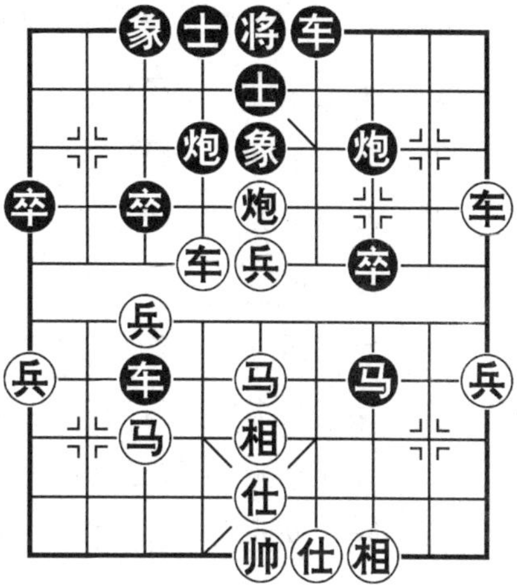

图8

9　用兵如神

图9是第五轮黑龙江聂铁文与河南刘明交手18回合形成的盘面，眼下双方的形势大致均等，而红方子力占位和协调性优于黑方，现轮红方走棋：

19. 兵五进一　　卒5进1

送吃中兵，漂亮的一手！为发动进攻争取到时间。

20. 炮八平五　　车3平7

21. 炮三进三　　车7退2

22. 兵七进一　　炮2退6

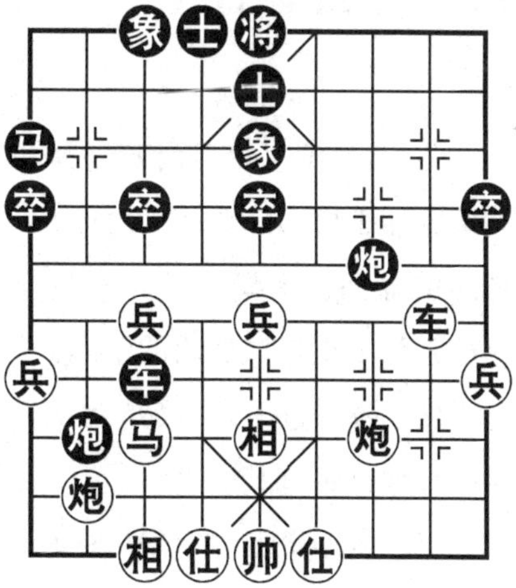

图9

再送兵精妙之着，伏捉死黑炮。

23. 兵七平六　卒5进1　24. 炮五进三　将5平6

25. 车二平四　将6平5　26. 炮五进一　卒3进1

27. 仕四进五　马1进3　28. 炮五进一　马3退4

29. 炮五退一　马4进3　30. 炮五进一　马3退4

31. 炮五退一　车7退1

黑方属于长捉，只有变着。

32. 车四平二　将5平6　33. 马七进五　炮2进3

34. 车二平八　炮2退1　35. 马五进三　卒1进1

36. 炮五退二　炮2平1　37. 马三进五　车7平6

38. 车八平二　车6进1　39. 车二进五　将6进1

40. 炮五平四

红三军逼宫胜来干净利落。

10　势如破竹

图10是第五轮河南曹岩磊与黑龙江金松布阵斗法12回合形成的盘面，中局伊始，短兵相接，眼下正是激战前的宁静：

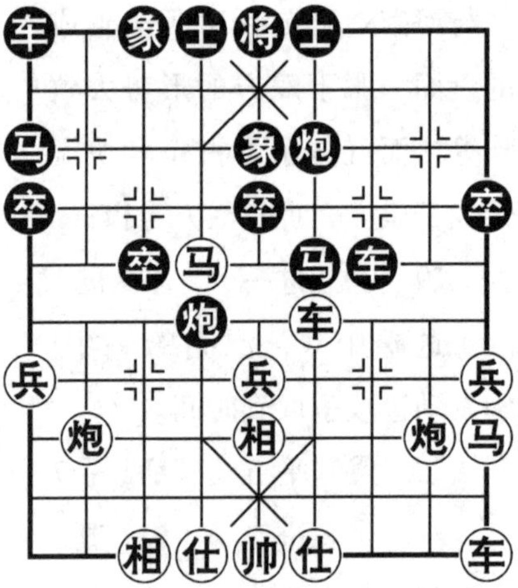

图10

13. 炮二进七　象5退7

红炮打将试其应手。

14. 车四平五　车1平2

黑出车捉炮随手，反被红方利用，不如马6退7较为稳妥。

15. 车五进二　　士4进5　　16. 马六进七　　车2进1

红进马叫杀且捉车，漂亮的一手！

17. 炮八进三　　炮4退3

因一招出车之误被红方妙手连发。

18. 炮八平四　　车7平6　　19. 车一平三　　炮6平3

弃马出车势在必行。

20. 车三进九　　车6平8　　21. 马一进三　　车8退2

铁骑突出，如虎添翼，红方攻势如潮。

22. 马三进四　　马1退3　　23. 炮二平四　　象3进5

24. 炮四退一　　士5退6　　25. 炮四平八

黑失子失势，红胜。

第一局　战神归来

2017 年全国象棋男子甲级联赛于 5 月 4 日在北国油城大庆点燃战火。赛前，被棋友们热议的话题不少，但最为引人注目的只有两条：一是广东碧桂园队能否打破奇数年不夺冠的魔咒？二是王天一重新返回象甲赛场，其将会有什么样的表现呢？

且说王天一，这位等级分排名第一的北大才子，年方 28 岁，正是当打之年。2004 年全国少年赛，以 8 胜 5 和的战绩屈居亚军（当届冠军是 10 胜 1 和 2 负的曹岩磊，曹首轮即败给王天一），2005 年卷土重来斩获冠军，晋升象棋大师。此后，王专注于学业，有几年远离了赛场。2009 年，王天一加盟沈阳境之谷象棋队，驰骋于象甲联赛中，当年即以净赚五盘的优异战绩排名全队第一；2010 年全国个人赛，首次参加的王天一异军突起，勇夺第四名，跻身国手行列；2011 年王天一被京城大帅张强慧眼识珠招入帐下，更加如鱼得水，帮助北京队卫冕成功；2012 年更上一层楼，荣膺象甲联赛最佳射手，并于磐安个人赛上大魁天下，修成正果。此后，王天一越战越勇，斩获大小冠军不计其数，等级分扶摇直上，成为棋坛新的王者。2015 年，王天一加盟广西跨世纪队，创造了棋坛的凯泽斯劳滕神话，将升班马提前三轮带到了冠军领奖台上，个人也再度成为象甲射手王。惜乎，因种种原因广西队解散，王天一错过了 2016 年的象甲联赛。2017 年王天一落户杭州环境集团队，率领一帮青年军重新杀回顶级联赛。由于 2016 年象甲改制，由原来的 60 分钟加 30 秒的慢棋，变成了 20 分钟加 5 秒的快棋，使得赛事充满了不确定因素，更富戏剧性，对所有棋手都是一次新的挑战。缺席了一年的王天一，能不能适应这种新赛制？王天一出任带头大哥的杭州队（王在全队年龄最大），会有怎样的表现呢？一切都令人充满期待。

杭州队首轮的对手是四川龙翔通讯队，这可是一块难啃的硬骨头。2016 年象甲，在队中精神领袖郑惟桐远走广东的情况下，这支队伍奋力拼搏杀进了季后赛并勇夺季军。全队实力平均，队员年龄结构合理，主教练李艾东运筹帷幄带兵有方，实乃联赛中的一支劲旅。战斗打响后，川队第一个出场的苗利明与杭州队赵金成棋逢对手，稳稳当当战平；杭州队的越南外援、有“大斧”之名的赖理兄随即出场，也与川队武俊强握手言和。第三台四川孙浩宇（雅号孙大刀）执红棋巧布新阵，攻势凌厉，仅仅 27 个回合就将杭州小将李炳贤的城池攻破，川军先声夺人，已立于不败。最后一个登台亮相的王天一已无退路，只有获胜才可扳平比分，而他的对手并非等闲之辈，乃能攻善守、最为稳定的李少庚大师。李大师比王天一大一岁，河南人士，少年成名，18 岁那年在深圳个人赛上一举夺得象棋大师头衔，随即被求贤若渴的四川队招入，效力于川队已经整整十年。李少庚棋风稳中有凶，纠缠能力尤为突出，等级分一直保持 2500 以上，可以说是川军中最让人放心的棋手。两雄相争，一个要全力以赴争取胜利，一个则要为队伍保住胜利果实，一场激战不可避免地上演了。

杭州　王天一　（先胜）　四川　李少庚

飞相局对士角炮

2017 年 5 月 4 日弈于大庆

1．相三进五	炮2 平 4	2．兵七进一	马2 进 1
3．马八进七	车1 平 2	4．车九平八	车2 进 4
5．炮八平九	车2 平 6		

王天一以飞相局起手，显示出强烈的自信。这飞相局自古以来被人们片面认为稳健有余而攻击性不足，沉寂多年少人问津。上个世纪 60 年代由旷代棋王胡荣华推陈出新发扬光大，古老的布局被注入新的血液而大放异彩，一时间众人纷纷重新研究审视飞相局，从而挖掘出许多内容，如今已经成为诸多顶尖高手的拿手武器。王天一、郑惟桐、许银川、赵鑫鑫、柳大华等人尤为钟爱飞相局，屡屡在重大比赛中采用，战绩辉煌。如今由于人工智能的开发，象棋软件的技艺已经达到令人瞠目结舌的高度，许多著名的大套路已被解拆得滴水不漏，一旦进入即使是象棋高手们也难有作为。因此，功力精深者往往选择拉长战线展开全面较量，而飞相局恰好能够迎合此战略需求，得到大家的青睐也就不足为奇了。这就好比武侠小说里那些神兵利器虽然锋利无匹，但却容易折断，而飞相局恰似独孤求败的玄铁重剑，浑厚凝重威猛无俦——当然，前提是使用者本身要具备深厚的内功，才能挥洒自如。

李少庚采用柔和的士角炮来应对，显示出他拟采取死守的战略。

记得柳大华老师曾经讲过：对付飞相局，想分输赢就走过宫炮，立意谋和则走士角炮。记忆中，少庚当年出道时布局尚显单一，后手对付中炮必走顺炮，对付飞相局则是清一色的过宫炮；而自己执先时，总爱走中炮巡河炮对付屏风马。如今经过多年磨砺，早已是博采众长融会贯通，各种布局拿得起放得下，非吴下阿蒙了。

双方正常布局，此时李少庚平车6路是一种选择，更多棋手喜欢车2平4。车立于6路，一来是避开红方炮二平四的布局选择，二来因有士角炮的串打，红方的九路边炮将来就不能轻易发出。

6．马二进三　　卒7进1　　7．炮二平一　　马8进7

8．车一平二　　车9平8　　9．炮一进四　　（图一）

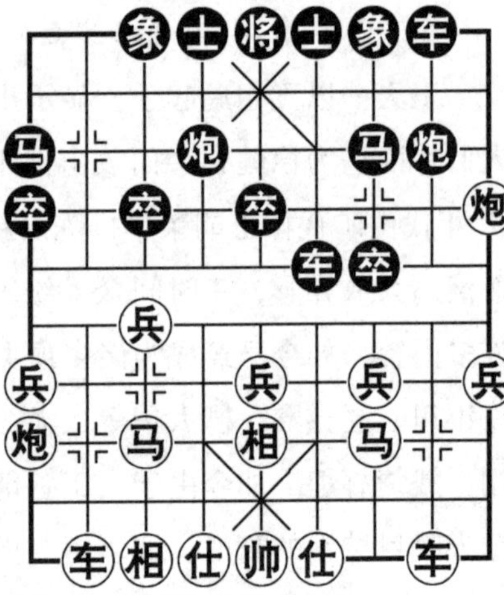

图一

双方循规蹈矩出动两翼子力，如图一所示，王天一猝然边炮出击，石破天惊！正常情况下都走车二进四，以下炮8平9，车二进五马7退8，车八进一马8进7，车八平二卒1进1，车二进三象7进5，马七进六车6平2，双方相持，黑方可以抗衡。

在必须争胜的形势下，王天一不走寻常路，大胆违背“炮不轻发”的古训，彰显出强烈的求胜欲望。以下短兵相接，双方进入中局格斗。

9．……　　　　　　炮8进4

是可忍孰不可忍，面对红方的挑衅，黑方进炮封车，看上去似乎是必然的选择。但是若从守和即是胜利的出发点来分析，亦可考虑士6

进5持重待机。两天以后，四川武俊强执后手与上海孙勇征下到同样盘面，武选择士6进5，红炮一退二象7进5，兵九进一卒1进1，兵九进一车6平1，车二进四炮8平9，车二进五马7退8……局势平稳，结果和棋。

10. 车八进七　　士6进5　　11. 炮一平七　　炮4平6

红方进车捉炮是上一手边炮出击的后续手段，这也折射出王天一捕捉战机的能力，否则炮一进四就显得较为莽撞了。黑方不愿意作不利的交换，因如马7进9，车八平六后，红方将来有马七进六的先手，黑明显吃亏。补士之后，红连灭两卒，先取实惠，也将攻与守的难题抛给了黑方。李少庚平炮策应右翼，自是必然。

12. 车八退一　　象7进5

补象固防无可厚非，但也可考虑卒1进1，以下如红炮七进一，黑炮6进1，车八进一车6平2！兑掉红方外围活跃的主力，黑各子皆活足可一战。

13. 炮七平九　　炮6进1　　14. 车八退五　　马1进3

红炮连吃三卒，捞得盆满钵满，但黑棋也顺势补厚了阵势，在红方右翼将要发动反击。王天一退车下二路，灵活之举，随时准备增援。黑边马出击势在必行，在少卒的情况下不可贸然兑子，否则盘面逐渐简化之后，红方多兵的优势将令人不寒而栗。

15. 前炮退二　　炮6平7

平炮给红方右马施加压力，也可车6进2进行直线攻击，黑方前景也不错。

16. 马三退一　　炮8退2

红方回马蹬炮煞费苦心，黑退守河沿不为所动。若炮8进1，则车二进二车8进7，马七进六马3进4，后炮平二，黑方攻势基本瓦解，如何消弭红棋的多兵之势，将颇为头痛。在当前局势下，黑方屯重兵于一侧，自然想要保持高压态势。

17. 兵三进一　炮7平8　18. 车二平三　后炮平7

19. 车三平二　炮7平8　20. 车二平三　后炮平7

双方循环往复，都属允许着法。本届象甲联赛有规定：25回合之内如果形成双方不变作和的待判局面，由红方变着，否则判负。当然，在比分落后的情况下，即使是不变作和，王天一肯定也得强行变招。于是，他走：

21. 马一进二　车6进2

边马出城固然是艺高人胆大，亦有不得已而为之的苦衷。黑方进车捉马强硬之着，由此抢得先机。

22. 马二进四　炮8进5　23. 仕六进五　炮7进2

24. 马四进六　炮7进3

双方六个大子俱在，而枰上已是狼烟四起，局面错综复杂。王天一为了谋取胜利，采用了“利而诱之”的策略，甘冒奇险，引诱对方倾巢出动。但代价也是十分巨大的：右翼仅剩下一车，且被黑炮锁死在底线。黑方之前在攻与守的矛盾心理下耗费了大量时间，此时虽有先手，但棋路纷纭，很难在计时钟无情的催逼下找到精准的攻击线路。此刻进炮打车似属眼光招，忽略了对方扬仕解围的手段。

25. 仕五进四　炮7退2　26. 车八平四　炮7退1

红方支仕是必走之着，否则黑方炮7平9，战斗就结束了。黑方再退炮，红趁机平车四路防守，忍辱负重，暂解燃眉，但是警报仍未解除。黑方此刻时间已经非常紧张，无暇细算，见急切之间不得破门，于是黑炮去而复返。其实黑可以考虑马7进6，强行打开中路和兵线要道，庶几攻守两利，局势可以掌控。

27. 后炮平八　炮7平1

王天一的时间也渐渐吃紧，平炮准备打车，已做好弃车换双炮解围的准备。李少庚主动交换炮，略显保守，由此局势透松。此刻应车6平7，红只能车三平二，黑车8进9，红相五进三车7平6！黑方前景乐观，至少致力于谋和难度不大。

28. 兵九进一　　马3进5　　29. 炮八退一　　马5进7？

慌不择路，进马方向有误，导致兑车后所有子力均集中在红方的背面，难以发力。同样进马，应走马5进4！不让红方退仕兑车，红棋依然困难。以下如红车四平六？黑车6进1，车六进二车8进8！黑方胜势。

30. 仕四退五　　车6进2　　31. 炮八平四　　前马进9

不知道两位棋手临场的心情是如何挣扎，但以常理度之，红方终于熬过了最艰难的时光，警报彻底解除，一定是长长地松了一口气。而黑方一无所获还要后手逃马，这种内心深处的煎熬可想而知。

32. 帅五平六　　车8进8　　33. 炮四进一　　车8退5

一位高手在参加了象甲联赛过后深有感触，在赛制改革以后确实大大地为棋友们提供了方便，大家只要拿起手机就可实时观看最顶级的比赛实况，不仅可以切换频道，还有高手现场解说，比起以往来不得不说是一个巨大的进步。但与此同时，由于慢棋变成了快棋，因此错漏也随之大为增加，很多官和的棋也因一方匆忙之中犯错而分出了胜负，甚至于有一步成杀的机会也反应不及，更有一步大漏而导致胜负逆转的。联赛因此变得更富戏剧性和观赏性，从棋迷的角度出发倒不失乐趣，而专业棋手却感觉棋更难下了。对每位棋手来说，瞬间的反应将从很大程度上决定棋的胜负，因为下到后面基本都是钟面仅剩十几秒，根本无暇斟酌，出招就看谁的基本功过硬，谁的反应更敏锐了。这盘如此关键的棋局进行至此，双方时间所剩无几，有些招数纯粹是为走而走。从黑方的着法来看，少庚已经进入时间恐慌，因此也就不难理解这几步棋的略显慌乱，读者不可不察。

王天一出帅老练至极，准备强行升帅解放红车。黑方右翼已经成为一座空城，无法防备红即将到来的卧槽马。就棋论棋，黑可走士5退6，准备运车于下二路防守。

34. 马六进八　　士5退6　　35. 马八进七　　将5进1

36. 帅六进一　　炮8退1

形势逆转，现在变成了红攻黑守。同样是主帅（将）出城，境遇却大不相同。黑方是不得已而为之，红方却是以此为契机吹响了反击的号角。

37. 帅六退一　　炮8进1　　38. 帅六进一　　炮8退1

39. 帅六退一　　炮8进1　　40. 帅六进一　　炮8退1

41. 帅六退一　　炮8进1　　42. 帅六进一　　炮8退1

43. 帅六退一　　炮8进1　　44. 帅六进一　　炮8退1

45. 车三进一　　卒5进1

以上一段重复着法形成棋例（待判局面），双方不变将会成为和棋。对于此点，王李二人自然是心知肚明，只是大家都时间吃紧，通过循环招法可以每一步加5秒，因此两人默契地走了八个回合，每个人的钟面上又积攒了大约二十多秒。王天一车三进一，恰似猛虎出笼。黑冲中卒准备驱赶红方恶马，且看红方如何应对？

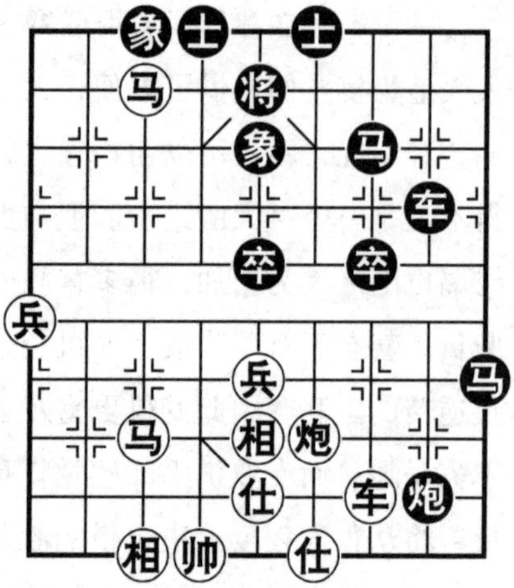

图二

46. 兵七进一　　象5进3

47. 帅六退一　　象3退5（图二）

红方果断弃兵，正当其时也，随即主帅归位，主力车就要杀卒冲破樊笼。黑方退象是正常思维，但也是败招。黑棋现在的心腹之患乃是红卧槽马，应当机立断走车8平3予以驱赶，尚可顽强抵抗。因如红车三进四出击，则黑可炮8进1试探其应手，红如退车则马9进7，如退相则马9退8，黑均可应付。

48. 后马进六　　马7进8

红方双马如龙，遥相呼应，威力顿显，黑方大车受限制，右翼成为真空地带，已经很难防御。

49. 相五退三　　卒7进1　　50. 马六进八

红方退相畅通炮路，凌厉凶狠之着！但接下来这一步马六进八却有些前后矛盾。此招如果炮四平八叫杀则更为细腻准确，黑方只能将5平6，车三平四，无论黑方如何应对再炮八平四，红方可以迅速入局。试拟一变：炮四平八将5平6，车三平四车8平6？炮八平四！车6平1（如果将6平5？则马六进五绝妙，黑崩溃），炮四平一通过顿挫闪击得子胜定。

50. ……　　象5进3　　51. 马八进七　　将5平6

52. 车三平四　　炮8进1？

最后的失误。由于前面王天一错失了一举致胜的良机，至此黑方如果能够士6进5，棋局尚有许多变化，在读秒阶段结果还很难说。

53. 炮四进七　　卒7平6　　54. 炮四退五（红胜）

抓住机会，王天一娴熟地表演了纵向的炮碾丹砂，至此黑方在猝不及防中略一愣神，计时钟发出了“滴滴”的声音，李少庚超时。但即便不超时，局面也是无力回天了。两队打平，四川队有些遗憾，但总体上还是能够接受的。纵观此局，王天一背水一战，以一往无前的气势挽狂澜于既倒，为杭州队扳平比分的同时，也借此向天下英雄无声昭告：战神归来。

王天一的霸气回归，预示着本届联赛的精彩程度定然不输以往。在漫长的赛季里，王天一和他的杭州队还会带给我们什么样的惊艳表现呢？让我们拭目以待吧。

第二局　许氏太极

联赛第二轮，两支老牌劲旅广东碧桂园队与上海金外滩队狭路相逢。历史上两队颇有渊源，从1960年首次设立男子团体奖项以来，粤沪争霸即成为主旋律。两队也是江山代有才人出，从60年代的杨官璘、蔡福如、陈柏祥、胡荣华、何顺安、朱剑秋，到七八十年代吕钦、徐天利、林宏敏，再到90年代许银川、庄玉庭、万春林、邬正伟等人，个个都是星光熠熠。从2003年象甲联赛创办至今，广东队豪取六冠，笑傲群雄；而上海、湖北、北京则两度黄袍加身，另外黑龙江、广西分别有一次夺冠记录。随着近年来内蒙古伊泰集团强势加入，象甲格局已经由此前的群雄争霸渐渐演变为棋坛南北两支超级劲旅二龙抢珠，但任何一支队伍碰到上海队依然不敢有丝毫大意。上海队拥有谢靖、孙勇征两位全国冠军，辅以万春林、赵玮两名实力战将，有能力将任何一支队伍掀翻。首轮比赛，上海遭遇以锻炼队伍为目的的青年军杭州象棋协会队，兵不血刃以6比2轻取之；而志在卫冕以打破"奇数年不能夺冠"魔咒的广东队却出师不利，面对实力一般的厦门队却未能拿下，只收获一场平局。此番两强相遇，比赛结果对全队士气影响甚大。双方前两位出场的选手小心翼翼，赵玮战平张学潮；许国义与孙勇征战略和棋，场上比分2比2。

第三台对阵形势为：上海万春林执先迎战广东许银川。

万春林特级大师出生于1969年，乃一代天骄胡荣华之弟子，弱冠之年即为上海队效力，能攻善守，有“沪上姜维”之美誉，是上海队的绝对主力。如今虽年近半百，仍然拼杀在顶级赛场上，威风不减当年。

许银川特级大师出生于1975年，15岁即获得象棋大师称号，18岁大魁天下，成为历史上第九位全国冠军。此后纵横捭阖，斩获无数锦标，与吕钦一道被棋界称为“岭南双雄”。许银川功力深厚，开中残俱佳，临战八风不动，不怒自威，且为人谦和，深受棋迷爱戴，粉丝无数。

上海　万春林　（先负）　广东　许银川

中炮进三兵对屏风马

（2017年5月5日弈于大庆）

1．炮二平五　马8进7　2．马二进三　车9平8

3．车一平二　马2进3　4．兵三进一　卒3进1

5．马八进七　象7进5

双方轻车熟路，至此形成中炮进三兵对屏风马进3卒的基本阵型。万春林此手马八进七，是其比较喜欢的下法，也以此战胜过不少高手。许银川补左象稳正，是典型的“以不变应万变”风格。另有一变为炮8进4，以下马三进四车1进1，兵三进一炮8进1，炮八进四！红方准备弃子取势，黑方颇有顾忌。接下来黑如贪吃走炮8平3，红车二进九马7退8，车九进二炮3进1，车九退一炮3退1，炮八平七，红方弃子有攻势。又如黑暂不吃马而车1平6，红有马四进三象3进5（黑如马3进4？红炮五进四），炮八平七，双方另具攻守。

6．兵五进一　车1进1

这一回合，红挺起中兵，黑方起右横车，看似平淡却内含玄机。红方右车未过河，在挺起三路兵的情况下续挺中兵，总是让人感觉颇为怪异。一般情况下此时红方多走炮八进四，黑方则马3 进 4 或者马3 进 2，还原成为著名的“五八炮对屏风马”变例。查阅万特大以往的对局资料，此时兵五进一的下法虽然冷僻，对于万来说却是驾轻就熟的——曾经凭此战胜过北京王昊、山西周军两位业余豪强。因此，继续拿来对付许银川，也就不足为怪了。问题是：许特大赛前是否了解这个信息？有没有经过针对性的研究呢？黑方的车1 进 1，显示出许对此局面的深刻理解。上述王昊、周军两位在此局面下不约而同都选择了炮8 进 4，却同遭败绩。仔细分析不难发现，迅速起右横车参战，无疑更具针对性。

7．马七进五　　车1 平 6

既然冲了中兵，则双马从中路盘旋而出自是势在必行。黑车平肋，预先控制红马将来的进攻线路。

8．炮八平六　　炮2 进 4！（图一）

红方平炮准备亮出左车。如先兵五进一，可能顾忌以下变化：卒5 进 1，炮五进三士6 进 5，炮八平五炮2 进 1，黑方可平炮从中路反击。如图一所示：许特大不顾红方有进炮串打的手段，悍然进炮瞄马，意图拆散红方的盘头马并予以打击，弈理昭然。

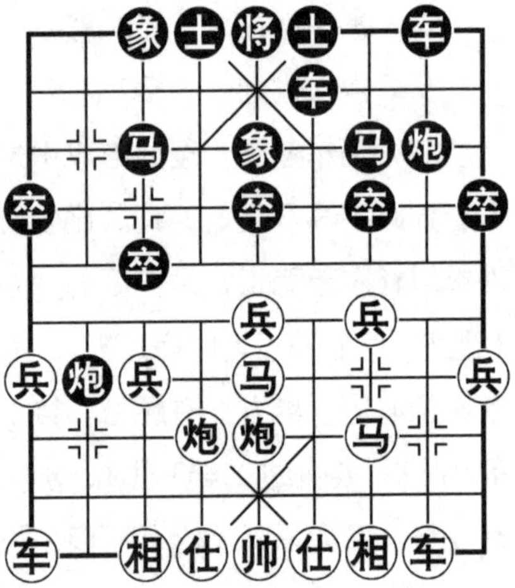

图一

9．炮六进五　　炮8 平 9

10．车二进九　　马7 退 8

11．炮六平一　　炮2 平 5　　12．马三进五　　马8 进 9

黑方进炮之后下一步就要挥炮击马然后车6 进 5，红不得不作出反应。如果㊋五进一，则❿2平5，㊏三进五❺5进1，可能与实战殊途同归。当然不能㊋七进一，因为有❷6平4！红方的连环马要受到攻击。万特大权衡利弊后进炮作大交换，转眼间从布局阶段直接跳过中局格斗而进入残局。因红方左车晚出，中路空虚而稍处下风，但黑方兵种不全，要想谋胜也是谈何容易。以下双方围绕兵卒的争夺而步入漫长艰苦的残棋。

13. ㊋五进一　❺5进1　14. ㊂五进三　❹6进5

15. ㊂五平四　❷6平8

红马处境尴尬，如何调整位置乃是当务之急。但在调整的过程中又要注意不能被黑棋过度欺凌而损兵过多，须知许特大用兵如神，经常在微弱优势下积小胜为大胜。因此万特大挺兑中兵后再平炮挡车，弈来煞费苦心。许银川轻灵转身，剑锋所向仍是直指红马。

16. ㊉九进二　❷8进5　17. ㊉九平五　❷8平6

18. ㊂四平六　❸9退7

黑方运车牵制住红方车马炮诸子，再将边马迂回朝中心区域增援，平淡中见功夫，仔细体会定然受益良多。

19. ㊅三进一　❸7进6　20. ㊂六退二　❷6退1

21. ㊏五退三　❷6进1　22. ㊏三进五　❷6退1

23. ㊏五退三　❷6进1　24. ㊏三进五　❷6退1

25. ㊆四进五　❸6进4

红方飞边相保住三路兵，未雨绸缪，大有必要。接下来双方循环往复，因红方属于长捉车违例，不得不腾出手来补一手仕。黑方进马逼兑很有必要，否则红方再走㊏五退三❷6进1，红就有㊉五进一手段了。

26. ㊏五进六　❸3进4　27. ㊉五平四　❷6平5

兵微将寡，局势进一步缓和。红平车邀兑是为了坚守兵线，而黑方为了争取胜利避兑也是理所当然，如兑车，将演变为马双卒对炮仕相全的例和残局，许特大心有不甘也。

28. 车四进一　　马4进3

红方惨淡经营终于抢占至关重要的兵线，而黑方谋得一兵，占据了残棋的主动。目前形势，黑方虽然仅多一卒，但因对头兵卒尚未解决，红方双相不联，仍不能掉以轻心。

29. 炮六进三　　马3进2　　30. 帅五平四　　车5退2

31. 炮六退一　　卒3进1

虽然黑卒强渡楚河，但红方车炮已经占据防守要隘，和势渐浓矣。上一手红方退炮当然，若急于求和改为车四平八，黑有马2进4破仕，平添许多烦恼。

32. 炮六平二　　马2退3　　33. 炮二退一　　车5平3

34. 车四平六

平车似无必要，应走相一退三，及时双相联防，和局可成。

34. ……　　卒1进1

许银川见无机会，静悄悄挺卒以待战机，经验老到。

35. 相七进五？　　卒7进1　　36. 兵三进一？　　车3平6（图二）

眼看局面已趋稳定，万特大有所松懈，导致黑方本已无隙可乘的情况下又重新燃起希望。这两个回合红方都应立即相一退三，可保无虞。许特大抓住机会车马卒三子摆脱牵制，发起攻势。

37. 帅四平五　　马3进1

机不可失，黑方趁机马扑卧槽。正是“风乍起，吹皱一

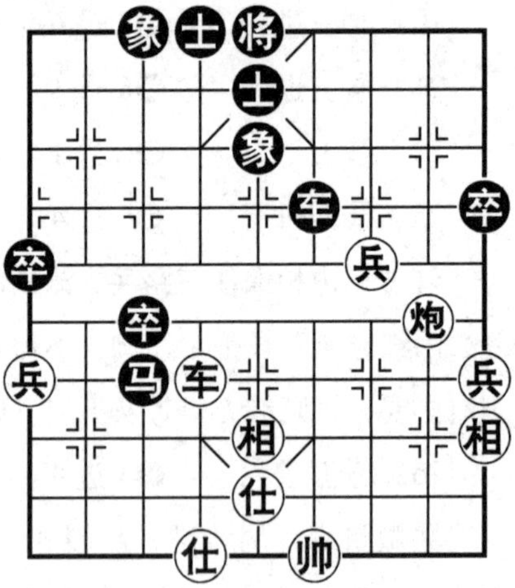

图二

池春水”。

38. 炮二退二　　马1 进 3　　39. 车六退二　　马3 退 2

40. 相五进七　　车6 进 3　　41. 炮二平九　　车6 平 3

红方消灭了黑方的过河卒，但局势并不因此而获得稳定。黑平车捉相是凶狠的攻击，选点准确。如果贪吃边兵而走车6 平 9，红相七退五后，黑方谋胜难度极大。

42. 相七退五　　车3 进 1　　43. 炮九退二　　车3 平 5

44. 相一进三　　车5 平 7

黑车乘胜追击，破掉红方双相之后，红方局势有危险了。

45. 兵三平二　　车7 退 2　　46. 车六平八　　马2 进 4

47. 车八平六　　马4 退 2　　48. 车六平八　　马2 进 4

49. 车八平六　　马4 退 2　　50. 仕五退四　　车7 进 1

黑方车马占位奇佳，红方竟然无子好动，只好倒腾仕位。黑进车随手，理应车7 平 8 消灭红过河兵。

51. 兵一进一　　车7 平 8　　52. 兵二平一　　卒9 进 1

53. 兵一进一　　车8 平 5

双方时间现在已经高度紧张，许特大由于第 50 回合的失误，导致一支重要生力军被兑掉，现平车叫将试探对方应手。

54. 仕四进五？

慌不择路，极应仕六进五车5 平 3，炮九平六马2 退 3，车六平九，尚可勉力支撑。

54. ……　　　　象5 进 3

准备露将助攻。

55. 兵一平二　　士5 退 6　　56. 兵二平三　　车5 平 7

57. 帅五平四　　车7 退 2

红兵被吃，黑方看到了胜利的曙光。

58. 车六平八？ 车7平6 59. 帅四平五 马2进4

60. 车八平六 马4退2？

双方都进入读秒阶段，即使是棋高如二位特级大师，也难免走出漏着。红平车本属“自杀”，而许特大也条件反射地退马上演了“捉放曹”。此时车6平7即成绝杀。

61. 炮九平七 象3进1 62. 车六进二 马2进3

63. 车六退二 马3退2 64. 车六进二 马2进3

65. 车六退二 马3退2 66. 炮七平九 车6进2

67. 车六平八

最后的败着。

67. …… 马2进4 68. 车八平六 车6平7（黑胜）

许特大在几近和棋的情况下，凭借非凡的耐心和强大的控盘能力，终于抓住对手的失误取得了胜利。这盘棋双方从布局直接通过大交换早早进入残局，万特大的顽强防守使得许特大费尽周折也险些无功而返，惜乎在时间压力下大意失荆州，给了对方表演的机会。虽然最后阶段双方都有点滴失误，仍然不失为一盘精彩的对局。最后一个出场的郑惟桐士气大振，再下一城，广东遂以6比2击退上海，迎来他们的首场胜利。

第三局　虎威凛凛

“四十三年，望中犹记，烽火扬州路”。

当满头白发的东北虎赵国荣端坐枰前，望着对面一脸稚气的吴魏，一定会回忆起43年前自己初次登上全国赛大舞台的时刻。那是1974年的成都，刚刚14岁的赵国荣随同恩师老东北虎王嘉良跋涉数千里来到中断了八年之久的全国个人赛，完成了他的首秀。此后四十余年，赵国荣一直奋战在第一线，是集全国冠军、亚洲冠军、世界冠军、全国团体赛冠军、象甲联赛冠军于一身的大满贯获得者，是继王嘉良之后黑龙江棋坛的第二代领军人物，青出于蓝而胜于蓝。赵的棋风刚柔并济，既有大刀阔斧凶狠泼辣的传统风格，亦能细腻缠绵轻灵洒脱，常积小胜为大胜，有“大力推土机”之美誉。即使在“岭南双雄”如日中天横行宇内之90年代，亦能与之分庭抗礼而三度封王。如今，虽已年近花甲，依然披坚执锐拼搏于顶级联赛中，继续书写着他的传奇。

杭州象棋协会队的吴魏，则是整个联赛里面年龄最小的运动员，年方十四岁。别看他年纪尚小，却已是两年前的全国少年赛冠军（丙组）。吴魏熟读兵书，少年老成，此番代表青年军杭州象协队征战象甲，确实是一个难得的锻炼机会。

且说第三轮杭州象协遭遇塞外铁骑内蒙古伊泰队，双方首个出场的队员杭州象协郭凤达与内蒙古蔚强打平，次战内蒙古队主帅洪智击败新晋大师吉星海。吴魏第三个出场，恰好碰上东北虎赵国荣。这一场老少之战，结果如何？请看实战。

杭州象协　吴魏　先负　内蒙古　赵国荣

五七炮进三兵对屏风马进3卒

（2017年5月6日弈于大庆）

1．炮二平五	马8进7	2．兵三进一	卒3进1
3．马二进三	马2进3	4．车一平二	车9平8
5．马八进九	卒1进1	6．炮八平七	马3进2
7．车九进一	象3进5	8．车九平六	车1进3

吴魏第二回合抢先挺起三路兵，是战略上“以我为主”的打法。赵国荣以堂堂正正之阵，迎接少年英雄的挑战。

9．车二进六　　马2进1　　10．炮七退一　　士4进5

第九回合，黑方主动求变，马踹边兵试探红方。红退炮不为所动，希望把布局的方向引导到自己熟悉的变例上来。也可置之不理而径直马三进四出击，以下黑马1进3，红马九进八车1平2，马八退七士6进5，双方另有攻守。

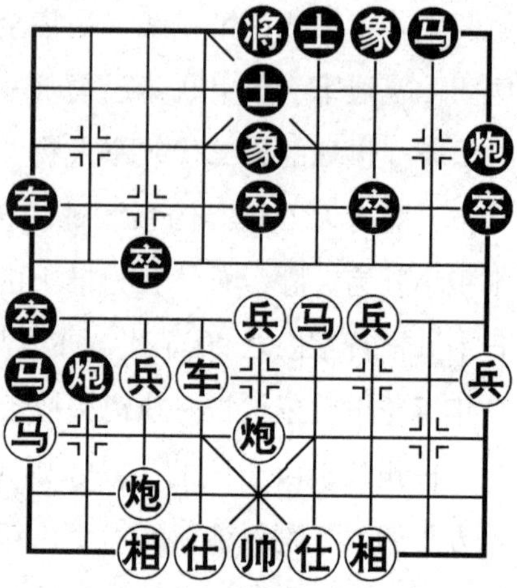

图一

11．兵五进一　　炮8平9

12．车二进三　　马7退8

13．车六进二　　卒1进1

14．马三进四　　炮2进4（图一）

以上双方虽然次序略有不同，但棋局的发展似乎正在向一路司空见惯的变化延伸下去。黑方稍作筹算，毅然进炮驱车，避开常见套路，韬略非凡。兵法云："以正合，以奇胜"，意思是以堂堂正正的阵势迎击敌军，以出其不意的战法扰乱敌军。炮2进4的下法是近年兴起的网络招法，意在以积极的姿态与红方对抗。以往黑方多选择马8进7固守，以下马四进三炮9退1，炮七平三炮9平7，炮五平三，红方仍持一定的先手。或许因为此路变化稳健有余而反击力度不足，赵特大刻意求变，要考量一下小将的中盘功力。

15．车六进二

进车正确。如兵七进一，则黑炮2退1，黑在河口一线牵制红方并伏下多种反击手段，红方不能满意。

15．……　　　炮9进4

黑方双炮齐鸣，气势逼人。

16. 炮七平五　　马8 进 7　　17. 马四进三　　炮9 平 5

18. 马九退七　　炮5 进 2

以上数个回合，双方下得紧凑精彩，俱见功力。红方中路叠炮，气势汹汹；黑跳起左马，不卑不亢。红方自然不肯简单马四进五交换，因如马四进五马7 进 5，前炮进四炮9 平 5，前炮退三炮2 平 5，相三进五炮5 进 2，仕四进五卒1 平 2 后，红方残局处于下风不利。红马踩 7 路卒，中路攻势一触即发，暗窥黑方中象；黑平炮中路邀兑，恰到好处，适时遏制了红续冲中兵的手段。红方边马退回另辟蹊径，输攻墨守，煞是好看。

19. 仕四进五　　炮2 退 4　　20. 马七进六　　马1 进 2

21. 车六进三　　炮2 平 3

一番拼兑，红方攻势瓦解于无形，赵特大布局祭出新武器，效果显著。红方边马盘旋而出，欲与前方军团形成合力，再度组织进攻；黑则针锋相对，及时调动马炮予以反击。现平炮遥指红方七路底相，逼迫红中炮主动卸开，此后多卒之势将逐步体现。

22. 炮五平三　　马2 退 3　　23. 相三进五　　卒1 进 1

红补相联防，但方向有误，应相七进五，避免为黑方利用，方为正途。别小看这一步，看似差别不大，但实则容易为敌所乘，后患无穷。黑方挺进边卒，静观其变，招式不疾不徐却劲风扑面，不愧“大力推土机”之誉也。

24. 兵五进一　　马3 进 4　　25. 相七进九　　马4 退 5

26. 炮三平四　　卒5 进 1

红挺进中兵原是计划中的事情，不料黑马突然塞相眼叫闷宫杀，不得不双相劳燕分飞，可见前面补三路相之弊端。黑方此马呼啸如风，在敌阵中倏忽进退，来去自如，不著一字，尽得风流。

27. 马六进五　　车1 平 5

诱敌之计。也可立即马5退6发难，攻击红马。

28. 车六退五？　马5退6

红边相在黑卒口中，却不敢相九退七，因黑有马5退7之妙手，黑简化局势后净多三卒而成胜势。慌乱中吴魏退车捉马于事无补，反助黑势。此手可改为车六平九，尚可应付。以下黑如卒1平2，则炮四进二；又如马5退6，则兵三进一，要比实战效果好得多。

29. 炮四平三　马6进8

黑方已控制局势，可走卒1进1先破红相，再寻觅战机，纠缠之下当有可为。此手主动进马邀兑简化局势，当是出于团体赛的战略需要——先立于不败之地再作打算，因前面两局本队已经一胜一和，最后一名队员又执先手，和局不难。假如是个人赛，赵特大当然会冲卒吃相义无反顾了。

30. 马三退二　车5进1　31. 炮三进五　炮3平7

32. 马二进一　炮7平9　33. 相九退七　车5平8（图二）

双方连续拼兑两子，红顺势消灭黑棋的9路边卒有所补偿。此时因红中相在黑车射程范围之内，吴魏不敢吃黑卒，否则缺相怕炮，甚难防守。如图二所示，眼看黑卒已成瓮中之鳖，和味甚浓之时，赵特大一步平车，巧施围魏救赵策，精彩之着。

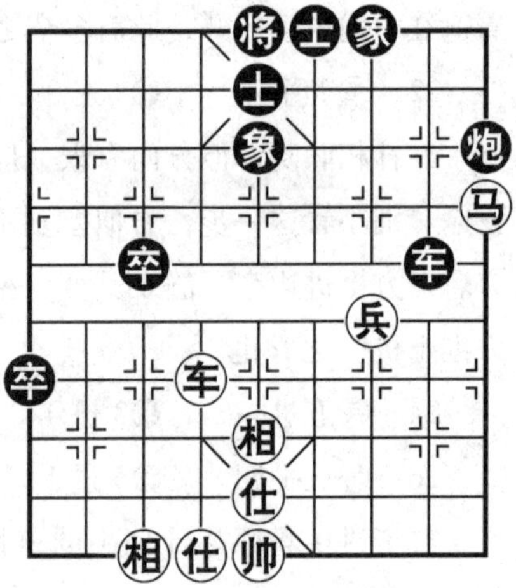

图二

34. 车六进三　卒1平2

红马不敢逃逸，因右翼空虚，黑车炮沉底有抽杀，势必城池尽毁。于是眼睁睁看着黑卒死灰复燃。

35. 仕五退四　卒2平3　36. 仕六进五　前卒进1

37. 马一进三　车8平5　38. 相五退三　士5进6

39. 相七进五　士6进5

双方均在调整仕相，黑方这一步随手险些导致和棋。此时应该炮9进7下底，外线作战。

40. 车六平四

错失谋和机会。此时如果车六平一盯住黑炮（伏马三进二逼兑），黑方竟然无法脱身，因如炮9平8，车一平二炮8平9，车二平一，红方并不犯规。如此双方迅速成为和局。

40. ……　前卒进1　41. 车四退一　车5进2

42. 马三退二　炮9进7

红方时间紧张，这一段走得有些茫然，一误再误，焉能不败？41回合仍然可以车四平一，42回合无论如何不该放虎出笼，走车四平一拦炮，还不至于速败。

43. 马二退四　车5平6　44. 车四平一　炮9平8

45. 马四进三　车6平1

车炮卒左右开弓，红大势已去。

46. 车一平六　炮8退3　47. 兵三进一　炮8平2

48. 兵三平四　车1进2

赵国荣虎威凛凛，纵横驰骋，表演了精湛的残棋功夫。此时进车下二路，要“带子入朝”。

49. 车六退二　前卒平4（黑胜）

最后一手红如车六退五坚守，亦难免一败。现红只有仕五退六，则炮2进3，再车1平3，红方弹尽粮绝。有鉴于此，小将投子认输。是局，赵国荣开局新颖不落俗套，中局精警有力运子有方，残局一气呵成，尽显王者风采。凭借此局，内蒙古队 7 比 1 大胜杭州象协队，豪取三连胜。

第四局　小蚂蚁的能量

比赛进行到第四轮，排名第一的内蒙古伊泰队迎面遇上了山东中国重汽队。此前，内蒙古队三战三捷匹马领先；而山东队首轮自摆乌龙惜败于京冀联队后，连胜浙江、湖北，渐入佳境。两队首个出场的队员分别是内蒙古蔚强和山东陈富杰。

蔚强，出生于 1994 年，内蒙古包头市人。打小时候起，他就得了一种罕见的怪病，行动不便，要坐轮椅，而且生活起居都要父亲照顾。这位身残志坚的年轻人不知何时深深地爱上了象棋，车马炮成为了他寂寞时的伴侣。父亲蔚小平全力支持儿子，陪伴着他征战于全国各地。渐渐地，蔚强的棋艺逐步成熟，并且有了一定名气。当年网络赛事风起云涌之时，弈天棋缘的“梁山小蚂蚁”就是蔚强的名号。随着伊泰集团以大手笔组队参与，蔚强以及宿少峰、陈栋这些内蒙古本土的年轻人有了用武之地。在洪智、陶汉明两位全国冠军的悉心调教下，三人都先后获取了象棋大师的称号，填补了自从内蒙古唯一的大师李日纯英年早逝后，自治区二十多年没有象棋大师的空白。尤其突出的是蔚强，他在 2012 年磐安个人赛上，取得了第五名的好成绩，跻身国手行列。2016 年象甲联赛，蔚强以出色的发挥牢牢占据了主力位置，为全队获得联赛亚军立下了汗马功劳。

陈富杰大师出生于 1976 年，广东湛江人，棋坛有名的大帅哥，身高体壮，风神俊朗。巧合的是，他的最好战绩也是个人赛第五名。陈大师有两大特点：快棋出色，而且布局不落俗套，爱走冷僻变例，残局功夫尤为了得。因其喜欢剑走偏锋，多年前就得了一个雅号“老怪”。

前三轮比赛，蔚强表现中规中矩，连和三盘；陈富杰首轮在有赢无输的残局里送出大礼，白送一马输给了蒋川，直接导致队伍输棋，而第二轮又是他磨垮了浙江小将赵旸鹤，全队因此获胜，第三轮与湖北赵子雨下和，但山东队赢了湖北。此番两人相遇，结局如何呢？请看实战。

内蒙古　蔚强　先胜　山东　陈富杰

中炮两头蛇对三步虎

（2017 年 5 月 7 日弈于大庆）

1．兵七进一　　马8 进 7　　2．马八进七　　炮8 平 9

3．炮二平五　　车9 平 8　　4．马二进三　　象3 进 5

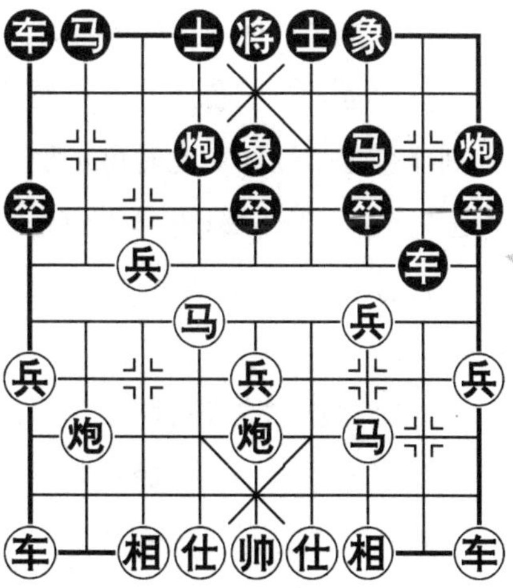

图一

蔚强以灵活多变的仙人指路起手，陈富杰果然不走寻常路，以冷门的三步虎应对。蔚强后补中炮积极，此时飞象是陈大师偏爱的下法，颇有心得。另有车8 进 4 的选择，以下车一平二车8 进 5，马三退二卒7 进 1，炮八退一！成为近年兴起的一路变化。

5．兵三进一　　卒3 进 1

红方双兵挺起，俗称“两头蛇”。黑方立即冲弃 3 路卒，以快打慢，迅速发挥车的威力，是此布局的一路重要变化。

6．兵七进一　车8进4　7．马七进六　炮2平4

陈大师老谱翻新，显然是有备而来。以往此招都走车8平3，则红马六退八车3退2，炮八进五车3平2，马八进六卒7进1，兵三进一车2进3，马六进五马7进5，炮五进四士4进5，相七进五马2进3，炮五退一……黑方虽然出子速度很快，但红方毕竟多兵，久战下去有利。

8．马六退八　卒7进1　9．兵三进一　车8平7

红方退马以怪对怪，弈来妙趣横生。若贪恋过河兵而走兵七进一，则黑车8平4，红方难以控制局势。黑棋顺势挺兑7卒，把难题抛给蔚强：过河兵逃还是不逃？

10．车一平二　象5进3　11．车九进一　马2进3

蔚强不为小利所惑，连续开出双车。陈富杰也就高象去卒以绝后患，再跃出正马，至此黑方布局已经满意。

12．车九平七　象7进5　13．车七进三　士4进5

14．车二进四　炮9退1？

内线运子，准备给红方三路施压，但因为红方有霸王车巡河，此计划显得过于迂回。此时可走马3进4！红方只能车二平三邀兑，则车7进1，车七平三车1平3（防止红马踹象），黑阵势工稳，下伏炮9退2，有何惧哉？

15．炮五平六

及时卸开中炮准备联相，蔚强大局观甚好。

15．……　马3进4？　16．炮六进五　士5进4

黑跃马邀兑有些草率。黑方士角炮是阵地当中一个十分重要的桥头堡，对双马有良好的掩护，就此兑掉后，未见其利先见其害。似可考虑车1进2，伺机再马3进4为好。

17．车七平三　炮9平7　18．车三进一　炮7进3

双方兑车后，由于黑右车晚出，且士角炮被换掉后阵地留有隐患，红方先手已然扩大。

19. 相三进五　　士4退5

陈大师退士，过于从容。此时如果马4进3限制红马，尚可一战。实战被红方马八进六后全盘受制，再想腾挪可就难了。

20. 马八进六　　车1平2　　21. 炮八平六　　卒5进1

艰难的选择。黑不可随手马4退3，因红方车二进三捉马，黑车2进5？红有马六退四！黑方要丢子。

22. 车二进三　　马7进5　　23. 车二退一　　马5退3

24. 车二平七　　车2进5　　25. 马六退四　　炮7进2

26. 马四进五　　象3退1

蔚强得势后连续运车驱赶黑马，黑方被动挨打苦不堪言，由此可见前面轻率兑炮之不妥。现在红马巧夺中卒后雄踞棋盘中央，真可谓八面威风。陈大师苦心孤诣退象，准备回车邀兑。

27. 车七平三　　炮7平1　　28. 马五退三　　象5进7

红出招雄浑有力，回马相肩窥视卧槽，黑方顿有“山雨欲来风满楼”之感。此时弃象，割须弃袍，实属无可奈何。如车2退2，则车三平八马4退2，前马进二，虽然兑去一车，但红方攻势依然猛烈，黑子力分散难以抵挡。

29. 车三退一　　车2退2　　30. 车三平二　　炮1平2

红方平车，前度刘郎又重来。黑平炮准备后撤，除此也无更好的防御之策。

31. 仕四进五

老练异常。此时强攻条件尚不成熟，红方补仕是以静制动的好棋，深得兵法之妙。

31. ……　　　　炮2进3　　32. 车二平五　　车2平5

33. 车五进一　　马3进5　　34. 兵五进一　　马4进3

35. 兵五进一　马5进3　36. 相五进七

双方兑车后，尽管子力相等，黑方仅少一象，但红方空间优势巨大，中兵渡河参战如虎添翼，黑势危殆矣！现在蔚强扬相顶马，准备发起攻击。

36. ……　后马进5　37. 炮六进一　炮2退8

37. 前马进四　马5退7　38. 马三进五

子力全线出击的同时还控制着黑马前进的路线，小蚂蚁迸发出巨大的能量。以上一段运子赏心悦目，身手不凡，令人赞叹。

39. ……　马3退1　40. 兵五平四　马7退6

41. 马五进六　马1进2　42. 炮六平二　马6退8

43. 马六进五

攻势如潮。

43. ……　马2退4　44. 马五进七　将5平4

45. 炮二退一　马4进3　46. 帅五平四　马3退2

47. 炮二进一　马2进3　48. 炮二进一　马3退2

49. 炮二退一　马2进3

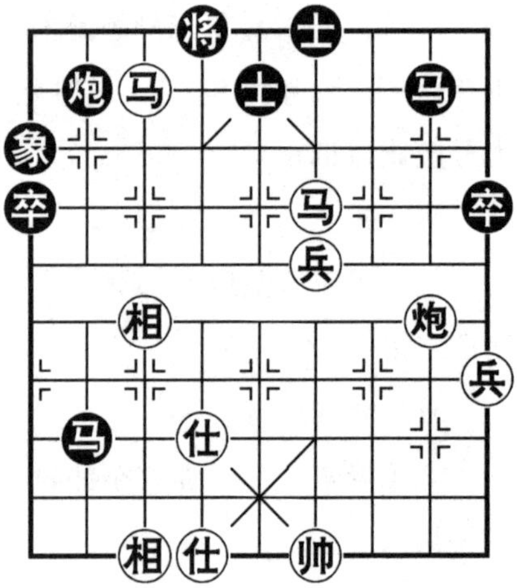

图二

红马旋风一般杀入敌阵，此时只要红炮在肋道上迎头架起，战斗就要结束。双方心知肚明，黑马顽强防御，且看红方如何入局？

50. 炮二退二　马3退4

黑如果马3退2，红仍然走仕五进六。

51. 仕五进六　马4进2

52. 炮二进三

漂亮的顿挫手法，红方通过调动，终于使得黑马处于无法防守的位置。

53. …… 炮2进1 54. 炮二平六 炮2平6

55. 帅四平五 将4进1 56. 马七退六

白璧微瑕，直接马四进六即胜。

57. …… 炮6平4 58. 马四进六（红胜）

蔚强中局获得优势后一路雄风拿下此局，为本队取得开门红。最终，内蒙古队以6比2战胜山东队，继续高歌猛进。

第五局　带镣的舞者

联赛第五轮，老牌劲旅湖北武汉光谷队遭遇象甲新贵杭州环境集团队。

湖北队在象甲历史上绝对可以说是一支重量级的强队，除了广东队六次夺冠一枝独秀外，能够两度封王的只有京、沪和湖北了。近年来，随着洪智、汪洋先后离去，柳帅年事已高，昔日的楚国雄师已经渐渐沦为保级队伍。2017象甲，汪洋在休息一年后重回母队，所有人都认为湖北今年保级毫无问题。不料就在联赛之前，湖北队连遭打击：先是老帅身患重病做了手术，需要静养，无法上阵；再有李雪松大师因单位原因而错过了象甲报名。这样一来，湖北损失两位绝对主力，实力不增反降。由此带来的负面效应是：大庆赛会制阶段，前面四轮湖北队连败四场，与公认的降级大热门杭州象棋协会队一起排在积分榜尾。全队每一轮都有人输棋，每一轮都没有人赢棋，士气低落。

汪洋，1984年出生于湖北汉川市，象棋特级大师。他是湖北队2005、2009象甲两次夺冠的大功臣，并且两次夺得象甲射手王，是棋坛公认的超一流高手。由于错过参加2016象甲，对20加5的快棋尚在适应中，前面四轮下了四盘和棋。对于一位主要得分手来说，这样的战绩实在乏善可陈。第五轮汪洋“恰似猛虎卧荒丘，潜伏爪牙忍受”。面对有着超强得分机器王天一的杭州环境集团队，汪洋第一个上场。他的对手是杭州队的越南外援、有“海外第一高手”之称的赖理兄。

赖理兄1990年出生，弱冠成名，是越南多届全国冠军。他的棋风凶悍，布局研究精深，有“大斧”之号，实力应属国内强大师的水平。经过一年象甲的磨练，棋艺日趋成熟。上一轮，赖理兄在全队落后一盘的不利形势下，勇胜浙江王家瑞，扳平了比分，状态正佳。

裁判长一声令下，双方握手，战斗随即打响。

湖北　汪洋　先胜　杭州　赖理兄

对兵局

（2017年5月8日弈于大庆）

1．兵七进一　　卒7进1　　2．炮二平三　　象3进5

对兵局是今年象甲的大热门布局。汪洋第二手选择兵底炮，赖理兄应以右象。另有两大类选择，一是炮8平5左中炮，二是象7进5，变化繁复，各成体系。

3．马二进一　　马8进7　　4．车一平二　　车9平8

5．马八进七　　炮8进4

红方不进车而放任黑方进炮封车，是为了加快左翼的出子速度。如车二进六，则炮8平9；又如车二进四，则炮2进2，黑方均有应对之策。

6．相七进五　　炮2平3

黑方左炮进驻兵线，右炮瞄准红棋左马，是一套计划明确的组合，风格明快。可见赖理兄在布局上是颇有造诣的。

7．仕六进五　卒3进1　8．兵七进一　炮3进5

9．炮三平七　马2进4　10．车九平六　车1平2

黑方的下法显得十分新颖别致。一般认为，开局阶段以炮换马是吃亏的，何况还让红方过了一个兵？但仔细分析不难发现，黑方在局部是吃了一点点亏，但右车迅速杀出，配合左炮对红方形成了不小的牵制，有所补偿。笔者以为：后手方如果以谋和为目的，倒也不失为一个不错的选择。

11．炮八平九　车2进7

汪洋平炮是准备从边路侧击，不料赖理兄径直挥车捉双，全然不惧。再一分析，此刻红如果炮九进四，黑可马4进2！炮七进二马2进3，炮九进三士4进5。至此红方痛快一时后，并无实质性攻势，黑双马位置奇佳，前景看好。回头再看，如果上一手不走炮八平九而改为炮八进三又如何呢？象5进3，炮八平三马4进6，炮三退一炮8平5！红方也毫无便宜可言。

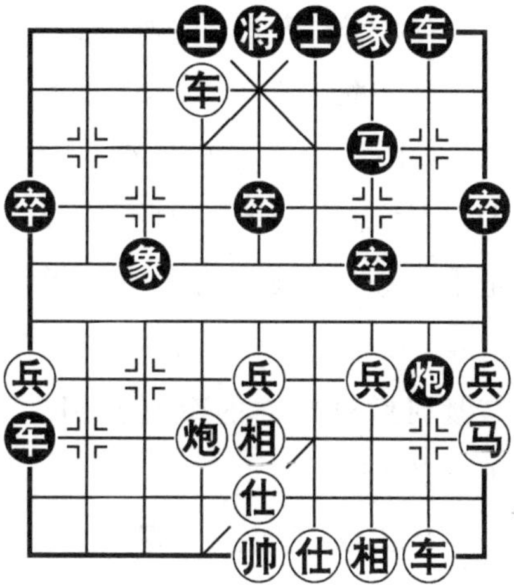

图一

12．车六进八　车2平1　13．炮七平六　象5进3（图一）

如图一所示，黑方高象去兵免除后患，但由此造成丢象。不如改走士6进5更为稳妥。以下红如果兵七进一，黑可车1进2，炮六退二车1退3，兵五进一炮8进1，黑车占据卒林一线，攻守兼备，足可满意。或者直接炮8平5，亦是可战之局。

14. 车六平三　　车8进2　　15. 车三进一

微隙在所必乘。汪洋见缝插针，平车捉马，由此斩获一象。

15. ……　　士4进5　　16. 兵五进一　　车1退1

黑方静悄悄补士，暗藏炮8平5弃车绝杀的手段。汪洋自然不会上当，及时挺进中兵避开陷阱。

17. 兵一进一　　象3退5　　18. 车二进三！　　车8进4

弃车换双，义无反顾，由此汪洋进入优势残局。但黑方毕竟有双车之威，且小卒众多，红马尚居边陲，要想取胜谈何容易。

19. 车三退二　　车1退1　　20. 车三平五　　车1平5

21. 炮六进四　　卒1进1　　22. 炮六平一　　车5平9

23. 炮一平三　　将5平4　　24. 车五退一　　车8进2（图二）

如图二所示，黑方进车败着，贪胜忘危之举，由此丢士，更难防守。正确的下法是车8退4，攻守两利。仗有一路边卒渡河后对红方的牵制作用，不乏谋和机会。

25. 车五平六　　士5进4

26. 车六进一　　将4平5

27. 炮三平七

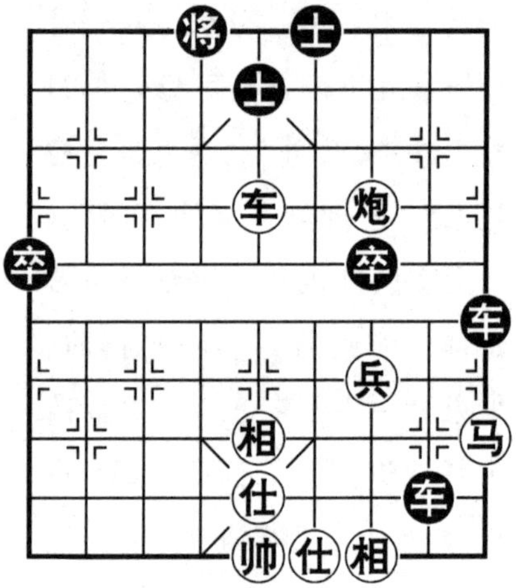

图二

眼看红马已无逃生之路，忽然一支伞兵小分队从天而降，顿时柳暗花明。至此红方看到了胜利的曙光。黑若车9进2吃马，红炮七退五车9平8，炮七平二车8进1，车六退二，黑方难以守和。

27. ……　　卒1进1　　28. 炮七退五　　车8退5

29. 车六退二　　车8平2　　30. 车六平三　　车9平4

31. 仕五退六　卒1进1　32. 车三平七　车2平4

战斗至此，双方时间所剩无几，错漏难免。31回合，红方理应兵三进一，退仕是快棋下的条件反射。而黑方随手进卒，也是无暇细算，可以车2平4叫杀联成霸王车，然后通过邀兑把红车逼于底线，再急冲小卒以攻为守，将给红方带来很大麻烦。红方有鉴于此，亡羊补牢，平车于七路，刚好找到一处栖身之地。

33. 仕六进五　后车进1　34. 车七进四　后车退4

35. 车七退七　卒1平2　36. 炮七退一　后车平2

37. 兵三进一　卒2进1　38. 车七进一　卒2进1

39. 马一进三　车2平4　40. 马三进一　前车进1

红方七路车肩负重任，既要防止黑卒切入，又要避免黑方以长兑车的方法求和，可谓是一个带镣的舞者。至此，黑方难以限制红马的攻击线路，败相已呈。

41. 车七进一　后车进5　42. 车七进五　后车退5

43. 车七退七　后车进3　44. 炮七平六

打车破坏黑双车联防，很有必要。

44. ……　前车平6　45. 车七进七　将5进1

如车4退3，则车七退三，红方占据要道。

46. 车七退四　将5退1　47. 马一进三　士6进5

48. 车七进四　士5退4　49. 马三退五　车4进5

必走，否则马五退六，黑方孤士又丢。

50. 车七退三　卒2进1　51. 兵三进一　车6退1

52. 马五进六　将5平6　53. 马六退四　将6平5

54. 马四进三　车6退3　55. 马三退四　士4进5

56. 马四进六　车6平4　57. 马六退五　后车平2

58. 马五进四　车2平6　59. 兵三平四　将5平6

黑方进行了顽强的抵抗，终因藩篱尽毁而无力回天。汪洋下得极具耐心，车马炮兵各尽其用，攻势如水银泄地，防不胜防，以下解说从略。

60. ㊣五进四　车4退3　61. ㊣四进五　车4进3

62. 帅五平四　将6进1　63. 车七退一　将6退1

64. 马四退二　车6平8　65. 马二退三　车8平7

66. 马三进五　车7平5　67. 马五进四　车5平6

68. 炮六平五　将6进1　69. 马四退二　车6平8

70. 兵四进一　车8进1　71. 车七平四　车8退1

72. 相五进三

汪洋经过一番苦心经营，各子均占要隘，现在扬相发起最后的攻击。

72. ……　卒2平3　73. 兵四平五　车8平6

74. 马二进四（红胜）

黑方最后一段的顽强防御给人留下了深刻的印象。无奈汪洋对胜利的渴望是如此强烈，精准的攻击也展现了昔日风采。至此黑方无力抵御下一步兵五进一的冲击，推枰认输。汪洋为湖北队先拔头筹。可惜，接下来队友连负两盘，杭州战胜湖北。这样，湖北队以令人瞠目结舌的五连败结束了大庆之旅，而杭州队却在四连平之后迎来了首次胜利。

综述二

象甲第六轮到第十一轮

2017 年 5 月 20 日

象甲联赛第六轮经历了大庆赛会制的五轮鏖战后，各队暂时回到主场休养生息。两周之后战火重燃，拉开了第一阶段主客场比赛的帷幕。

众所周知：赛会制的赛程密集，除了几个传统强队外，多支队伍重新组合，尚有一个磨合期。进入到一周甚至更久一场的主客场制，相信每支队伍都会对前期的比赛作一小结，再针对即将遭遇的对手作出相应的准备。因此，主客场的比赛相对而言更加艰难，尤其对于旅途劳顿的客队来说更为明显。

第六轮比赛，由于部分运动员有全运会预选赛的任务，所以有两场比赛被迫延期。分别是上海队对浙江队、黑龙江队对京冀联队。其中，沪浙之战延期到 6 月 17 日再战，而黑龙江与京冀的比赛则延后三天，到 5 月 23 日补赛。其余五场比赛的对阵形势为：内蒙古对江苏、杭州环境对山东、厦门对湖北、杭州象协对河南、广东对四川，主队名字在前。

排名积分榜首的塞外铁骑内蒙古伊泰队迎战老牌劲旅江苏队。这是伊泰队今年的第一个主场，自然希望有所斩获。因此，他们首先就由洪智披挂上阵，力求能够取得开门红。江苏队应该也是料到了这一点，由今年引进的强力外援孟辰挺身而出，来接洪智的招。棋逢对手将遇良才，两人斗得难解难分。洪智锐意进取，以奇特的仙人指路高边车战法猛攻，咄咄逼人；孟辰毫无惧色，见招拆招，阵脚始终不乱，大战六十余合，未分胜负，鸣金收兵。此战双方都下出了很高水平，惊心动魄，让人为之气夺。此后上场的队员似乎受此影响心有余悸，不敢造次，接二连三全部战成平局，两队遂以 4 比 4 结束战斗，皆大欢喜。

领头羊内蒙古队主场未能拿下江苏，给了排名第二的广东队追赶的机会。不过，他们的运气也不够好，主场在先胜一局的情况下，最后关头被顽强的四川队扳平。郑惟桐首个出场，力擒川队外援“怪侠”苗利明，为广东队先下一城；接着第二、三盘相继打平，最后关头武俊强妙手拿下张学潮，为川队扳平比分。

本轮最为出彩的当属杭州象协队。此前，他们在大庆遭遇惨败，五战皆墨无一胜局，是公认的鱼腩部队，早早就被认定为铁定降级的一个队。本轮他们坐镇主场，众志成城，竟然令来犯的河南队铩羽而归，确实令人振奋。双方决定胜负的关键是首盘对决，杭州象协队实力最为突出的郭凤达大师布局得先，一鼓作气战胜了河南队的外援何文哲大师，令豫军阵脚大乱。队长党斐急调头号杀手曹岩磊出马，希望能够扳回一局稳定军心。4 月份刚刚在无锡团体赛上晋升大师的吉星海拍马上前与之交手，发挥上佳，中盘妙演先弃后取术，化干戈为玉帛。年轻的杭州象协队看到了胜利的曙光，军威大振，吴欣洋、吴魏轮番上阵，战平党斐、刘明，杭州象协队主场以 5 比 3 获胜，取得宝贵的两分。

无独有偶，本轮杭州环境集团队主场也取得了胜利。他们赢棋的方式与小兄弟杭州象协队如出一辙，首个出场的王天一以精妙的杀法攻破了山东刘子健的城池后，其余三台皆和。杭州队度过了磨合期，迎来第二场胜利。

厦门队主场与湖北队握手言和。“张军长”张申宏先为本队立功，湖北大将汪洋随后回敬一局，湖北队也终于在第六轮拿到第一分，实现了“零的突破”。这支曾经两夺联赛冠军的老牌劲旅沦落到如此地步，令人唏嘘。

2017 年 5 月 23 日　补赛

由于京冀联队的两名主力陆伟韬、赵殿宇参加全运会大学生预选赛，因此与黑龙江队的比赛延期三天举行。黑龙江队的首个主场派出了有当年“四小龙”之称的聂铁文打头阵，京冀联队“大力神”金波出来接招。两人斗到中局，黑方已取得足可抗争之盘面，聂大师见此，不敢用强，双方不变作和。京冀联队第二个出场的是小帅哥赵殿宇，他以强悍的中炮横车七路马战法一举攻破黑龙江刘俊达的城池。第三局，黑龙江崔革虽然竭力纠缠，终未能有所建树，与陆伟韬平分秋色。就在人们认为京冀从客场拿走两分已成定局时，不料最令人放心的蒋川却出了问题，他残局走出大漏为金松所击败，黑龙江也由此惊险地与京冀打平。

2017 年 5 月 27 日

象甲联赛第七轮，可谓渐入佳境。本轮出现了多场大比分，也涌现出多盘经典棋局，让棋迷大呼过瘾。

四川队主场迎战领头羊内蒙古队，2 比 6 大败。为内蒙古建功立业的是洪智、赵国荣两位全国冠军。孙浩宇首盘跟蔚强打平，第二个出场的洪智中局以神妙的运子功夫拿下武俊强，苗利明战平郝继超。最后一局，老冠军赵国荣本来一心谋和保住团体战果，但四川队李少庚宁折不弯，破釜沉舟过于用强，正中赵国荣下怀。赵中盘一个精妙的战术组合炮镇中宫，再续以凶悍无比的平炮伏杀，漂亮地再下一城。

河南队流年不利，开赛至今尚无胜绩，上轮客战垫底的杭州象协队竟然空手而回。本轮回到主场，又遭遇强敌广东队。主帅党斐第一局战平了广东张学潮，第二局郑惟桐施展磨功，在几乎完全均势的情况下闪展腾挪，终于让素来稳健的刘明不堪重负，漏着失子告负。接下来，许国义、许银川再接再厉连下两城，河南首个主场即以 1 比 7 的大比分落败，令前来观战的各地棋迷沮丧不已。

本轮另一场大比分由浙江队与黑龙江队联手奉献。浙江主场迎战黑龙江，除黄竹风与崔革战平外，赵旸鹤、赵鑫鑫、徐崇峰捷报频传，先后战胜刘俊达、聂铁文、金松。这样，少赛一场的浙江队意气风发，排在了积分榜的第三位。

京冀联队主场 6 比 2 大胜杭州象协，蒋川、陆伟韬立功，他们暂列浙江队之后，位居第四。

湖北队在主场迎战上海，最后关头城池失守，遗憾落败。其中第三局湖北李智屏本来已经大占优势，奈何时间紧迫，没能找到最佳方案，使得万春林死里逃生。孙勇征压轴出战，战胜老帅柳大华，给湖北队伤口上又撒了一把盐。本轮其余两场，江苏对杭州、山东对厦门，均以 4 比 4 和为贵。只不过江苏孟辰与杭州王天一各显神通拿下对手，而山东与厦门则是一团和气四盘皆和。

七轮战罢，积分榜形势如下：内蒙古队五胜两平积 12 分，广东队四胜三平 11 分，浙江队少赛一场积 9 分排名第三，京冀联队虽然也是 9 分，但比浙江少一个胜场，排名第四，杭州队两胜五平排在第五位，江苏第六位。以下分别是四川队 7 分、上海队 7 分（少赛一场）、厦门队 6 分、山东队 6 分、黑龙江队 5 分、河南队 4 分、杭州象协队 2 分、湖北队 1 分。其中河南队和湖北队尚无胜场，深陷降级区，状态堪忧。

2017 年 6 月 3 日

象甲联赛第八轮，最为吸引眼球的无疑是内蒙古队主场迎战杭州队。内蒙古开赛以来所向披靡，仅与广东、江苏战平，队内灵魂人物洪智状态大热，个人成绩也是五胜二平；而杭州队至今尚无败绩，王天一七战六胜一平，星光熠熠。两队的激情碰撞究竟鹿死谁手？牵动着万千棋迷的心。

杭州队安排王天一首次拿后手出场，也许是想客场保平？内蒙古蔚强见是敌方主将，不敢造次，以经典的和棋谱摆出不求有功但求无过的架势。王天一哪里肯依？强行求变把局势搅浑。不过蔚强也不是省油的灯，中局一个顿挫，左车进而复退扩大先手，继而妙着连珠回马金枪破象占优。出于团体赛整体策略，蔚强并没有继续纠缠，而是稳妥地兑车谋和，无可厚非。接下来出场的赖理兄与郝继超大战一番，由于残棋不够细腻，被郝磨倒，内蒙古占得先机。洪智出马，抓住对手张彬的一个软手，双车双炮马齐集左翼狂攻张的窝心马，张彬重压之下走出大漏，仅仅 17 个回合即被洪智突破防线形成绝杀，内蒙古锁定胜局。最后出战的赵金成虽然竭力扳回一局挽回些许颜面，但已于事无补。内蒙古队六胜二平继续狂飙突进，杭州队也首次尝到失败的滋味。

广东碧桂园队本轮在主场四盘和棋与京冀联队打平，放慢了追赶的脚步，这也是他们在主场的第二次平局。为保级而战的湖北队远征哈尔滨，不但没有取得胜利，还被黑龙江队狠狠地咬了一口。八轮过后仅得 1 分，全队仅有两个胜局都由汪洋贡献，其他人一律哑火，每轮都会有人输棋，这在湖北队象甲历史上还从来没有出现过。

同样陷入保级泥潭的河南队本轮终于迎来了他们的首场胜利。他们在四川队的主场突然发力，最后一盘由王兴业中盘猛攻，一举战胜赵攀伟，一胜三和带走宝贵的两分。难得的胜利也驱散了河南将士心头笼罩多日的阴霾，扬眉吐气。浙江队和江苏队继续他们的抢分模式，分别在客场以 6 比 2 相同比分击败杭州象协队和厦门队，牢牢地占据着积分榜三、四名的位置。

本轮另外一场比赛，上海队主场战胜来访的山东队，孙勇征首盘便收到山东队谢岿的大礼，白得一子。尔后三盘都战成平局，沪军 5

比3经济实惠拿到两分。八轮过后，内蒙古14分，广东12分，浙江11分，江苏10分，京冀10分，杭州9分，上海9分，四川、黑龙江7分，厦门、山东、河南6分，杭州象协2分，湖北1分。其中，浙江与上海队少赛一场。

2017年6月11日

象甲联赛第九轮，本轮塞外铁骑内蒙古队继续一骑绝尘，他们客场5比3战胜了河南队，而追兵广东队却与浙江队打平，内蒙古领先优势扩大到3分，大有投鞭断流之势。

本来河南队的开局不错，何文哲一登台亮相就擒住了蔚强，这也是蔚强今年的首败。不过，洪智紧接着出场，在与曹岩磊的乱战之中尽毁对方士象而扳平比分。接下来党斐为郝继超的反宫马所破，局势反转。最后一盘，赵国荣令人放心地稳稳弈和刘明，河南主场又遭败绩。

浙江队本轮将主场设在了风景秀丽的磐安。赵鑫鑫第一个出战，与广东张学潮战成平局。主队最为锐利的攻击手未能建功，本以为广东队会在客场轻松取得胜利，不料浙江青年军接下来的表现十分抢眼，年轻气盛的王家瑞、赵旸鹤后手顶住了广东双核郑惟桐、许银川的轮番冲击，力保城池不失，而黄竹风与许国义大战157回合也是两难进取，两队秋色平分。经此一战，广东队被内蒙古队甩开一个半胜场，而浙江少赛一场仅以1分之差紧跟其后。莫非广东队真的只能在双数年份才能染指桂冠？此乃后话，暂时不提。

杭州环境队上一轮在大草原遭遇首败，回到主场原本想打个翻身仗，却遭到了厦门队的顽强阻击。赵金成首开纪录，先手擒住张申宏；不料才溢大师布下怪阵，拳打不识，放倒了赖理兄。王天一出战，赢下钟少鸿为本队再度取得领先；然而厦门陈泓盛不甘就此俯首称臣，仙人指路对卒底炮力克杭州队李炳贤，两队血肉横飞战成平手。

积分榜上尴尬垫底的湖北队终于在主场迎来首胜，汪洋、李智屏先后获胜，以6比2击败了杭州象协队，总算是拿到了一个胜场，也摆脱了副班长的位置，但形势依然严峻，前面亏空太多导致军心不稳，保级压力巨大。另外三场，山东与黑龙江、江苏与上海、京冀联队与四川队，都以四盘和棋打平。

九轮之后，积分榜排名如下：内蒙古16分，广东13分，浙江12分且少赛一场，江苏11分，京冀11分，杭州10分，上海10分且少赛一场，四川、黑龙江8分，厦门、山东7分，河南6分、湖北3分、杭州象协2分。

2017年6月17日　第六轮补赛

上海队与浙江队的补赛于今天进行。最近三轮，上海队两胜一平，孙勇征功劳不小，本轮却未能建功立业。他的对手王家瑞6天以前后手大战郑惟桐，防守老到，令素以磨功见长的蜀山棋侠也未立寸功，家瑞信心大增。孙特大也不敢过于用强，稍作一番试探便鸣金收兵。倒是浙江少帅赵鑫鑫有点想法，与赵玮大战了一百多个回合后，马炮仕相全依然无法攻破炮士象全，只得签字认和。另外两盘棋也先后打成平手，各得1分也是皆大欢喜。

2017年6月25日

象甲联赛第十轮，内蒙古队延续了他们开赛以来强劲的势头，本轮主场酣畅淋漓的一场大胜，令群雄侧目。对手厦门队虽然不是什么豪门，但也相继打平了广东队、杭州队，战胜过京冀联队，也不是那么容易对付的。但内蒙古队却摧枯拉朽般连下三城，展现出强大的火力。胜利之门由老将赵国荣首先开启，他在与张申宏的对局中标新立异，使对手不知不觉堕入彀中，十余回合就利用闪击巧妙得子。然后蔚强后手以精彩的马炮残局击退才溢，内蒙古已确保不败。洪智抖擞精神再下一城，以车兵入宫迫使钟少鸿俯首。最后一局郝继超战平郑一泓，内蒙古7比1大胜对手。射手榜上，洪智也以8胜2和的骄人战绩与王天一并驾齐驱，堪称一时瑜亮。

本年度最佳对局也在这一轮产生。杭州队作客上海，前三局两队打成平手，王天一最后出场，他的对手是老牌特大万春林。王天一的飞相局走得飘忽异常，几度先弃后取的招法出人意料，中盘大胆弃仕的构思更是令人叹为观止，将象棋艺术发挥到极致。凭借此局，杭州队在客场全取两分，全队进入了抢分模式。

本轮杭州象协队惨遭血洗，来访的山东队丝毫不留情面，恰似饿虎捕食，创下了本届联赛的第二个8比0，场分局分一起赚，满载而归。

广东队在连续不胜后本轮终于在主场开张，他们6比2击败了老对手湖北队，继续保持着积分榜第二的位置。许银川、张学潮分别建功，战胜了柳大华、赵子雨师徒。郑惟桐却似乎忘记穿射门靴了，与李智屏的对局中车马双兵未能攻破车马，状态急需调整。

本轮浙江队作客四川，李少庚、赵鑫鑫分别为本队拿下胜利，两队打平；河南与京冀之战也是4比4，蒋川、王兴业立功；黑龙江在主场四盘和棋战平了强大的江苏队，也算得上心满意足。

第十轮过后，内蒙古18分，广东15分，浙江14分，江苏12分，杭州12分，京冀12分，上海11分，山东9分，四川、黑龙江也积9分，厦门、河南7分，湖北3分，杭州象协2分。

2017年7月2日

象甲联赛第十一轮，本轮比赛是第一阶段主客场的最后一战，接下来就要奔赴深圳坪山，进行第二阶段赛会制的六轮比赛。因此各队也都想在自己的主场表现得好一些，争取拿到满意的成绩。不过事与愿违，除了江苏、杭州由于实力原因在主场获胜外，其余各主队竟无一胜绩。

本轮最大的冷门当属浙江队主场不敌河南。论实力，拥有赵鑫鑫的浙江队自然强大；论成绩，浙江排名第三，紧跟广东，而河南积分只有浙江队一半，在降级区苦苦挣扎。没想到河南队敢捋虎须，硬生生从浙江主场带回了一场胜利。这也是河南首次战胜排名三甲的强队，给这支升班马增添了极大的信心和勇气。两队前面两盘都战成平手，第三盘河南队何文哲大师勇猛顽强，下风中苦战逼平黄竹风，网络上已经有棋迷感觉浙江有些不妙，因为河南队最后压轴出战的是曹岩磊，而浙江队派上的是当时尚未获得大师称号的孙昕昊。小孙首次征战象甲，显得有些拘谨，中局渐渐落入下风，激战中一个恍惚，丢子败下阵来。

京冀联队主场 3 比 5 不敌内蒙古。蒋川虽然后手止住了洪智的连胜势头，却不能阻止内蒙古的多点开花。郝继超后手战胜赵殿宇，确保了本队的第九场胜利。

广东客场6 比 2 胜山东，尤为可喜的是郑惟桐这次后手出战，又重新找回了状态。小郑以极其精彩的运马功夫为广东打开胜利之门，张学潮锦上添花击败急于扳平的谢岿，得胜还朝。杭州队 5 比 3 胜黑龙江队，过程却有些惊险。首盘赵金成与崔革打平，第二盘聂铁文中局突然妙手弃车，张彬猝不及防败下阵来。关键时刻又是王天一力挽狂澜，他马炮残棋出神入化攻陷何伟宁，为本队扳平。这一次出彩的是年轻的李炳贤，小李以极强的韧劲鏖战 98 个回合终于拿下金松，杭州队逆转而胜。

厦门本轮迎战上海，本可有一个不错的结果：前面三盘都打平，而最后出场的才溢后手对谢靖已经取得了反先的局面，不料计划不周，送上大礼，反被谢靖偷袭得手。厦门主场 3 比 5 遗憾落败，他们也掉入了主场不胜的怪圈。

湖北主场与四川打平，这也是本轮唯一的平局。老帅柳大华首开纪录，战胜了一直纠缠不休的武俊强，看来虎老雄风在，千万不可轻视。可惜李智屏随后失误，负于李少庚，两队各胜一局。对于四川队来说可以接受，但对急需抢分的湖北队来说却不免感到沮丧了。

江苏在主场 7 比 1 轻取杭州象协，稳固了自己积分榜第四的位置。

十一轮过后，各队排名如下：内蒙古 20 分、广东 17 分、浙江 14 分、江苏 14 分、杭州 14 分、上海 13 分、京冀 12 分、四川 10 分、山东 9 分、河南 9 分、黑龙江 9 分、厦门 7 分、湖北 4 分、杭州象协 2 分。

个人射手榜上，竞争也十分激烈：王天一九胜二平的战绩令人目眩，洪智八胜三平紧随其后，郑惟桐七胜四平排名第三。

11　疾如雷电

图 11 是第六轮杭州郭凤达与河南何文哲交手 18 回合形成的盘面，眼下黑方窝心马已露出软肋，且看红方如何操刀？

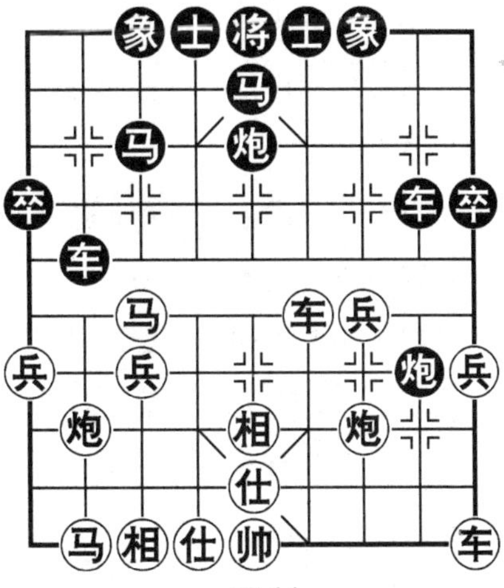

图 11

19. 车四进四　　炮5 平 7

红进车塞象眼漂亮的一手！势大力沉，一击中的。

20. 车一平四　　车8 平 6

21. 后车进六　　马5 进 6

22. 马七进六　　马6退4

策马扑槽，追风逐电，不容对手喘息。

23. 马六退八　　马4退6　　24. 前马进七

净多一大子，黑放弃作战。是局红方左翼马炮一步未动就取胜，你道奇也不奇？

12　侧攻如虎

图12是第七轮由江苏孟辰与杭州李炳贤交手17回合形成的盘面，眼下双方都在调兵遣将，各攻一翼，现轮红下：

18. 车四平八　　炮2平1

红平车强兑争先，漂亮的一手！黑如炮2进4，则车八退二，黑有失马之虞。

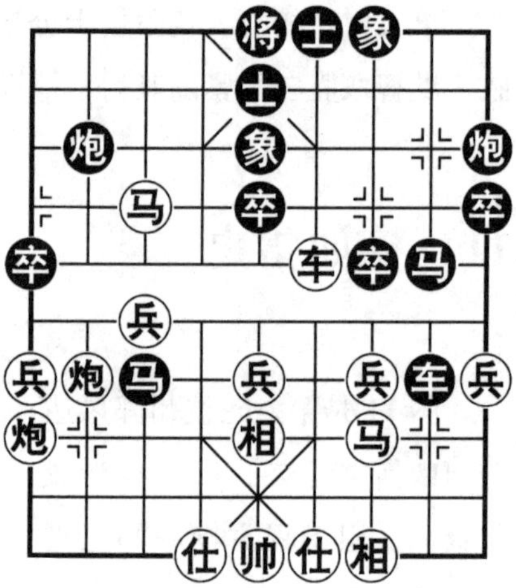

图12

19. 炮九进三　　马8进7

20. 炮九进一　　卒5进1

侧攻转向中路，机动灵活，游刃有余。

21. 仕六进五　　炮1退1

22. 马七退五　　士5退4

23. 马五进四　　炮1平6

24. 炮九平五　　象5退3　　25. 车八进三

捉炮，并有炮八进二绝杀，黑认负。

13　马踏山门

图 13 是第七轮内蒙古赵国荣与四川李少庚交手 21 回合出现的盘面，眼下黑方在卒林线构筑了一道防线，但给人的感觉有点虚浮，被红方觑个正着：

22. 马四进五　　马3 进 5

强行马踏山门，犹入无人之境，漂亮的一手！

23. 炮九进四　　马5 进 6

24. 炮九平二　　马6 进 4

25. 炮二平五　　士4 进 5

补士速败，改走象5 进 7 还能纠缠。

26. 炮四平二

平炮一招九鼎，伏闪击绝杀，弈来精彩动人！而黑方四个大子俱在却鞭长莫及无人救驾，不能不叫人扼腕叹息！

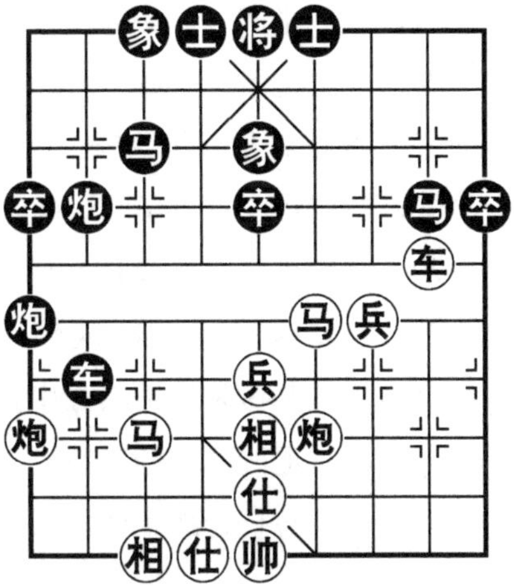

图 13

14　紧逼得子

图 14 是第八轮杭州象协吴魏与浙江赵旸鹤交手 27 回合出现的盘面，眼下局面大致均等，但红方左马的弱点已然暴露无遗，现轮黑下：

27. ……　　　　炮6 平 7　　28. 马三退二　　炮4 进 6

黑平炮压马窥相继而进炮压马迂回边路，漂亮的一手！

29. 马二进一　　炮7 平 6

30. 马一进三　　炮4 平 1

31. 马三进二　　炮1 进 1

32. 相五退七　　象5 退 7

攻不忘守，把握进攻节奏。

33. 车二平四　　炮6 平 8

34. 兵七进一　　车2 平 3

35. 炮九平五　　象7 进 5

36. 马二进三　　将5 平 4

37. 车四进二　　车3 进 2　　38. 车四平六　　将4 平 5

39. 马三退一　　炮1 退 6

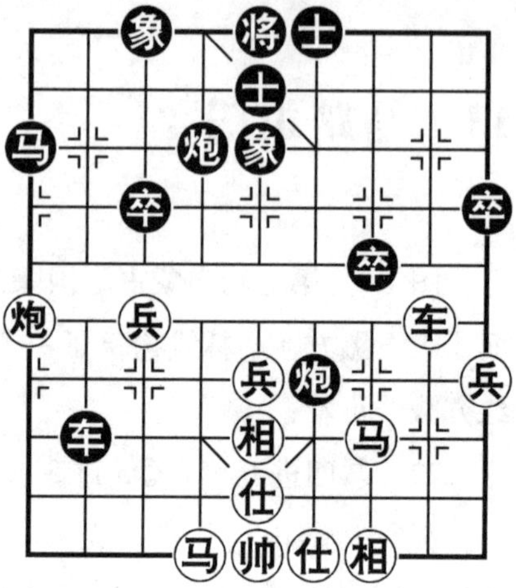

图 14

红急于运马做杀反被黑方串打，不如车六退四坚守待变。

40. 车六退四　　炮1 平 9

红失子失势仍苦战十回合，终难免一败。

15　诱敌深入

图 15 是第八轮浙江赵鑫鑫与杭州象协郭凤达交手 15 回合形成的盘面，眼下黑方正调兵遣将向红方左翼发动进攻，现轮红下：

16. 兵三进一　　马2 进 3

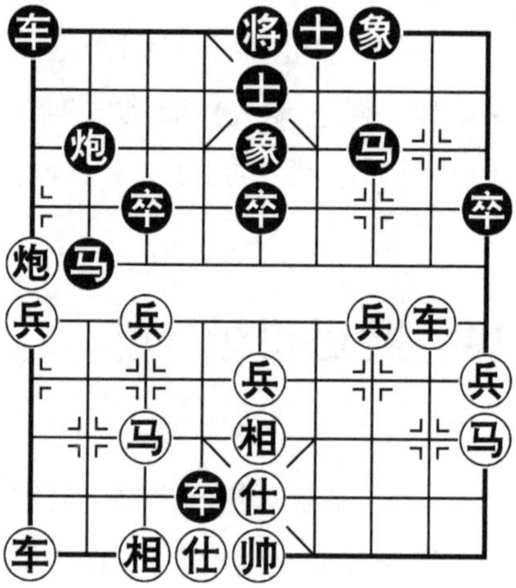

图 15

17. 车九进一　　炮2 进 6

红兑车解围漂亮的一手！同时含有诱敌深入之意。黑如改走车4 平 1，则炮九退四车1 进 5，炮九平七马3 进 5，相七进五车1 进 2，马七进六象5 进 7，车二进二红方多子占优。

18. 兵三进一　　马3 进 5　　19. 车二平六　　车4 退 3

兑车解圍，恰到好处。

20. 马七进六　　马5 退 3　　21. 马六退五

黑方失子失势，难以为继，红胜。

16　回马金枪

图 16 是第八轮厦门陈鸿盛与江苏孟辰大战 31 回合时演成的盘面，眼下黑车正捉红炮，且看红方如何应对：

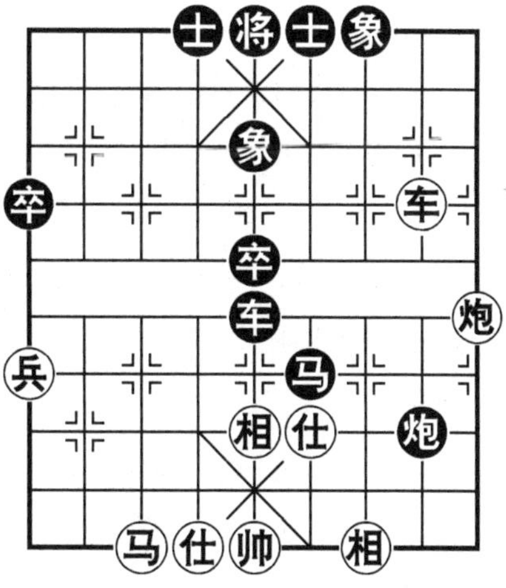

图 16

31. 炮一退三　　马6 退 8

红退炮求变，不如车二退三对捉较为稳妥。黑回马打车，漂亮的一手！由此上演三军逼宫。

32. 车二平四　　炮8 进 2

33. 帅五进一　　马8 进 7

34. 炮一平四　　炮8 退 1

35. 帅五退一　　车5 进 2

36. 仕六进五　　炮8 进 1

黑方一阵紧锣密鼓，掠去红方一相，局面渐入佳境，红方应仕四退五比实战较为顽强。

37. 炮四退一　　马7 进 6　　38. 马七进六　　车5 退 1

红如车四平二，则车5 平 3，马七进六马6 退 7，相三进一炮8 平 9 黑方得子胜定

39. 马六退四　　炮8 退 3　　40. 车四平三　　炮8 平 9

41. 车三平一　　炮9 平 6　　42. 车一退三　　卒5 进 1

43. 车一平三　　炮6 退 2　　44. 车三进三　　车5 平 1

45. 马四退二　　卒1 进 1

红方认负。

17　攻为上策

图 17 是第八轮江苏孙逸阳与厦门郑一泓交手 23 回合形成的盘面，眼下红方多一大子，但右翼无根车炮被牵且残一相，再加上黑方有过河卒助战，形势不容乐观。眼下黑方过河卒拱车，迫红表态：

24. 马七进八　　卒2 进 1

不逃车而上马对捉，适时发动反击，漂亮的一手！黑如车4 平 5，则车八平六，下一手有马九进八扑槽的凶着，黑方不好应付。

25. 马八退六　　马3 进 4

26. 马六退八　　马4 进 5

27. 马九进八　　马5 进 7

28. 车二进一　　炮3 进 7

29. 炮一平五　　将5 平 4

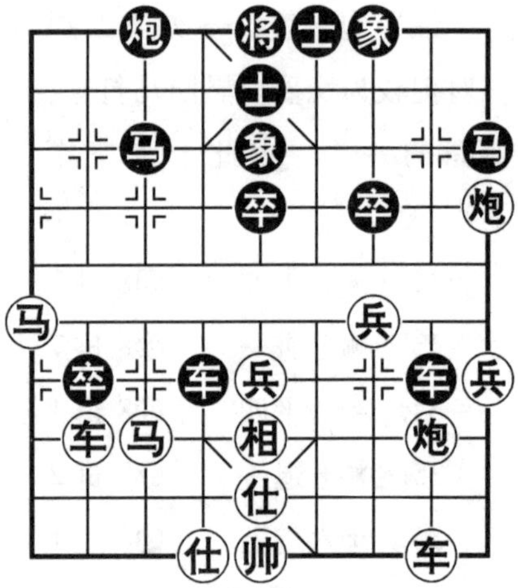

图 17

红方炮镇中路，已然胜券在握。

30. 炮五平六　将4平5　31. 前马进七　将5平4

32. 马七退八　将4平5　33. 仕五进四　车8平3

扬士通车好棋，给黑方最后一击。

34. 车二平九　马9进8　35. 炮六平五

绝杀，红胜。

18　以多打少

图18是第九轮厦门陈鸿盛与杭州李炳贤交手20回合出现的盘面，眼下红方虽然多一大子，但黑方过河卒正横冲直撞，让红方难以忍受：

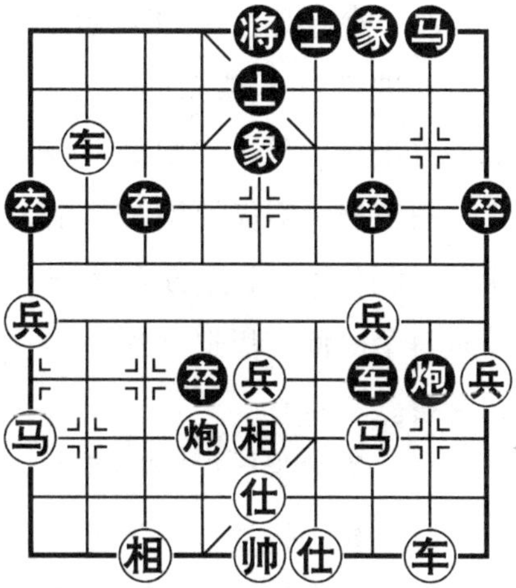

图18

21. 马九进八　车3进2

跃马对捉，恰到好处。

22. 炮六平九　马8进7

23. 炮九进四　马7进5

24. 炮九进三　马5进6

红方边路快速突击，已成三子归边之势。

25. 车二进三　马6进5

弃车砍炮，漂亮的一手！弈来干净利落。

26. 相七进五　车7平8　27. 马三进四　车8平5

红铁骑强行扑出，黑方已难招架。

28. 马八进九　　车3 退 4　　29. 马四进六　　车5 进 1

30. 车八进二

以下抽掉黑方中车，红胜。

19　声东击西

图 19 是第九轮湖北汪洋与杭州象协吉星海交手 18 回合形成的盘面，眼下双方形势大致均等，红方仅多一兵之优，现轮红下：

19. 炮七进六　　士5 退 6

20. 炮七退七　　马4 退 6

红进炮打车漂亮的一手！表面看虚晃一枪，实则是一步良好的顿挫，不仅给黑车“消根”，而且为攻击黑方左翼车马赢得了时间。黑退马连环实出无奈。

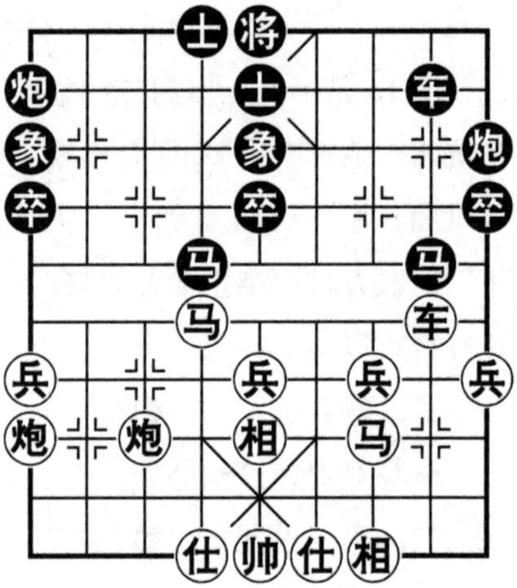

图 19

21. 马六进七　　炮9 平 8

22. 车二平六　　象5 进 3

23. 兵三进一　　车8 平 7

24. 炮九平八　　炮1 平 2

25. 兵三进一　　马8 进 7　　26. 兵三进一

红方指东打西妙着连珠，黑方顾此失彼疲于奔命，现活生生的马被小兵拱死，只能投子认负了。

20 铁骑突出

图 20 是第十轮杭州象协吉星海与山东陈富杰交手 15 回合时出现的盘面，眼下黑边马“闲置”于一隅，如何策动令其早日参战是黑方的当务之急：

15. …… 卒1 进 1

黑小卒轻轻一动送吃，漂亮的一手！是扬鞭策马，快速出击的好棋。

16. 兵九进一 车4 平 3

17. 炮七平六 马1 进 3

18. 车二平四 马3 进 4

黑马不吃过河兵而直取中路，弈来颇有气势。

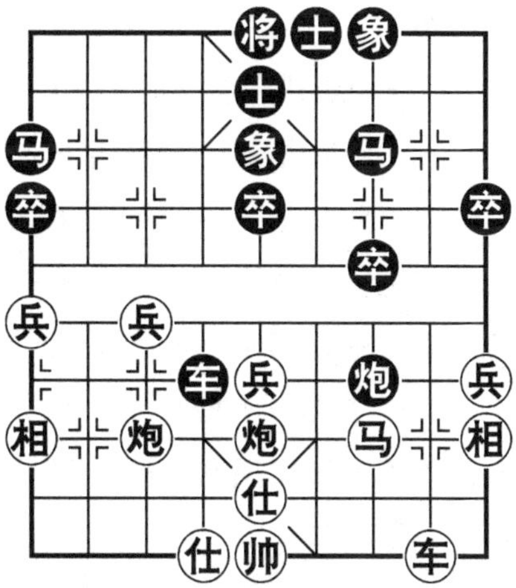

图 20

19. 车四进四 马4 进 5

红方不甘心被牵着鼻子走，准备先弃后取，争夺主动权。

20. 车四退二 车3 平 5 21. 相九退七 卒5 进 1

22. 相七进五 卒5 进 1

用车吃较实战为好，车四平五车5 进 1，相七进五卒5 进 1，虽仍属黑好但战线还长。

23. 相一退三 炮7 平 6 24. 马三进二 卒7 进 1

25. 马二进三 卒5 平 6 26. 车四平三 炮6 平 7

27. 马三退四 卒7 平 6

红马被捉死，黑胜。

21　强兑谋车

图21是第十轮湖北赵子雨与广东张学潮交手20回合形成的盘面，眼下红方车双炮正在联合捉子，且看黑方如何应付：

20. ……　　　　炮2平3

黑强兑解围，漂亮的一手！

21. 后炮进三　　车4平3

22. 炮七进三　　马8退6

红炮兑马草率，应车七平六脱离险地，当然不能走炮七平五，因为黑方有象5进7双打的严厉手段。黑回马咬车妙手，必得一车。

23. 车三进三　　炮9退1

24. 车三平五　　炮9平3

白丢一车，黑方胜定。（下略）

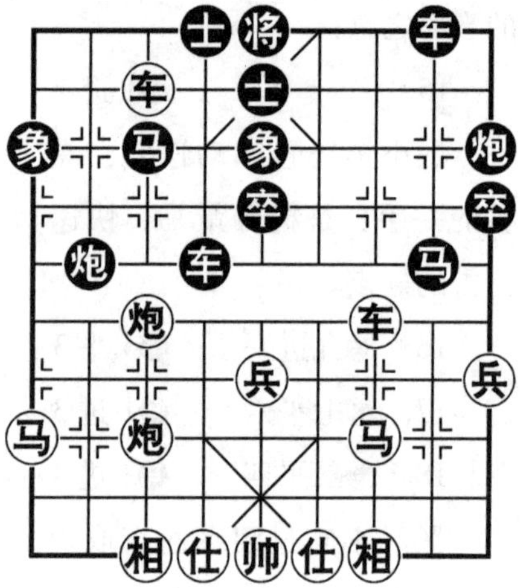

图21

22　绝妙闪击

图22是第11轮黑龙江聂铁文与杭州张彬战罢20回合形成的盘面，上一手黑退底炮掉以轻心，意在继续栓链红马，不给红车脱身之机，岂料铸成大错，且看红方连施妙手：

21. 马三进五　　车8退2

红方乘机弃车踏象，漂亮的一手！黑退车无奈，如车8平1，则马五进三将5平4，炮六进一炮3平5，炮五平六红胜。

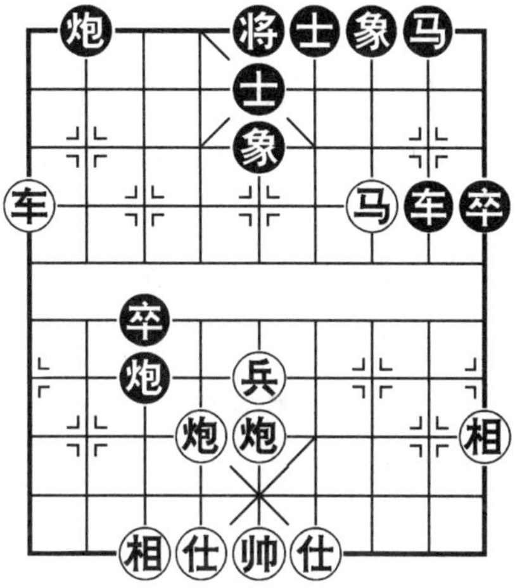

图 22

22. 炮六进六　　士5进6

红进炮打车，得理不饶人。

23. 马五退四　　将5平4

24. 车九平六　　炮2进1

25. 炮六平五　　炮2平4

黑如将4平5，则炮五平七象7进5，马四进五，黑方也难应付。

26. 前炮退三　　车8进7　　27. 仕六进五　　车8平6

28. 后炮平四　　马8进9　　29. 炮五平六　　炮3平4

30. 车六进二

红方上演一系列的闪击，弈来精彩动人！黑失子失势，难以为继，只能投子认负。

23　重兵合围

图23是第11轮江苏孟辰与杭州象协吴魏交手27回合形成的盘面，眼下红方大子云集蓄势待发，相比之下，黑方有点前后脱节之感，现轮红下，且看红方如何扩先取势？

28. 炮七进六　　马4进5

红进炮打车意味深长，漂亮的一手！意在驱赶黑马离位，为以后进攻扫清障碍。

29. 仕五退四　　炮9 进 7

30. 仕六进五　　车6 平 4

31. 马五退七　　马5 进 7

32. 炮七退三　　士4 进 5

经过几个回合的腾挪，红方四个大子浑然一体，已成高屋建瓴之势。

33. 炮七平六　　车4 平 2

34. 马七进八　　炮9 退 8

35. 车二进二

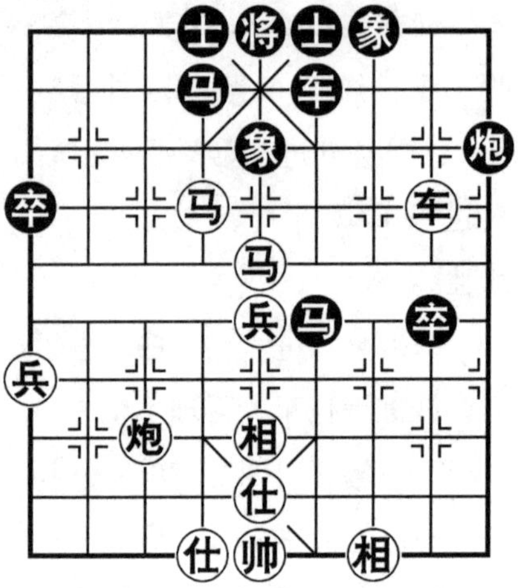

图 23

在重兵合围之下，黑方势必失车，只能放弃作战，红胜。

第六局　暴力美学

紧张激烈的大庆赛会制之后，各队回到主场作战，进入每周一轮比较舒缓的主客场模式。相对于每天一轮的赛会制，各队能够有足够的时间来检讨得失，重新制定方略，对于下一个对手也有充分的研究。第六轮，杭州环境集团队主场作战，迎来的是山东中国重汽队。

山东队算不上象甲强队，他们没有全国冠军坐镇，甚至没有一名特级大师。但在队长谢岿大师的率领下，众志成城，成绩一直很稳定，从未降级，有一次甚至闯入了前六名。该队往往在与保级对手的对冲战役中发挥出色，宁可输给强队，但决不能在弱队身上丢分，这也是他们年年能够保级的一个重要因素。谢岿大师可谓带兵有方。

杭州队第一个出场的正是本队的得分机器、有“外星人”之称的王天一。前面五轮，王天一全部执红棋，取得了四胜一和的佳绩，与内蒙古洪智、广东郑惟桐并列射手榜首位。看样子，杭州队主帅马天越大师的策略很清楚：就是要让王天一尽量多拿先手为全队抢分，同时也要让其力争“射手王”的殊荣。此前五轮，杭州连平四场后终于开张，第五轮赢了湖北，渐入佳境。此番回到大本营，首个主场自然想取得开门红。因此，让王天一打头阵也就顺理成章了。

山东队第一个亮相的是刘子健大师。这刘子健 19 岁，江苏泰州人，是特级大师王斌的弟子。别看他年纪轻轻，却是棋坛一员“老将”了。早在 2010 年就获得了全国少年冠军（12 岁组），征战象甲已经有数年历史，而且在 2014 赛季就战胜过王天一，一战而天下闻名。刘子健熟读兵书，各种流行布局研究颇有心得，杀法犀利，是一位少年英才。

杭州　王天一　先胜　山东　刘子健

对兵局

2017 年 5 月 20 日弈于杭州

1．兵七进一　　卒7 进 1　　2．炮八平四　　马8 进 7

王天一以仙人指路起手，刘子健立即以挺卒相迎。前面我们已经说过，近年来象甲联赛的主流就是以后手挺卒对付仙人指路，且今年愈来愈热，大有取代卒底炮的势头。或许是为了避开对方的“家庭作业”，抑或觉得此变化更为灵活，有利于棋手充分发挥？笔者水平浅陋，也不敢妄加揣测。

第二回合，红方一般有以下几种常见的变例：炮二平三、马八进七、炮八平五。当然，此时可供选择的余地非常大，可说是“海阔凭鱼跃，天高任鸟飞”，全凭棋手平时的研究和临场的发挥。此前偶有棋手走炮八平六的，黑方应以车1 进 1，布局构思也颇为新奇有趣。但炮八平四过宫的下法确实属于超级冷门，看来王天一是刻意要与年轻的对手较量中盘功力。

3．马八进七　　炮8平9　　4．马二进一　　车9平8

5．车一平二　　马2进1

双方正常出子后，黑方要安顿右翼。马2进1是稳正的下法，足见刘子健大师的布局素养。如马2进3，将来红方有炮二进四的进攻路线，恐非黑方所愿。

6．车九平八　　炮2平4　　7．车八进五　　象7进5

8．车八平六　　士6进5　　9．炮二平三　　车8进9

超凡脱俗的布局构思，令人瞠目结舌。王天一进车捉卒，帮黑方补象，平车捉炮，帮黑方补士，想来黑方是不以为然的。接下来又平炮邀兑窝车，这每一招看上去皆违背棋理，简单粗暴。如果不是由王天一走出来，恐怕我辈就要拍案而起，怒斥一番了。但王天一武功已登峰造极，飞花摘叶均可伤人，如此兵行诡道，也就不足为奇。

10．马一退二　　炮9进4？（图一）

如图一所示，黑方毕竟年轻气盛，在王天一的挑逗之下不免有些怒火中烧，挥炮击兵准备退回河口驱逐红车，但有嫌轻举妄动。此时不如改走车1平2，迅速出动主力为上。将来9路炮可以根据局势需要退底掩护7路，则局势稳固。

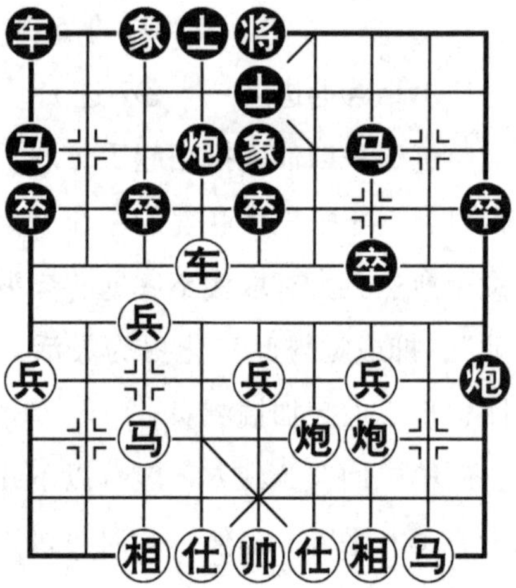

图一

11．炮四进四

容易被忽略的一手好棋，平淡中见真功，也是红方此前计划的重要环节。如无此见缝插针手段，则红方徒劳无功矣。

11. …… 车1平2 12. 相三进五 卒1进1

13. 车六平三 车2进4 14. 兵三进一 车2平6

失去7路卒后，黑方顿感压力。此手平车邀兑是顾忌7路马被红三路兵压制，但此马跃出后并无好的去处，反助红势。不如卒9进1忍耐，以下车三平八马1进2，兵三进一马7进9，兵三平四卒9进1，红虽便宜，但黑方蕴藏的能量也不可小觑，比实战效果好得多。

15. 车三平四 马7进6 16. 兵三进一 马6进7

17. 马二进四 炮9进3 18. 帅五进一

御驾亲征有惊无险，至此红方取得优势。

18. …… 马7退9 19. 兵三平四 卒3进1

挺兑3卒，准备将右炮调到左翼参与进攻。明明知道由此会失去中卒，但紧要关头，也顾不得许多了。因红方子力集中，潜力巨大，黑各子分散不利于防守，也只有在对攻中求生存，舍此别无良策。

20. 兵七进一 象5进3 21. 炮三进四 炮4平8

22. 炮三平五 象3退5 23. 兵五进一 炮8进6

24. 马四进五 马9进7 25. 马五进三 马7退5

红方以暴制暴，面对黑棋三子归边之势，虽说是暂时处于防守状态，子力却无一退缩，反而乘势而进。读谱至此，一股慷慨豪迈之气跃然枰上，当浮一大白。

26. 马七进五

明知黑马要腾挪叫将，宁可冒主帅登上三楼的大险也毫无惧色，胆大心细，真乃大英雄之本色也。

26. …… 马5退3 27. 炮五平一 马3进4

28. 帅五平四 炮9退1 29. 帅四进一

登高履险，场面惊险刺激。仔细观之，黑方固然畅快一时，但终无杀棋。反而是红方雄兵已浩浩荡荡杀至城下，马上就要发起雷霆一击。黑方后防空虚，不得不紧急刹车，退炮回防。

29. ……　　炮8退6　　30. 马三进二

隔断云山，黑方攻势瓦解冰消。

30. ……　　炮9退4　　31. 帅四退一　　马1进2

32. 马五进三　　炮9进4　　33. 炮四平五　　将5平6

红方双马如龙盘旋而上，现在炮镇中宫叫杀，攻势如火如荼。

34. 炮一退三　　马2进4　　35. 炮五平四　　炮8退1

不得已而为之。如将6平5，炮一平五，黑也难以抵挡。

36. 仕四进五

攻不忘守，老练至极。若贪功不察而走炮一进五？黑棋有后马退6吃兵的巧计解围，红前功尽弃。

36. ……　　前马退二　　37. 炮一进五（图二）

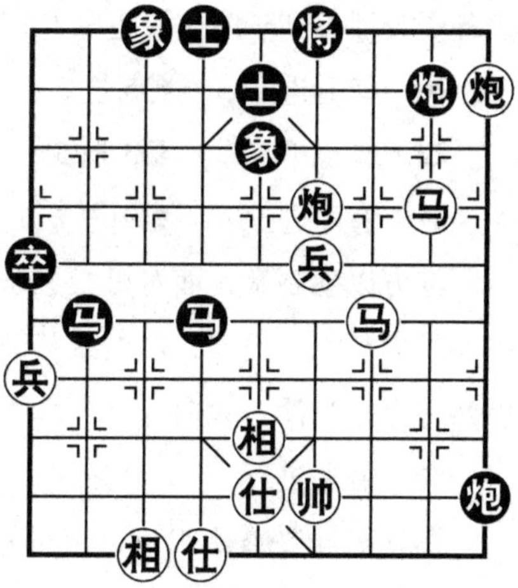

图二

如图二，王天一图穷匕见，进炮下二路伏马二进四再马四进二得子，奇巧至极，凶狠至极！黑方大势已去。

37. ……　　将6平5

38. 马二进三　　将5平6

39. 后马进二（红胜）

末着，红进马构成绝杀，黑无法解救，只得认输。因如将6进1，则马二进四（妙哉）将6进1，马三退二杀。

王天一以狂暴粗犷的战法在主场先拔头筹，军威大振，也凭借此局胜利，杭州队以5比3挫败山东队。

第七局　零的突破

大庆赛会制结束后，不到半个月功夫，战火重燃。5 月 20 日，武汉光谷湖北象棋队远征厦门。

此前五轮比赛，湖北队大败亏输，一分未得，这让 2 月份刚刚动过手术，尚在恢复期的老帅柳大华甚为揪心。确实，今年湖北大将汪洋回归，本是极大的利好；不料天有不测风云，柳帅患病，年近七旬的老人哪经得起开刀住院？往日体魄健壮的他一下子瘦了二十多斤，医生叮嘱不可劳累奔波，需要静养。大庆赛会制，柳帅遵从医嘱，留守中军。本队首轮负于浙江，次轮再负内蒙古，第三轮不敌山东，接下来又连续输给江苏、杭州，输了个干干净净。二十盘棋下来，只有汪洋第五轮才找到状态，赢了赖理兄。不过，这唯一的胜局却不能保障队伍拿到场分，杭州队连扳两局逆转胜出，湖北队账面上依旧是一贫如洗。痛定思痛，柳帅决定第六轮亲自出马，即便是身体有恙、舟车劳顿也顾不上了。

厦门队首轮就爆了个冷门，与棋坛巨无霸广东队打平；次轮小负四川，第三场打平河南队，第四轮以 6 比 2 掀翻了老牌劲旅京冀联队，第五轮 3 比 5 惜败于浙江队。总的来说发挥正常，尤其队中陈泓盛大师表现优异，三胜二和的成绩单堪称完美。

陈泓盛，1992 年出生，福建泉州惠安籍，象棋大师，是特级大师郑一泓的得意门生。他从小就展现出极高的象棋天赋，其父大力支持并遍请名师加以指导，最后拜在郑一泓门下，从此如鱼得水棋力大进，于 2011 年全国个人赛上晋升为象棋大师。陈的棋风凶悍，攻击线路清晰，是一位实力强劲的青年棋手。

两队交锋，老帅柳大华第一个出场，与厦门队才溢大师酣战近百个回合，平分秋色。次局，湖北李智屏对厦门张申宏，弃子强攻未果反遭偷袭，厦门队取得领先。第三局，厦门主帅郑一泓未能扩大战果，与湖北赵子雨打平。场上比分4比2，厦门队只需一场平局，便可取得胜利。

危急关头，湖北大将汪洋挺身而出，他的对手正是厦门队第一得分手陈泓盛。汪洋能否扭转颓势？陈泓盛能不能保住胜利果实？所有人的心都提到了嗓子眼，赛场气氛肃穆。

湖北　汪洋　先胜　厦门　陈泓盛

起马局对仙人指路

2017年5月20日弈于厦门

1．㊣马八进七　卒7进1　2．炮二平三　象3进5

汪特大近年来先手已经甚少采用中炮，更为钟爱起马、挺兵、飞相等柔性布局，盖因此类散手局面更能综合考量棋手的功底。陈泓盛挺7卒，意在避开对方熟悉的领域。汪洋平炮瞄卒，将散打进行到底，如兵七进一，黑方马8进7，又回到司空见惯的盘面。

3．马二进一　马8进7　4．车一平二　马7进6

一般循规蹈矩者都会选择车9平8，陈大师跃马河头，潇洒飘逸，颇具乃师郑一泓之神韵。

5．相七进五　车9进1　6．车二进六　车9平4

黑方迅疾开出左横车，与盘河马遥相呼应。红方进车攻击黑棋中卒，勇猛之举。因有三路炮的遥控作用，黑并不敢卒7进1，否则车二平五后黑反而进退维谷。黑自然不肯马2进4自阻车路，于是横车过宫放弃中卒。虽说顶和就是胜利，陈泓盛却下得并不保守。

7．兵七进一　车4进5　8．车二平五　马2进4

9．车五退一　马6退7　10. 仕六进五　马4进5

11. 兵三进一　士4进5

黑方不落俗套的布局构思值得借鉴，虽然放弃了中卒，但全盘子力联系紧密。连环马暂时为红车所压制但无需担心，因随时有炮8进2予以驱逐。总的来说，作为后手方至此完全可以满意。

12. 炮八平九　卒3进1　13. 车九平八　炮2平3

红方为了争胜，强行吃掉中卒积攒物质力量；黑方借势形成连环马，仗有双炮呼应，蕴藏着巨大的反击力量。局势至此，红方不能有丝毫的退缩，只能迎难而上。

14. 马七进八　车1平2　15. 兵七进一　炮8进2

16. 兵七平八（图一）

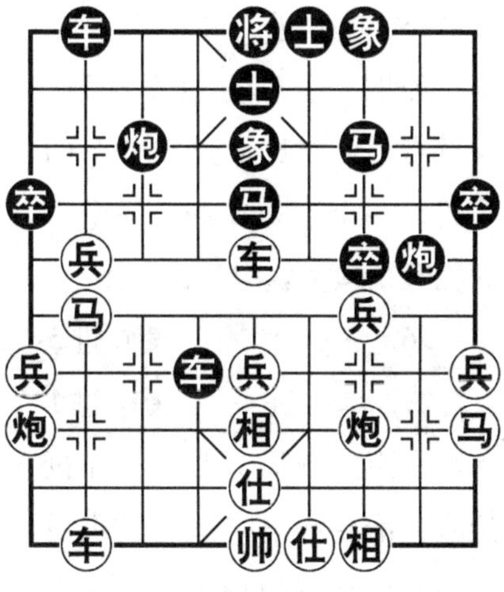

图一

如图一局势，红方兵七平八是局部巧手，如车五退一，黑马5进3，车五平四马7进5，双马如影随形，大占先手。

16. ……　车4退1?

退车随手，不如车4平1先得实惠。以下红方只能车五退一，则车2进4，黑方反先。

17. 马八退七　车4进1

18. 炮三进一　车4进2?

车怕低头，进车于下二路无益，可走车4退6为妥。毕竟这盘棋黑方只要和棋就是胜利，所以越简单明了越容易把握，把难题抛给对手才是最高明的谋略。此时车处低位后引发一连串的恶果，让陈泓盛始料不及。

19. 车五退一　车2进4　20. 车八进五　炮8平2

21. ㊋三进一　　❸5 进 3

如❸5 进 7，则㊋五平三后❸进 5，㊋九进四，红方多兵占优。

22. 车五平八　　炮2 平 7　　23. 马七进六

朴实无华的一手，却是杀入于无形的厉害手段，下伏炮九平六，一着多用。由此黑方落入下风了。

23. ……　　车4 平 1

只好预先逃离险地。如马7 进 5 或者炮7 平 4，红方都有炮九平六！伏炮三退二打死黑车。由此可见第 18 回合黑方随手进车的不妥，以致身陷囹圄不能发力，只能眼巴巴看着红车耀武扬威了。

24. 炮九平六　　车1 进 1　　25. 仕五退六　　士5 退 4

26. 车八进二（图二）

如图二，红方进车控制，深沉有力。对比红黑双方车的位置，一个潜龙在渊，一个飞龙在天，孰优孰劣一目了然。

26. ……　　士6 进 5

27. 兵一进一　　卒1 进 1

全面控制局势后，汪洋挺边兵，准备扑马参战。黑棋后方马炮诸子看似位置不错，实则动转不灵处境尴尬，只好也挺卒准备解放黑车，奈何缓不济急。

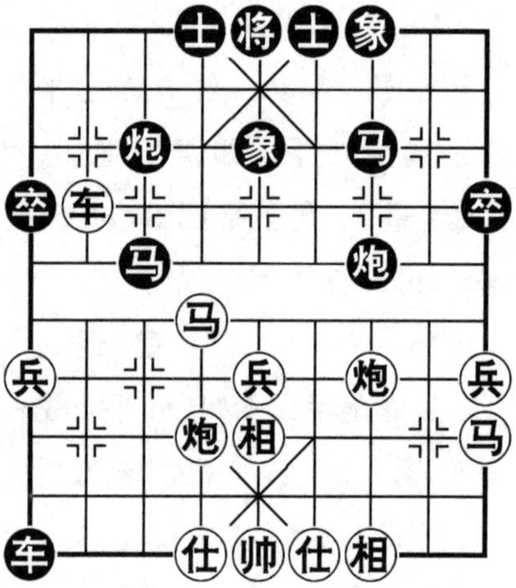

图二

28. 马一进二　　卒1 进 1　　29. 车八平七

红方的招数看似平和，其实暗藏杀机。此招平车捉炮是假，盯住黑马是真，利剑出鞘，黑方已经难逃失子的命运。

29. ……　　炮3 平 2　　30. 炮三进四

简单的兑子战术打开胜利之门，黑如炮2平7，马二进一蹬双炮，黑方必然丢子。

31. …… 炮2进7 32. 相五退七 车1退3

33. 马二进四 车1平4 34. 仕四进五（红胜）

失子失势，黑方爽快认输。凭借汪洋的绝地反击，湖北队扳平了比分，两队4比4战平。积分榜上，湖北队终于在第六轮实现了零的突破。

第八局 无象无棋

澳门棋手曹岩磊，是一位极有天赋的青年才俊，早在孩提时代就显示出过人的悟性。他原籍河南三门峡，由奶奶抚养长大。曹奶奶是个执着的人，她认定岩磊是块璞玉，便带着他走南闯北遍访名师，因此小曹十来岁的时候就练就了一身好武艺。2003年，曹岩磊来到深圳，经人介绍，拜在象棋大师“深圳教头”刘星的门下。笔者有幸，也给小曹当过几天陪练。次年全国少年赛，13岁的曹岩磊以小打大，参加16岁组的比赛，以惊人的十胜一和两负战绩，力压王天一（八胜五和且首轮击败曹）夺得冠军，晋升象棋大师，亦是一段佳话。后来，经过棋界热心人士的运作，曹岩磊转入澳门户籍，没有了后顾之忧，可以专心下棋。因此前曹奶奶的退休工资微薄，祖孙二人生活十分艰辛。曹岩磊没有辜负大家的期望，奋发图强，棋艺水平逐步提升，在国内外大赛上屡获佳绩，多次战胜国内一线棋手，声望渐隆。适逢2017象甲联赛之前，河南楚河汉界天伦队招兵买马，慧眼识英才的党斐大师负责组队，将曹招至麾下。曹岩磊继2007赛季后再度步入顶级联赛的殿堂。

曹虽然得到过国内多位著名教练的指点，但毕竟非专业科班出身，中后盘杀力颇强的他，布局一直是弱项。在海外组打打比赛，或者在一些公开赛上练练，尚可应付，但在象甲赛场上可就越发暴露出此先天不足了。曹岩磊出师不利，首轮就因布局效率问题浑浑噩噩输给了孟辰，次轮缓过劲来，后手赢了越南赖理兄——但布局阶段也吃亏不小。整个大庆赛会制五轮比赛，曹两胜两和一负，成绩也算说得过去，但队伍却是一场不胜，一负四平，在保级圈挣扎。第六轮远征杭州，挑战最弱的杭州象棋协会队，不仅没拿分，反倒是让对方开了张，3比5败阵而归。

第七轮，河南队回到主场，迎战象甲王者——广东碧桂园队。河南缺席象甲多年，本次以升班马的身份重回顶级联赛，荥阳天伦集团大力支持，主场布置得美轮美奂，全省各地的棋迷也蜂拥而至。一来，这是河南首个主场，二来也顺便追追星，要知道广东队的全特大阵容在象甲可是绝无仅有的。时逢夏日，棋迷的热情也恰似如火的骄阳，使得河南主场充满了节日的气氛。不料，前来做客的广东队却痛下杀手，7比1大胜河南队。首个出场的党斐大师优势下没能扩大战果，让张学潮顶和，接着郑惟桐、许国义连下两城，广东队提前获胜。最后一个出场的是许银川，迎战他的正是曹岩磊。

广东　许银川　先胜　河南　曹岩磊

对兵局

2017年5月27日弈于荥阳

1．兵七进一　卒7进1　2．马八进七　马8进7

3．马二进一　车9进1　4．相三进五　象3进5

双方前面三个回合与第二轮赖理兄先负曹岩磊一局完全相同，这也是今年象甲最炙手可热的开局。第四回合许银川主动求变，计划右车从三路杀出。曹岩磊飞象，预留拐角马通道。

5．车一平三　马2进4　6．兵三进一　马4进6

7．炮八平九　车9平4　8．车九平八　炮2平3

9．炮二平三　车4进5

黑方的拐角马如此早的穿宫而出，给右翼留下了某些隐患，但却不得不然。否则让红方三路车迅疾通头，而自己的左车也无良好的落脚之点。红方顺势平边炮瞄住黑方边卒，左车也抢先开出，弈来平和有力。接下来红方平炮给黑7路施加压力，其势愈张。如何妥善处理，确是黑方一个严峻课题。此手进车，从实战进程来看不太令人满意。显然不能马7进8或者进6，因红方立即兵三进一渡河，黑要丢象。似可考虑卒3进1，红如兵七进一，黑方即可卒7进1解脱牵制。弈棋之道，总以尽快摆脱敌军掣肘为宜，否则癣疥之疾拖延下去，难免酿成心腹之患。

10．车三平二　炮8平9　11．车二进六　车4平3

红车一个闪身即杀入卒林线，黑方穿宫马的缺陷暴露无遗。许特大的招法堂堂正正，雄浑阔大，虽不闻风雷之声，却给对手以无形的压力。

12．车八进二

稳健绵密。如俗手炮九退一，则马7进6，其效果有天壤之别。

12．……　马7进6　13．车二平四　前马进5

14．马七进五　车3平5　15．兵三进一（图一）

通过以上一段短兵相接，红方三路兵杀过楚河，确立了优势。

15．……　炮9退1　16．车八进四　士6进5

17．车八平七　车1平3　18．仕四进五

厚重，典型的许氏风格。亦可走炮三退一，黑棋困难重重。

18．……　炮9平6　19．车四平五　车5退3

黑方平炮打车意在消灭红过河兵，却自堵象眼，造成丢象的恶果。

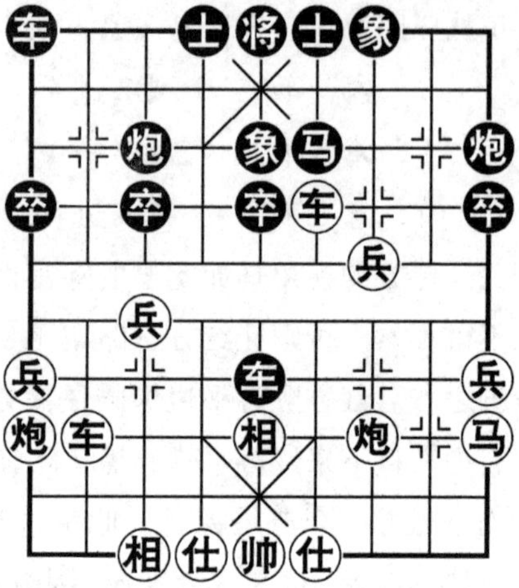

图一

棋谚有云：“象棋象棋，无象无棋”，可见象的重要性。此时虽然处于下风，也应车5平9杀兵，保留在外作战的主力，可对红方保持某些牵制。现在兑车后，黑方子力龟缩已方阵地，红方可以放手进攻了。

20. 车七平五　　象5进7

21. 炮三进七　　车3平2

黑如马6进7，红车五进一杀象，亦难招架。红炮轰底象后大占优势，黑车只得拐弯调往左翼护驾。

22. 炮三平一　　车2进6　　23. 车五平三　　车2平8

24. 车三进三　　炮6退1　　25. 车三退四　　车8退6

红悍然杀象，胆大心细，简明地将局面导向胜势，手法干净利落。

26. 车三平七　　炮6平9　　27. 车七进二　　车8进3

28. 车七平五　　炮9进6　　29. 车五退四　　炮9退2

30. 兵七进一　　马6进7　　31. 兵七平六

炮口横兵，潇洒自如。双方攻击子力完全对等，黑方仅因缺少双象而举步维艰，至此红方已成胜势。

31. ……　　将5平6　　32. 车五平三　　马7进5

33. 车三进六　　将6进1　　34. 炮九平七

运子精警有力！

34. ……　　马5退6

黑车肩负重任不敢擅自离位，如车8平3，则炮七进二，以下有马一进二加入战团，黑方颇难防守。

34. 兵六平五　　马6进8　　36. 车三退一　　将6进1

眼看红兵长途跋涉，却被黑方一步进马而无路可逃。怎么办呢？请看许银川的选择。

37. 兵五平四（图二）

再度炮口横兵，妙到毫巅，真乃大手笔也！名将身手，令人叹为观止。

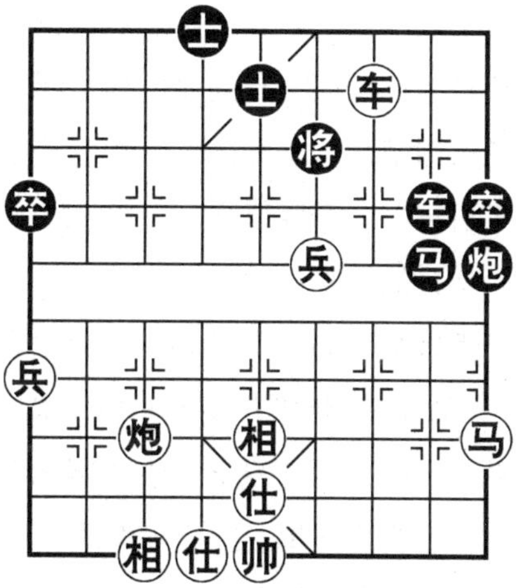

图二

37. ……　　炮9平6

38. 车三退三　　炮6退1

39. 炮七进三　　马8进9

40. 马一进三　　炮6平5

41. 车三平四　　将6平5

42. 炮七平五　　炮5平4

43. 炮五退二　　马9进7

44. 车四退三　　马7进9　　45. 车四平一　　炮4进5

46. 仕五退四（红胜）

黑方进行了顽强的抵抗。正当人们以为许特大会以车马炮对暴露在山顶的黑将发起最后一击时，却不料他轻舒猿臂，将黑马捉拿归案。至此，棋局戛然而止。本局许特大表演了精彩的控盘功夫，确是难得一见的佳作。

第九局　悲情柳帅

湖北武汉光谷象棋队出师不利，在大庆赛会制五战皆墨，震动荆楚。回到武汉后，大将程进超以身体原因请辞。这样，老帅柳大华不得不紧急救火，挂印出征。五月二十日柳特大率湖北队远征厦门，身先士卒，大战近百合与才溢大师平分秋色，起到了稳定军心的作用。最终湖北队与厦门打平，得到了宝贵的1分。

五月二十七日，湖北队回到主场，迎战前来挑战的上海队。上海队是传统豪门，与湖北一样也是两夺象甲冠军的队伍，队中拥有孙勇征、谢靖两位全国冠军，加上万春林特大和强大师赵玮，令任何队都不敢小觑。开赛以来，上海队似乎还没进入状态，他们六战两胜两平两负，战绩平平。不过，上海队在武汉客场的战绩一直不错，近几年尚无败绩，心理上具有一定的优势。

前面三盘都下成了和棋。其中第三盘上海万春林可谓死里逃生，在几乎败定的情况下凭借顽强的毅力咬紧牙关挺了过来，这也让湖北众将士为之气沮。而上海队士气大振，第四个出场的孙勇征步履轻快，脸上带着隐藏不住的笑意。柳大华与众弟子研讨了该残局的变化，面有憾色，坐到了孙特大的对面。第四场，具体着法如下：

上海　孙勇征　先胜　湖北　柳大华

中炮盘头马对屏风马

2017年5月27日弈于武汉

1．炮二平五　马8进7　2．马二进三　车9平8

3．车一平二　卒7进1

抢挺7卒，战略上以我为主，也是柳帅喜爱的变例。

4．车二进六　马2进3　5．兵五进一

极其古老的攻法。红方过河车再冲中兵，俗称“中炮盘头马”，有的地方又称“牛头滚”，是一路凶猛的进攻变化。可以说，后手学习屏风马，必须要掌握如何应对冲中兵的攻势。清代古谱《梅花泉》、当代名手上海屠景明所著《中炮盘头马对屏风马》，均有详尽描述。

总的来说，红方攻势迅捷凶猛，但屏风马方深沟高垒，正是克星。双方子力往往因密集接触而容易造成大量兑子，先手方难讨便宜。这也是近年来此布局沉寂一时的重要原因。

5．……　　　　士4 进 5　　6．兵五进一　　卒3 进 1

红方兵贵神速，咄咄逼人，而黑方不慌不忙，补士、冲卒形成“两头蛇”，正是对抗盘头马的良策。

7．车二平三　　炮8 进 2

红方平车压马，不让黑棋有炮2 进 1 驱车的机会，是一路极具欺骗性的变化。此外红方还有炮八进四、马八进七等攻法，黑方均有对应之策。试拟一变：马八进七炮2 进 1，车二退二炮8 平 9（要紧，如卒5 进 1，则车二进二！黑方不利），车二进五马7 退 8，兵五平四象3 进 5，马七进五车1 平 4，黑方抢出贴身车，应付裕如。

实战柳特大升炮巡河，沉稳老练。如误走炮8 退 1？红方兵五进一！黑方要吃亏。

8．兵五进一　　马7 进 5

9．马三进五　　马5 进 4

10．车三平六　　马4 进 5

11．相七进五　　车8 进 2

黑马换掉红方中炮后，局面趋于平稳，黑方布局成功。此时柳特大高车策应右马，亦可直接象3 进 5，黑阵也非常坚实。

12．兵三进一　　卒7 进 1

13．马五进三　　炮8 平 7

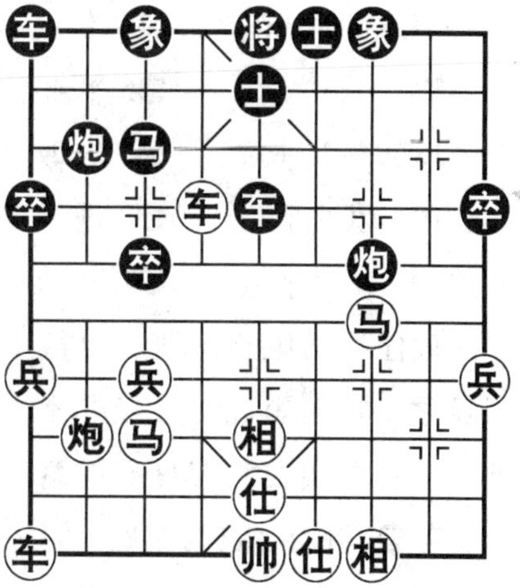

图一

14．马八进七　　车8 平 5　　15．仕六进五　　车5 进 1（图一）

如图一局势，黑方进车邀兑有嫌随手，也是局后让柳特大后悔的一步棋。此时黑方应该车5进3捉马，逼红表态，视红方动向再作决定。红如马三退四，则黑方再车5退2兑车，与实战相比，红方退了一步马，当然黑方满意。又如红马七进五，则黑马3进5，以下有炮2进3等手段，足可抗衡。实战让红方趁势出车，卒林线失守，损失不小。

16. 车九平六

联车待兑，朴实无华的一手，但力在其中，红方先手由此扩大。

16. …… 象3进5 17. 炮八进四！

铿锵有力！夺取重要的卒林线，红方渐入佳境。孙特大果断弈出此手后，柳帅连连摇头叹息，眉头紧锁。笔者在现场，见手术之后的柳特大面庞消瘦，头上添了许多白发，不禁心下为之恻然。67岁的高龄，又是大病初愈，本该颐养天年，无奈队伍战绩不佳，六轮过后竟然垫底（杭州象协第六轮战胜河南，超越湖北），壮心不已的柳大华不得不亲自冲锋陷阵，英风侠气不减当年，慷慨悲壮，真乃棋人楷模。

17. …… 车5平4

18. 车六进六 马3进2

19. 炮八平一 马2进3

20. 车六平八 炮7退2？

放任红马纵横驰骋，自毁长城之举。但黑此时已经非常难下，右炮实在没有良好的落点。若炮2平4，自阻车路，当然不愿；如炮2平3，则红马七进五，连环马盘旋而出，右炮随时可以沉底助攻，生机勃

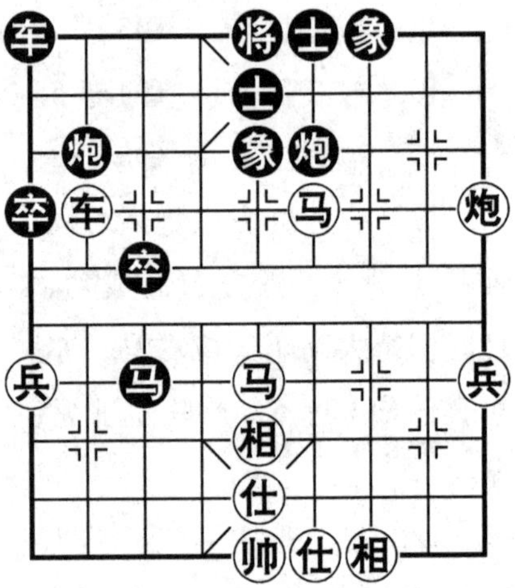

图二

勃矣。

21. ㊣三进四　　炮7平6　　22. ㊣七进五（图二）

如图二所示，红方子力全面压上，成高屋建瓴之势。实战柳特大急于出车参战而弈出超级漏着，造成速败。就棋而论，黑方虽然已处困境，步履艰难，但尚可顽强抵抗一阵。

22. ……　　车1平4　　23. 车八进一（红胜）

黑方身心俱疲，一时大意而漏着失子，棋局就此画上了句号。这样，凭借孙勇征的绝杀，上海在客场带走两分。而湖北队又遭此重创，继续排名最后一位，保级形势十分严峻。

第十局　强攻窝心马

内蒙古队近年来强势崛起，最大的功臣应属洪智。

洪智，1980年出生于武汉，自幼在父亲的熏陶下学习象棋。江城武汉，棋风鼎盛，名手辈出。洪智除了在省集训队学棋外，其他时间更喜欢在各个棋摊遍访江湖棋人。武汉市历来不乏业余好手，在经历了无数次挫折之后，洪智练就了一身过硬的本领。1996年全国个人赛获得第15名，晋升象棋大师；1997年被吉林陶汉明相中，招至吉林队效力。孤身在外闯荡多年，先后代表吉林、重庆、上海队参加过象甲联赛。2005年在山西太原一举夺得全国个人赛冠军，晋升特级大师。2007、2008年投奔上海队，为上海队夺得第二个象甲冠军立下汗马功劳。2009年回归湖北队，当年助楚军重登象甲王座，洪智是队内最佳射手。首届全国智力运动会，洪智勇夺个人冠军；2010年亚运会，洪智夺得个人金牌。2014年转会到内蒙古伊泰队担任主教练兼队员，当年就率队夺得全国团体赛冠军，改写了内蒙古象棋的历史。

2016年洪智率队获得象甲联赛常规赛冠军，在决赛中不敌广东碧桂园队，屈居亚军。2016年底，洪智在第五届碧桂园杯全国冠军邀请赛上披荆斩棘，后来居上夺得冠军，棋艺与声望均如日中天。洪智的棋艺风格勇猛顽强，喜攻好杀，中局扭杀能力尤为强悍，常能在看似平淡的局面下异军突起，以精妙的冷着出奇制胜，其开碑裂石的刚猛功夫令人胆寒，是等级分排名第五位的超一流高手。

加盟内蒙古队后，洪智不仅亲自冲锋陷阵，还为当地先后培养出蔚强、宿少峰、陈栋等三位象棋大师。2016年又为队伍引入两位强援：特级大师赵国荣、郝继超师徒，使得塞外铁骑由一支中游队伍顿时实力大增，成为能够与粤、沪等传统豪门争雄的新贵。

上个赛季，内蒙古队最后关头失手，憾负广东，将总冠军拱手相让。本赛季众将士卷土重来，前七轮五胜两平，高居榜首。第八轮坐镇主场，迎来劲敌杭州环境集团队。首个出场的蔚强稳扎稳打，战平对方第一得分手王天一；郝继超残局建功磨垮赖理兄，内蒙古队3比1领先。洪智第三个出场，他的对手是杭州队青年大师张彬。

张彬，天津人，1991年出生，象棋大师。他是一位纯业余棋手，凭借过人的天分和超强的毅力，在象棋艺术的道路上一路摸爬滚打，多年的磨砺终于修成正果。不仅在全国个人赛上打进十六强晋升大师，还被杭州环境集团队看中而获得象甲的锻炼机会。张彬布局娴熟，功底扎实，快棋尤为出色，是一位很有前途的青年棋手。

内蒙古　洪智　先胜　杭州　张彬

对兵局

2017年6月3日弈于鄂尔多斯

1．兵七进一　　卒7进1　　2．马八进七　　马8进7

3．马七进六

急进左马盘河，是洪智偏爱的下法，此招俗称“先锋马”，取其先声夺人之意。

3．……　　　　马2进3　　4．炮二平六　　炮2平1

黑方上马是一种选择。此外也可车9进1，针对突出的先锋马展开反击，以下红依旧炮二平六，黑有炮8进3和炮2平4、象3进5等多种选择。第四回合，红方平炮过宫，注重子力结构；黑方分边炮准备亮右车，亦属自然。

5．炮八平七　　车1平2　　6．马二进三　　卒3进1

冲弃3卒挑起争端，张彬大师下得积极有力，令人赞赏。

7．兵七进一　　车2进5　　8．马六退五　　车2平3

黑车骑河捉马，是前面弃卒的后续手段。红河口马前进无路，只得回撤中路暂时委屈，如马六进八，则黑车2平3，红只有交换黑炮，味同嚼蜡俗不可耐矣。

9．车九进二　　车3退1

10．炮六退一　　马3退5

有示弱之嫌。本来黑方以漂亮的战术手段取得了抗衡之势，但这一步回马窝心却大可商榷。可以改走马3进4，大胆弃象争先。以下红炮六平七车3平2，后炮进八士4进5，前炮平九炮1平3，黑方各子均占要隘，足可一战。

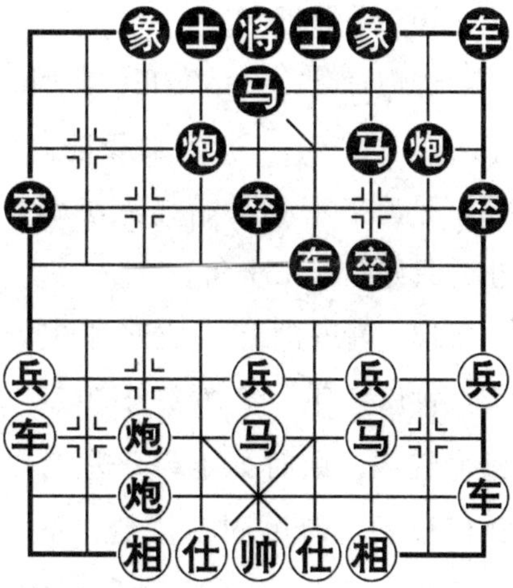

图一

11．炮六平七　　车3平6　　12．车一进一　　炮1平4（图一）

如图一所示，上一手黑方顾忌红有马五进七的利用，因此不敢平车4路。红急抬横车，遥指黑右肋要害处，黑平炮抢先护住，是正确的抉择。如掉以轻心，随手象3进5，则车一平六马5退3，车九平八，黑方右翼压力甚大。

13. 车一平六　　象3进1　　14. 车九平八　　车9进1

红方双车陆续占据要道，配合双炮形成了强大的威慑力。黑棋马炮的结构很是尴尬，动辄得咎。原本飞边象是想马5退3把窝心马赶紧跳出去，但此时却又不敢。因红方有马五进七，非常严厉；黑如接走象7进5，马七进八切入，黑顾此失彼。鉴于以上变化，张大师只得拔起左横车参战。

15. 车八进六　　车9平6

红车点下二路要穴，力透棋枰。黑不能炮8退1，因红顺势车八退一，黑要丢象，更难防御。现在双车联手，希望红方犯错走车八平六，则黑马5进4！顿开金锁走蛟龙，一举突围。

16. 前炮进六

进炮奇袭，刁钻突兀，典型的洪智中局风格。

16. ……　　　　后车进1

黑苦于窝心马始终无法跃出，只好高车于士角。

17. 马五进七　　炮4平3?

重压之下，黑方终于犯下致命错误。此时如走象1进3，虽然被动，尚可固守待变，不至速败。但切不可马5退3，红有前炮平四的雷霆一击，黑迅速崩溃。

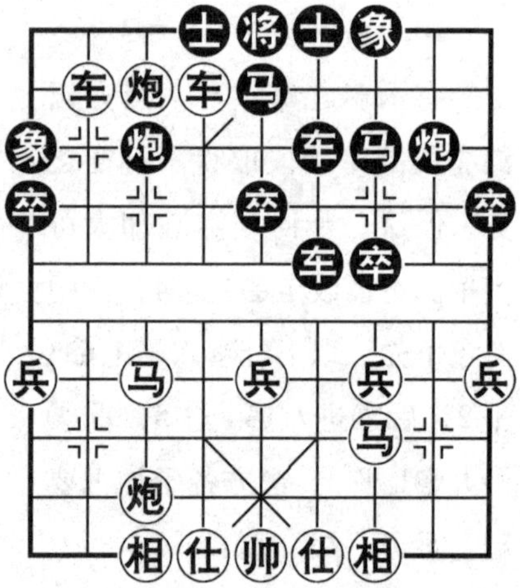

图二

18. 车六进七（图二）（红胜）

如图二，红方动如脱兔，一剑封喉，车点象腰顿成绝杀。以下黑如炮3进6，则车八进一；如马5进6，则前炮进一士4进5，前炮平九，均绝杀无解。至此黑方推枰认负。

纵观此局，洪智大刀阔斧的棋风得以淋漓尽致地展现，摧城拔寨的能力令人拍案叫绝。张彬大师偶犯一小错，竟然导致窝心马无法出城，六军尽在毫发无损，却已病入膏肓，不亦奇哉？

第十一局　才华横溢

效力于厦门队的才溢大师，北京人，1984 年出生，北大毕业生。他十多年前就已成名，代表多支队伍参加过顶级比赛。2008 年全国象棋等级赛冠军，荣升象棋大师；在同年的全国个人赛上，才溢顽强拼搏获得第七名，证明了自己的实力。前两年，才溢大师潜心工作，淡出了一线。今年因为公司有些变动，才大师辞去了工作，重新回到心爱的象甲赛场。不过，由于两年没有参加顶级比赛，状态自然有些回落，再加上对于这种 20 分钟加 5 秒的快棋尚在适应过程中，尚未有出彩的表现。前面八轮棋，才溢出场四次，三和一负没有胜绩。第九轮，厦门队做客杭州，迎战王天一领衔的杭州环境集团队。厦门由绿林出身的野战军张军长——张申宏大师打头阵，不幸败给杭州赵金成。此刻，才溢临危受命，第二个出场。

厦门　才溢　先胜　杭州　赖理兄

五七炮进三兵对屏风马

2017 年 6 月 11 日弈于杭州

1．炮二平五　马8进7　2．兵三进一　车9平8

2．马二进三　卒3进1　4．车一平二　马2进3

才溢的对手是越南冠军赖理兄。这是一位90后棋手，去年加盟杭州队征战象甲，使得联赛首次有了外国人的身影。赖理兄去年战绩颇佳，战胜过多位名将，其攻杀型风格也给棋迷留下了深刻的印象。人送外号“赖大斧”，透着对这位小伙子的喜爱。

才溢大师第二回合抢先挺起三兵，战略上以我为主，将布局导向自己熟悉的领域。确实，才溢对中炮进三兵系列布局是颇有造诣的，不仅常见套路滚瓜烂熟，而且还有自己研制的秘密武器。而赖理兄也是个中高手，去年就以此布局战胜过实力强劲的四川武俊强，自然也是信心满满。于是，双方就你情我愿地朝一路老谱演变下去。

5．马八进九　卒1进1　6．炮八平七　马3进2

7．车九进一　象3进5　8．车九平六　车1进3

9．车二进六　炮8平9　10．车二进三　马7退8

以上属于流行的大套路，笔者不再赘述。至此，红方一般要下兵五进一，以下马2进1，炮七退一士4进5，车六进二卒1进1，马三进四……双方另有攻守。有兴趣的读者可参看本书对局评注第三局。

11．马三进四　士6进5

红方右马急冲，曾是极为流行的下法，近年来略显沉寂。赖理兄补士，静观其变，可见他对国内流行布局的源流知之甚详。以往黑方多走马8进7，马四进三士4进5，马三进一象7进9，兵五进一马7进6！黑方足可抗衡。最后一步跳马是正确的走法，如随手象9退7？红兵三进一弃兵诱起高象，再兵五进一渡河，先手得以扩大。

12．炮五平二！（图一）

如图所示，红方以往在此均走马四进三炮9平7，相三进一马2进1，炮七退一马8进9，红方马三退二或者退四，进入复杂的中局格斗，相信赖理兄对此必有深刻的研究。现在才溢大师突然剑锋一转，卸开中炮，令人耳目一新。能够在全队落后的不利形势下拔剑而起，胆识与气魄令人钦佩。

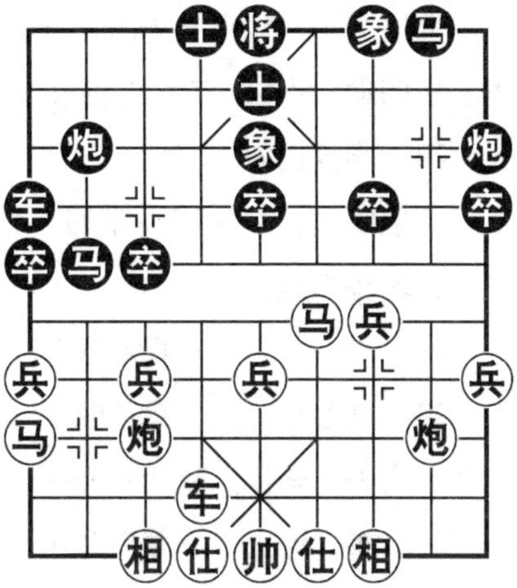

图一

12. …… 卒1进1

13. 兵九进一 车1进2

赖理兄亦非等闲之辈，处变不惊，稍加思索即作出反应，冲卒反击刻不容缓。

14. 马四进六 车1平7

15. 炮二平五 车7进4

红方怪招迭出，右炮又复回中路。面对才大师近乎挑逗的招法，赖理兄恐怕也是一股无名之火冲向脑门，索性杀相对攻，看你有何手段？

16. 车六平二 车7退5

红方平车捉马发动攻击，赖理兄此时方才有些懊悔刚才的鲁莽，回车捉马以求安定。此手如改走马8进7，红马六进四炮2退1，炮七平八！马2退3，马九进八！炮2平3，马八进七！红方发动闪电战，颇有攻势。

17. 马六进四 车7平6 18. 马四进三 车6退3

退车逼马是正确的选择，如将5平6，则仕四进五！黑有麻烦。

19. 车二进七

阴沉诡秘的一手，可能也是赖理兄之前忽略的手段。以下红有炮五平二的棋，黑方需要小心应付。

19. …… 炮9进4

坏棋！此时局势，红方虽然气势汹汹，但仔细分析黑方尚有防御之策。不如炮2退1，及时驱赶红方恶马。红炮五平二必走，则士5退6，炮二进七炮9进4（如急于炮2平7，红有炮七平三），炮七平三炮9

平7追回失子。以下红如车二退一，则车6平7，车二平五炮2平5，车五平四炮5平6，双方纠缠扭打在一处，各有顾忌之势。

20. 炮五进四

一炮镇顶，有如当头棒喝，黑方立显颓势。以下红方仍然要炮七平二，攻势炽烈。

20. …… 马2退3　21. 炮五退二　炮9平7

22. 炮七平二　马3进5

忍痛丢子解围，别无良策。

24. 炮二进七　士5退6　24. 车二退三！（图二）

如图，红车一个漂亮的转身，轻灵地摆脱了牵制，胜利在望了。黑如车6平7（或炮7退5），红车二平五，先弃后取，且有天地炮攻势，胜定。

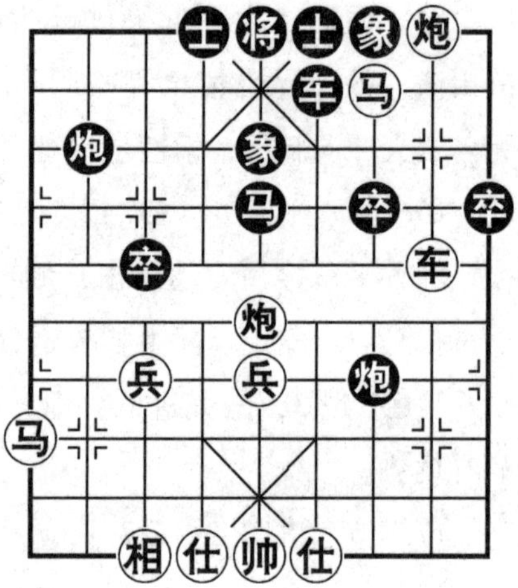

图二

24. …… 炮7退2

25. 炮二退三

捉死黑马，奠定胜局。

25. …… 车6平7

26. 炮二平五　士4进5

27. 车二退三

退车此位，即可调运至黑方右翼空门攻击。才溢大师占得先机毫不手软，攻势如水银泄地。

27. …… 炮7进5　28. 仕四进五　卒7进1

29. 车二平八（红胜）

才溢胜得此局，为厦门扳平比分。最终两队各胜两盘，4比4打成平手，厦门队在客场带走一分。

第十二局　年度最佳对局

棋盘是棋手斗智斗勇的战场，棋谱则是他们智慧的结晶。在浩如烟海的对局中，有些棋局因双方都下出了很高的水准而为人们所津津乐道。这些对局，或因某一方开局阶段祭出新颖的飞刀，或因双方中局悬崖搏斗扣人心弦，或因残局时某方以精妙冷着一举突破，令人击节赞叹之余，感受到象棋艺术的博大精深。早在1959年首届全国运动会上，就成立了“最佳一盘棋”的评选委员会，当年李义庭先和王嘉良的一盘棋获得此项殊荣，名垂青史。1981年陈孝堃先和李来群、1982年柳大华先和杨官璘、1983年吕钦先胜郑伙添等对局，有如璀璨的明珠，熠熠生辉，给人美好的艺术享受。2003年首届象甲联赛即设置了这一奖项，此后一度中断。到2013年，又恢复了最佳对局的评选。每轮均由专家名宿集体讨论研究后选出当轮的最佳棋局并予以奖励，全部比赛结束后再在此基础上评议出年度最佳对局，奖励一万元（胜方7000，负方3000，和棋则双方各5000）。

2017年6月25日，象甲联赛第十轮，上海队主场迎来了杭州环境集团队。此前，两队都积10分，排在内蒙古、广东、浙江、江苏以及京冀联队之后，分列六、七名。此战对于两队能否巩固前六名的位置，缩小与前面队伍的差距，至关重要。

上海队派出特级大师孙勇征打头阵，迎战杭州队越南外援赖理兄。本欲先声夺人，却不料孙特大不在状态，被赖大斧强攻得手，主队先折一阵。第二个出场的谢靖后手也未能奈何得了“功夫熊猫”赵金成。幸亏第三台沪军大将赵玮以破釜沉舟的气势弃子猛攻杀退杭州李炳贤，两队又重新回到同一起跑线上。

上海队最后一个登场的是特级大师万春林，而他对上的恰好是其苦手王天一。原来万特大年近五旬，在棋坛拼杀已三十年，战胜过包括许银川、洪智等在内的无数高手，唯独与王天一之间的战绩奇差。前面九轮，万特大两胜六平一负净赚一盘，仅负于许银川。在象甲联赛中，这个成绩虽然谈不上战功赫赫，却也足以昂首挺胸。不过，对手王天一可是风头正劲，七胜二和的恐怖胜率令人啧舌。本局又是王天一执红棋先行，万特大能否挺过这一关呢？

杭州　王天一　先胜　上海　万春林

飞相局对左中炮

2017 年 6 月 25 日弈于上海

1．相三进五　　炮8 平 5　　2．兵三进一

飞相对左中炮，历史悠久。当年粤沪争霸，双方频频上演这一阵势，乐此不疲。也正是这两支强队的反复论证，极大地丰富了这路变化，后手左中炮成为对抗飞相局的重要武器之一。内蒙古洪智、蔚强师徒对此布局尤为青睐。

王天一抢挺三兵，将布局纳入自己赛前的预定轨道。如马二进三，黑卒7 进 1，兵七进一马8 进 7，车一平二车9 平 8，马八进七炮2 平 3，马七进八马7 进 6，以下仕四进五，则马6 进 5 直取中兵，如仕六进五，则车8 进 6，各具攻守。平日里颇为勤奋用功的万特大对此必然是轻车熟路，非王天一所愿也。

3．……　　　马8 进 7　　3．马二进三　　车9 平 8

4．炮二进二

古老的变例！王天一果然刻意求变。绝大多数棋手会车一平二，则黑炮2 平 4 或马2 进 1，另有不同变化。此招升炮巡河，名叫“河头堡垒”，有稳己而后攻人之意。后续手段是将来炮八退一，寻机调往

右翼，双炮集结于一侧有多种战术袭扰。此布局借鉴了“鸳鸯炮”阵型的某些构思，水平稍低者不识此阵则常常有茫然之感。

4．……　　　车8进4！　5．马八进七　　卒7进1！

万特大久经沙场，洞悉其中奥妙，进车、挺卒两手棋朴实无华，却正是破解“河头堡垒”的不二法门。稍有迟缓，红方炮八退一之后，黑即无暇兑卒了（因红有炮八平二，黑车被围歼）。

6．兵三进一　　车8平7　　7．炮二平三　　马7进6

马跃河头，顾盼生姿，至此黑方布局成功，王天一的新招未能讨到任何便宜。

8．兵七进一　　炮5平7　　9．炮八进三！（图一）

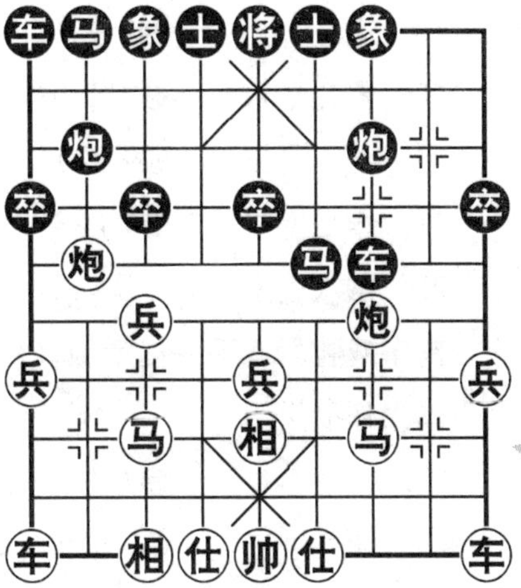

图一

黑方平炮邀兑，本以为红别无选择，只能炮三进三，则车7退2，马三进四炮2平6，马四进六车1进1，马六进八炮6平2，车九平八车1平4，黑方布局成功。谁知王天一艺高人胆大，竟然不管不顾，弃出进炮打车冷手！如图，一石激起千重浪，原本平淡的局面顿时紧张起来。

9．……　　　车7退1

10．兵七进一　　炮7进3

万特大忍辱负重，退车暂避，力求简明。如马6退5，则兵七进一卒5进1，局面犬牙交错，混乱不堪，难以掌控。此时进炮交换，亦是出于此出发点。但临场计划不周，导致局势有亏。不如放手一搏，走马6进7。以下炮三进三车7退1，兵七进一马7进5，相七进五车7进

5，双方对攻，各有顾忌。

11. 炮八平四　　炮7退1　　12. 兵七进一　　炮7平9

王天一下棋，面无表情，走子快速，有时让人捉摸不透他到底是胸有成竹还是随意为之？万特大从换炮起就设计好一套战术组合，不料王天一似乎毫无察觉，仍然以兵吃卒，先得实惠。待到黑方平炮打车同时亮车捉马，所有人一下子屏住了呼吸：莫非王天一要栽跟头？

13. 车一平三　　炮2平7　　14. 兵一进一　　炮9平8

15. 车三平二　　炮7进5　　16. 马七退五

水落石出，精准无比的算度令人叹服。至此黑炮无法逃脱而损失巨大，由此可见前面万特大的计算出现了偏差，悔之晚矣。

16. ……　　马2进1　　17. 兵七平八　　马1退3

18. 车九平八　　炮7平9　　19. 车二进五　　马3进5

20. 相五退三　　炮9退1

21. 车二退二　　炮9进3

22. 车八进二

高车威胁车八平一捉死炮，红方渐入佳境。

22. ……　　车7进2

23. 马五进三　　车1进1

战至第23回合，黑方右车才“潇湘烟暝来何晚”。但因红方双相暂时不能联络，黑有沉底炮牵制，红也不可掉以轻心。

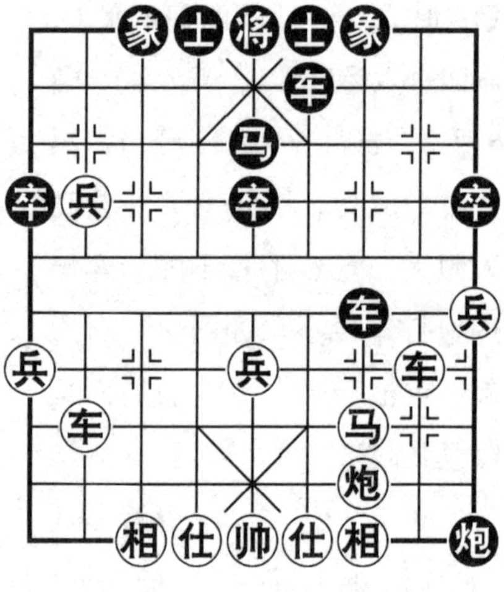

图二

24. 炮四退四　　车1平6　　25. 炮四平三（图二）

弃底仕平炮捉车，石破天惊的英雄壮举！神乎其技，令人瞠目结舌，叹为观止。没有超强的计算能力和舍我其谁的气概，万难作此选择。王天一连续数年独霸等级分第一的宝座，睥睨天下群雄，岂偶然乎？

25. …… 车6进8 26. 帅五进一 车6平5

27. 帅五平四

主帅御驾逃难却是有惊无险，至此红方大占优势。

27. …… 车5平6 28. 帅四平五 车6平5

时间紧迫，故此频频叫将来缓解一下压力，因每走一步可加5秒。

29. 帅五平四 车7平4 30. 炮三进八 士6进5

31. 仕六进五

临杀勿急，补仕很有必要。

31. …… 车4进3 32. 车二退三

连消带打，化解黑方所冀望的最后一丝反扑。如急于炮三平一，黑有车4平5！黑虎掏心，以下红不能马三退五，只有帅四进一，黑士5进6后，反而捷足先登。

32. …… 马5进7

以饵投鱼。红如车二平一，黑有马7进6偷袭。

32. 车八平五 士5进6 34. 车二平一 车4退4

红方平车护仕，稳如泰山。或曰：黑方底炮打相尚可一战？但红接走炮三平一士5进6，车五平七，黑方仍然难免一败。

35. 车一平二 车4平6 36. 车五平四 车5退1

37. 帅四平五 车6进3 38. 车二进六（红胜）

此局，王天一布局的新招未能奏效，万特大本已取得抗衡之势，可惜中局计算有误，导致下风。王天一中局妙手迭出，尤其弃仕打车一手，荡气回肠，堪称经典。万特大虽然最后失利，但其一流的布局素养和顽强的战斗风格亦给人留下深刻的印象。本局被评为2017象甲年度最佳对局，当之无愧。

第十三局　郑惟桐的驭马术

2017年7月2日，象甲第11轮，广东碧桂园队远征山东。七月的齐鲁大地骄阳似火，两队队员的心情也不轻松。积分榜上，塞外铁骑内蒙古伊泰队狂飙突进，已经甩下排名第二的广东3分。个人射手榜上，杭州王天一、内蒙古洪智都是八胜二平，并驾齐驱。而一心想要建功立业的广东队外援蜀山棋侠郑惟桐，虽然六胜四和保持不败，乃是全队第一得分手，但最近三轮却是寸功未立。第八轮，先手与京冀联队陆伟韬战平，两队4比4言和；第九轮客场战浙江，同样是先手，未能拿下对方小将王家瑞，两队又是一场平局；第十轮回到广东主场，还是先手，依然没能拿下湖北老将李智屏，好在这一轮广东队获胜。连续三轮哑火，让小郑颇为烦恼。

同样烦恼的还有山东主帅谢岿。山东队十轮过后积9分，虽暂无降级之忧，但距离保级区也就是2分之差，丝毫也不能放松警惕。本轮遭遇广东队，这可是一支王者之师啊！队中五人清一色的特级大师，实力无须多言。许银川、郑惟桐两位冠军负责攻城略地，许国义、张学潮担纲后卫之职，偶露峥嵘，实在是防不胜防。更为要命的是：本轮陈富杰大师（广东籍）为了避嫌而高挂免战牌，谢大师排兵布阵更显窘迫。小将李学淏虽是可造之材，毕竟年幼，还显稚嫩，只能让李成蹊上场救火了。

两队前两台波澜不惊，李翰林大师战平许银川；刘子健战平了许国义。谢岿大师令旗一挥，李成蹊第三个出场。谢大师原本认为郑惟桐必拿红棋，这样李成蹊先手对付张学潮，下盘和棋还是可能性很大的。那么自己作为主帅，把对付郑惟桐的重任留给自己，亦是当仁不让。不料裁判员打开双方出场名单，广东第三个出场的却是郑惟桐。究竟小郑能否打破进球荒呢？请看实战进程。

山东　李成蹊　先负　广东　郑惟桐

仙人指路对起马局

2017 年 7 月 2 日弈于济南章丘

1．㊋七进一　　❸8 进 7　　2．㊋三进一　　❹2 平 3

李成蹊，1999 年出生，2015 年全国团体赛助山东队打进前六名，自己也因而晋升象棋大师，尚是一位高三的学生。他自幼习弈，功底扎实，是山东队着力培养的一名新秀。

郑惟桐出生于 1994 年，四川成都人，天赋异禀，刻苦勤奋。少年时即连续夺得全国少年赛 12 岁、14 岁、16 岁组冠军，名扬天下。2009 年晋升象棋大师，次年获得个人赛第七名，2013 年以飞刀布局战胜王天一而荣获全国季军，2014 年、2015 年连夺两届全国冠军，并于 2015 年夺得世界冠军，2016 年世界棋王赛冠军。目前等级分排名全国第二位。2016 年开始加盟广东碧桂园队，是广东队象甲联赛夺冠的大功臣。他的棋艺全面，布局常有创新，中局算度精深，残局韧劲十足，是当今顶尖高手之一。

李成蹊以仙人指路开局，郑惟桐另辟蹊径，以老式武器起马局转卒底炮相迎。这路变化盛行于 20 世纪初，曾风靡一时，现已绝少出现在顶级大赛上了。小郑的策略可谓对头。

3．㊌八进七

李成蹊跳左正马的下法比较少见，可能是临场的即兴之作。以往曾有㊓七进五、㊌八进九等走法，现在红方在此大多选择㊌二进三，弃兵抢先。

3．……　　　　马2进1　　4．车九平八　　车1平2

黑方不予理会，迅速开通右翼，稳妥之举。若卒3进1，红马七进六卒3进1，马六进四，天马行空，黑不愿过早挑起战火。

5．相七进五

过于拘谨。可以改走炮八进五封锁，黑象7进5，马二进三士6进5，炮二平一车9平6，车一平二炮8退2，马七进六，红阵势开扬。

5．……　　　　象7进5　　6．炮二平四　　炮8进5（图一）

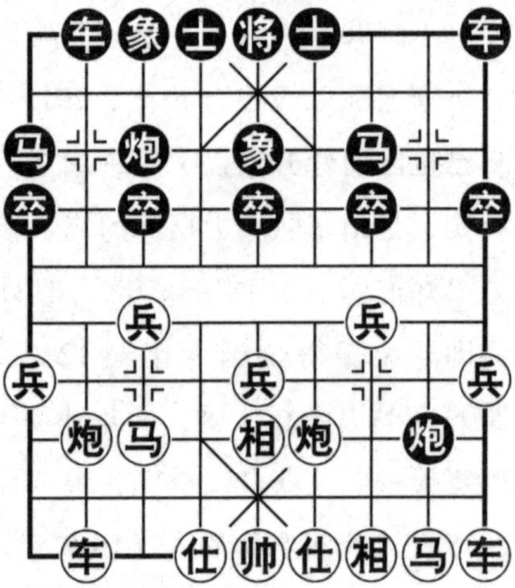

图一

红方平炮，准备布成理想的反宫马阵型。郑惟桐觑个正着，一手进炮，凌空虚点，竟然有千钧之力！红方阵地顿显尴尬。推敲原委，当是第五回合红补相所致。

7．炮八平九　　车2进9

8．马七退八　　车9平8

黑方进炮之后接有卒3进1的手段，红平炮邀兑车也是煞费苦心，虽失去先手，但可跳出右马，压力稍缓。从中也可看出李成蹊大师冷静沉着的心态。

9．马二进三　　炮8平6　　10．炮九平四　　车8进6

挥车急进，至此黑方反先。

11．兵九进一　　卒7进1　　12．兵三进一　　象5进7

双方各怀心思。红不走马八进七，是因黑并不敢吃中兵，所以才忙里偷闲地挺边兵克制黑马。郑惟桐挺卒活马，自是理所当然。

13．马八进七　　车8平7　　14．车一进二　　马7进6

抢占制高点，又可腾出炮位助攻，必走之着。

15. 车一平二　　士4进5　　16. 仕四进五　　炮3平2

黑方引而不发，先补厚阵地，名家身手。此时平炮，是积极的等着，但不如改走马1退3，将受制的边马尽快投入战斗。

17. 炮四退一　　炮2平7　　18. 炮四平二！　象3进5

黑方等待红退炮自堵相眼后再攻击红马，是希望能够有机会谋取一相。不料红方有平炮的巧手，借闷宫威胁轻灵化解，潇洒自如。

19. 马三退四　　车7进2　　20. 炮二退一　　象7退9

21. 相三进一　　马1退3

黑方以上进车、退象均含有试探之意，而红方洞察玄机，不卑不亢，守得风雨不透。郑惟桐见此，将闲置的右马迂回投入战斗。回头再看，当初炮3平2效果不佳，不如及早运马，当可节省一步棋，区别不小。

22. 相一进三　　车7退2　　23. 炮二平三　　马3进4

小郑改弦更张欲谋取中兵打持久战，李成蹊哪肯就范？平炮牵制。小郑于是奔马向前，伺机进取。

24. 车二平四　　卒5进1　　25. 马七进六　　马6进5

红车蛰伏已久终于杀出重围，以上一段攻防双方俱见法度。黑方如愿以偿得到中兵，代价是红车马均活，双方各有所得。黑棋进马吃兵正确，如贪走卒5进1，红有马六进五。

26. 车四进四　　马4退6

退马略显保守，不如索性马4进3吃兵，黑棋略占主动。

27. 马六进七　　卒5进1　　28. 车四平五

消灭中卒，双方基本均势。

28. ……　　　　象9退7　　29. 车五退二　　马6进7

30. 车五平四

红方虽多一兵，但马炮皆困守家中，纠缠无益。此时若走马四进三！妙手交换，则和局可成。

30. …… 炮7平9 31. 车四进四 马7退6

红进车有些茫然，或许是时间已经吃紧。应该保留通头车而炮三平二，黑如车7平8，则炮二平三，静观其变。黑边炮不敢轻易发出，顾忌马七进九扑卧槽的攻势。这样一来，把难题交给对手，方为上策。小郑眼明手快，回马关车机警，局势的天平瞬间倾斜。

32. 马七进九 马5进3 33. 马九进七 将5平4

34. 炮三进二 马3进1（图二）

如图二所示，黑马如入无人之境，也回敬一手卧槽，威力却不可同日而语。红车被困于弹丸之地，难以回防，败相已呈。郑惟桐这几步运马，一攻一守，张弛有度，可谓驭马有术也。

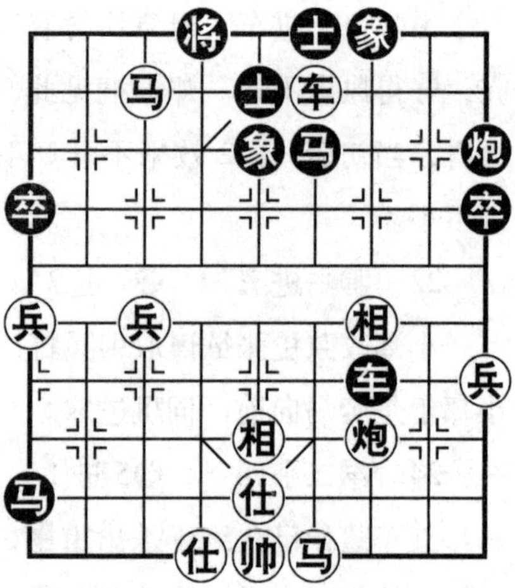

图二

35. 相五退三 马1退2

36. 炮三平六？ 马2进4

平炮是最后的败着，或许是时间紧张下的慌乱所致。如走炮三平八车7退1破相，红虽也是败势，但不至于速溃。

37. 仕五进六 车7退1 38. 马七退六 马6进7

39. 马四进五 车7进4 40. 车四退八 车7退2

41. 马五进四 车7平4（黑胜）

小将遗憾败北，付出了成长的代价。郑惟桐终于打破了进球荒，并为广东队打开了胜利之门。最后一局，谢岿在非胜不可的情况下勉强求变，不敌张学潮，广东队遂在客场6比2战胜山东队。

第十四局　意外的礼物

象甲第11轮，上海队做客厦门。

这是首阶段主客场的最后一轮，再过半个月，联赛14支队伍就要齐聚深圳坪山，进行密集的6轮赛会制。因此，各队都比较重视这一战，谁不想带着胜利的喜悦去迎接坪山大战呢?

厦门队也曾有过自己的辉煌，联赛当中最美好的回忆当属十年前了，当时他们阵中有猛将汪洋，夺得了2007年象甲联赛的亚军。不过时过境迁，如今缺乏粮草的厦门队难以招纳一线巨星，甚至连是否能够组队参加联赛都成问题。幸亏主帅郑一泓特大多方努力四处奔走，才搭建起如今的框架。以郑一泓特大、陈泓盛大师师徒俩为核心，请来张申宏、才溢，与钟少鸿续约，加上替补队员林文汉，一位特大带领五位大师，纸面实力并不弱。但由于郑、陈两位并非稳健型选手，能赢棋也能输棋，加上张军长跟才溢已经状态下滑，不复当年之勇，而钟少鸿抢分能力也不足，因此十轮联赛下来，厦门队仅仅在第四轮风光了一把，6比2大胜京冀联队，是所有参赛队伍中胜场最少的四个队之一（另外三支队伍分别是湖北、河南、杭州象协）。他们前面十轮一胜五平四负，仅以局分多1分而排在河南队之前，保级压力巨大。糟糕的一点是：此前他们在主场还没有尝到过胜利的滋味。

上海队的境遇比厦门倒是好得多，此前他们四胜三平三负积11分，暂时排在京冀之后列第七位，保级无忧。但作为一支曾经两度夺得联赛冠军的老牌强队来说，这个成绩也是令人难以满意的——至少要保证进入季后赛，这是最起码的目标。上一轮，两队同遭重创。上海在主场被杭州环境集团队暴虐，厦门远赴草原，也被塞外铁骑连砍三刀，士气低落。

比赛一开始就紧张激烈。主场作战的厦门队发起了凶猛的攻势。首盘出场的钟少鸿与赵玮大战近百回合，耗时将近一个半钟头，最终两难进取握手言和。这也预示着接下来的比赛会更加艰苦。第二盘，厦门陈泓盛后手与万春林特大纠缠良久后打平；第三盘，主帅郑一泓亲自出马，但上海队孙勇征特大岂是等闲之辈？两人旗鼓相当，战至马炮残局才平分秋色。此时，其他场次的比赛均已结束，窗外夜色渐浓，对局室里却是灯火通明，气氛压抑。最后一局决定生死的大战开始，由上海队特级大师谢靖出场，挑战才溢。

谢靖，江苏泰州人，1989 年出生。10 岁到 12 岁之间连续夺得三届全国少年冠军而被誉为“象棋神童”，12 岁即获得象棋大师称号，19 岁晋升特级大师，24 岁在福建石狮勇夺全国冠军，成为新中国第 17 位棋王，是棋坛泰斗胡荣华的关门弟子。谢靖功夫扎实，技术全面，能攻善守，韬略精深，是一位极其难缠的对手。他的身高目测能有一米九零，鹤立鸡群，威势逼人，但性格却颇为和善大气，是当今棋坛优秀的青年棋手。

上海　谢靖　先胜　厦门　才溢

五六炮对反向反宫马

2017 年 7 月 2 日弈于厦门

1．炮二平五　　马8 进 7　　2．马二进三　　车9 平 8

3．炮八平六　　卒7 进 1

谢靖的布局武器库中，五花八门，种类繁多。仙人指路、飞相局、中炮局，交替使用，常能推陈出新。第三手谢靖平炮士角形成缓开车的五六炮，立意避开俗套，要与对手在相对陌生的领域展开较量。

4．马八进七　　炮2 平 4

才溢大师乃玄门正宗武功，见多识广，此手平炮于士角，针锋相对。但凡五六炮布局，总以七路马能够跃上六路，与六路炮形成一个战斗堡垒为理想阵型。黑方提前将炮置于士角，则可有效地予以抑制，缺点是右车的出动将要滞后，可说是利弊参半。

5．车九平八　　马2进3　　6．兵七进一　　士4进5

7．车一进一　　象3进5　　8．车一平四　　车1平3

寥寥数着，双方已经完全脱谱，棋局进入一个全新的领域。才溢大师此步马后藏车，不仅预先防备红方的某些侵扰，且暗含将来从3路线反击之意。弈来如行云流水，条理分明。黑方此阵，因类似于反宫马之型，却方向迥异，姑且称之为“反向反宫马”。

9．兵五进一　　炮8进2　　10．车八进六　　卒3进1

红方挺进中原，舍此无法打开局面。待黑方进炮巡河后，再驱左车过河，次序严谨。如果第九回合直接车八进六，黑可炮8进1，轻灵的一手即可化解来势。红不能车四进五，因黑炮4进1打双车。红方进车后，黑挺卒邀兑恰逢其时。

11．兵七进一　　炮8平3　　12．马七进八　　车8进5

黑左炮右移后，各子灵活，阵型坚固仿佛铜墙铁壁。现在左车脱颖而出，如蛟龙出海，威胁红方浮起的中兵，正当其时也。至此，黑方反先得势。究其原因，红方此阵固然新颖，但效率不高，而黑棋布局走子极具针对性，一举反夺主动也就不足为奇了。当然黑方此招也可车8进6，更富侵略性。

13．马三进五　　车8进1　　14．兵五进一　　卒5进1

15．炮五进三（图一）

如图一所示，红方脚步不稳，中路空虚，已犯兵家之大忌。黑方只需车8平7，红马进退维谷，只得车四平五呆保一手，黑方再续以炮4进3，徐徐推进，则前景非常乐观。然而此时才溢大师由于棋局的进程十分顺利，未免顿生豪情，欲以精妙的战术组合一举破敌。实战中他选择：

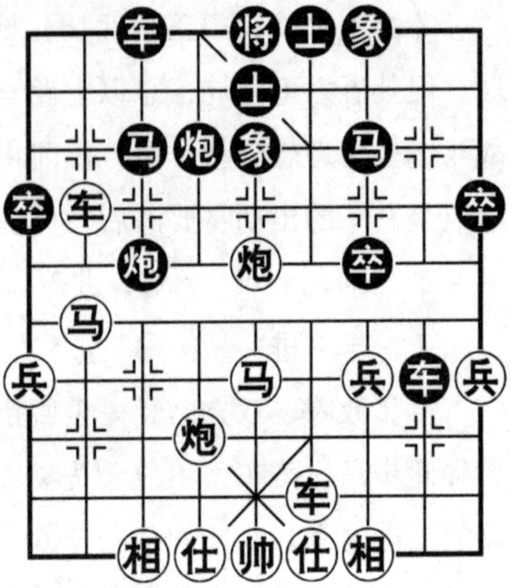

图一

15. …… 马3进4?

奇思妙想，但却百密一疏，自毁长城。孙子兵法有云：多算胜，少算不胜，而况于无算乎？对于以后接踵而来的变化，才大师并未深算，导致局面一发不可收拾。

16. 马五进六 炮3平5

17. 炮六进五 士5进4

18. 马八进七 炮5退1

19. 马七进五！（图二）

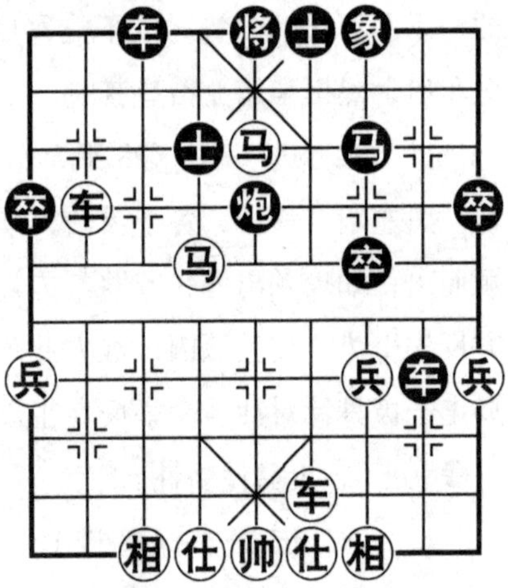

图二

面对意外送上门来的大礼，谢靖真是喜出望外。黑方的空头炮尚未发力，红马已大踏步冲入黑阵之中。如图二，一招弃马搏象，势大力沉，黑阵顿时风雨飘摇。

19. …… 士6进5

本已春风得意的大好形势，全因自己一招不慎而带来如此严重的后果，才大师始料不及。补士慌乱，造成溃败。但如走象7进5，红车四进六车8退3，车四平三炮5平4，车三平五士4退5，相七进五，红亦胜势不可动摇。

20．马五进三　　将5平4　　21．车八进一

胜利来得太过突然。也许谢靖还沉浸在刚才情绪的大起大落之中，此手进车固然厉害，但忽略了更为凶狠的车八进三，算是白璧微瑕吧。在争分夺秒的快棋战中，棋手高度紧张，出现一些疏漏在所难免，不可求全责备。

21．……　　　　车8平7

立即被连将杀。但局势已经无可挽回，即使车3进1先防一步，红车八平七后依然是在劫难逃。试拟：黑车3进1，车八平七！车8平7？车四进八弃车连杀。

22．车四进八　　将4进1　　23．车八进一（红胜）

在压轴之战中，才溢与谢靖各下了半盘好棋。才大师痛失好局固然令人惋惜，谢特大把握机会的能力更是令人钦佩。经此一战，厦门队滑入降级区，而上海队却凭借谢靖的绝杀而闯进前六名。

综述三

象甲第十二轮到第十七轮

2017年7月18日

国运盛，棋运兴。象棋在时隔30年后重返全运会，让所有棋人都为之兴奋不已。刚刚结束了全运会之旅，象甲各队又齐聚深圳坪山，开始了第二阶段赛会制的拼杀。

全运会期间，天津接近四十度的高温给人留下了深刻的印象。本以为来到南国，天气会更加酷热难耐，不料一场暴雨过后，坪山的气温降下许多，加上早晚凉爽的海风，颇为惬意。

象甲联赛第十二轮，7月18日的比赛在下午和晚上分别进行。下午三场比赛的对阵形势为：四川对山东、河南对湖北、京冀对浙江。

也许是刚刚来到坪山，鞍马劳顿之际体力尚未恢复，棋手们略显疲态。四川与山东、京冀对浙江的比赛波澜不惊，四队八盘棋全部战平，毋庸赘述，唯一的亮点在于河南与湖北之战。

两队渊源甚深，长久以来关系都很不错。河南主帅党斐幼年时一直师从柳大华，是柳帅盲棋绝艺的嫡传弟子，更为湖北队效力多年。目前两支队伍都要为保级而战，只能是各为其主。比赛进程缓慢，第一盘棋就大战一百多个回合，何文哲与赵子雨的对局一波三折，最终还是各无建树。老帅柳大华与曹岩磊之战过程相对平淡，战至马炮兵对马炮卒，收兵罢战。河南队第三个出场的刘明险些为主队立功，他中盘抓住李智屏的一步疏漏白掠一象，颇有攻势，但此后攻击方向有误，被老练的李智屏兑子解围。

最后上场的是一对师兄弟：汪洋对党斐。二人同属柳帅的得意门生，在湖北队共处多年，曾经无数次并肩作战。往事已矣，如今兵戎相见，自当别有一番滋味。汪洋全力进攻，党斐闪展腾挪一一化解。斗到后半盘，时间甚紧，汪洋用力过猛后防空虚，党斐出现防守反击的好机会，惜乎没能抓住，汪洋度过难关后一举破城。这也是湖北队在象甲联赛的第二场胜场，他们重新燃起了保级的希望之火。与下午的一团和气不同，晚上的四场比赛则是火花四溅，令人大呼过瘾。

广东战江苏，许郑双核发威，6 比 2 大胜。郑惟桐首先出场，与孟辰好一番缠斗，至残局阶段孟辰突然短路，将一盘基本和定的棋拱手相让，丢子告负，孟辰此前五胜六和的不败金身为郑惟桐所破。说来也怪，小孟对其他顶级高手的战绩一直不差，唯独对上郑惟桐却总是有些束手束脚，或许是棋风相克吧？孟辰要想破茧成蝶，恐怕首先还要过心理关。

“刀斧手”程鸣接着登台，与许国义一通乱战，双方互弃士象杀得难解难分，最后兵力不足，罢兵言和。

许银川接着亮相，对阵江苏队后起之秀孙逸阳，取得多兵优势后，以细腻缠绵的残棋功夫耐心周旋，最后一招经典的“金钩挂玉”杀法入局，广东队获胜。最后一个出战的徐超已无斗志，速和张学潮。

内蒙古队斗志昂扬，此前九胜二平的战绩足以让他们睥睨群雄。不想，本轮被上海队拖下一分。洪智一如既往地锐利，在与万春林的首盘较量中即以犀利的进攻斩将夺旗，接着郝继超、赵国荣相继战平谢靖、孙勇征。看来内蒙古又要收获胜利？且慢！上海赵玮可不答应。这盘棋赵玮走得积极，而内蒙古队一向令人放心的蔚强状态却出了问题，中局冒进而被赵玮生擒一马败阵，两队打平。

杭州象协队本轮遭遇老大哥杭州队，险些被剃了光头。若不是李炳贤在胜利在望的情况下超时而负于郭凤达，杭州象协队就要被杭州环境队零封了。赢了这一场，杭州队已经悄然完成了三连胜，排名取代了浙江队而占据了第三的位置。

一场保级队伍的对冲，厦门队凭借主帅郑一泓特大的绝杀一击，5 比 3 力克黑龙江队。这场胜利可谓价值连城，不仅使得厦门队暂时脱离了降级区，还对最后的排名产生了深远的影响。不过，这是后话，暂且按下不表。

十二轮比赛过后，积分榜排名如下：内蒙古21分，广东19分，杭州16分，浙江15分，江苏14分，上海14分，京冀13分，四川11分，山东10分，厦门9分，河南9分，黑龙江9分，湖北6分，杭州象协2分。

2017年7月19日

象甲联赛第十三轮，本轮是象甲首个循环的最后一轮比赛，意味着参赛的所有队伍都已经碰过面了，而且明天各队还得跟同一个对手再度较量，只不过交换了主客场，俗称“背靠背”。碰到弱队的，肯定是抓住机会拼命捞分；遭遇强队的也没办法，只能打起十二分精神扛住了。

本轮最引人注目的当属杭州对阵广东。两队都是三连胜，士气正盛，主力队员也都是手风颇旺屡有进账，积分榜上分列第二、第三位，无疑是一场焦点战役。排兵布阵上，两队也毫不保守，各自派遣实力最强的棋手执红棋冲锋陷阵。王天一先拔头筹，马炮残棋建功，磨垮了许国义；郑惟桐以牙还牙，立即回敬一盘，同样以马炮残棋击败赖理兄。第三个出场的杭州赵金成未能在张学潮身上讨到便宜，中局互有顾忌的情况下只好选择不变作和。前面三盘打平，广东队能不能拿分，就看许银川的表现了。许特大果然不负众望，中局一兵巧渡楚河，配合中炮形成强大攻势。杭州小将李炳贤虽然竭力反扑，奈何许银川的杀招实在神鬼莫测，“铁门栓”加上“平顶冠”，小李无法解救，只得推枰认输。许特大赢下这盘关键战后，与李炳贤复盘研讨良久，相信李大师经此一战定然是受益匪浅，许特大提携后进的君子风度值得点赞。

广东队力克强敌，内蒙古队却是逡巡不前。本轮他们碰上了实力不俗的浙江队，再度收获平局。浙江主帅赵鑫鑫第一个出场就以多兵优势拿下了蔚强，这也是蔚强在坪山的两连败了。洪智赶紧出战，双车马炮猛攻徐崇峰的窝心马得手，拿下个人的第十个胜局，紧追王天一。此后两队连和两盘，化干戈为玉帛。内蒙古队接连打平，追兵广东队却是连续战胜两支劲旅，塞外铁骑的领先优势缩小为一分。

厦门队迎来了抢分的好时机，他们以6比2大胜杭州象协队，远离了降级区。才溢首开纪录战胜吴魏，陈泓盛在开局已经反先的情况下贪吃一相，却误陷郭凤达的八卦阵中丢失一炮，虽全力反击，终于不敌，这也让陈大师懊悔不迭。好在张申宏、郑一泓连下两城，分别战胜了吉星海、吴欣洋，厦门确保两分入账。

上海队5比3挫败黑龙江，孙勇征击退刘俊达，为本队取得唯一胜局。孙特大这盘棋走得委实精彩，车双马入局手段简洁明快。黑龙江队遭遇两连败，保级任务艰巨。

湖北队刚刚燃起一点希望之火，本轮又被京冀联队兜头一盆冷水浇了个透心凉。前面三盘相继打平之后，蒋川为京冀立功，战胜了此前保持不败的楚军头号战将汪洋。

江苏对四川、山东与河南都以四盘和棋收场。本轮过后浙江队又重新夺回了第三的位置，上海队也爬升一位超越了江苏，排在第五。内蒙古队两战皆平，已经听到广东队追赶的脚步声，蔚强的状态和心理需要好好调整。

十三轮后，积分榜排名如下：内蒙古22分、广东21分、浙江16分、杭州16分、上海16分、江苏15分、京冀15分、四川12分、山东11分、厦门11分、河南10分、黑龙江9分、湖北6分、杭州象协2分。

2017年7月20日

象甲联赛第十四轮，半程冠军内蒙古队今天终于在第二循环首轮取得开门红。他们再度遭遇浙江队，还是凭借洪智的胜利以5比3小胜对手。洪智战胜的是浙江小将王家瑞，双方以仙人指路对卒底炮左象开局，中局王家瑞一匹马儿急于跃出，被洪智车炮配合当头按住，竟然无路可逃，血染疆场。此后郝继超、蔚强、赵国荣分别战平黄竹风、徐崇峰和赵鑫鑫，领头羊取得在坪山的第一场胜利。不曾想到的是：这也是他们在坪山赛会制六场比赛的唯一胜利。

广东队今天遭到了杭州队的顽强阻击。郑惟桐率先出场，在本来均势的残局里，抓住对手赵金成的一个失误，进炮驱马获得空间优势，尔后双马双炮大举进攻，在没有兵卒参战的情况下，居然左冲右突形成绝杀，堪称佳局。此后广东队许国义、许银川接连上场，但都无法继续扩大战果，最后一个出场的张学潮后手面对王天一，可想而知心理压力还是比较大。王天一在队伍需要他的时刻再次当仁不让，以一连串令人眼花缭乱的攻击手法迫使张学潮犯下致命错误而败下阵来。这样一来，杭州队又再次“抢班夺权”，取代浙江队坐上了探花的位置，而且是整个常规赛一坐到底，再也没有变换过。

江苏队来到坪山后，先是大比分输给了东道主广东，然后又没在四川队身上捞到油水。这轮再战四川，急于抢分反遭不测。“刀斧手”程鸣面对川军最为稳定的李少庚，布局刻意求变反致局面大亏，无奈弃子搏杀。李少庚看得清楚，从容不迫化解敌势，车炮兵反击得手。接下来两队又连和两盘，逼得最后一个上场的孟辰非胜不可。他的对手赵攀伟虽无大师名号，但实力有目共睹，在业余界俨然有鹤立鸡群之势，前不久刚刚在天津获得全运会男子公开组冠军，更添自信。赵攀伟深知孟辰的厉害，八风不动，来一个兑一个，抱定谋和宗旨，令神通广大的孟辰也无从下手。棋局纠缠至尾声，形成车马炮对车马炮，和势颇浓。不愿收兵罢战的孟辰一时眼花，竟然弈出飞相顶马，白送对方一个闷宫大礼。赵攀伟心情激荡，立即挥炮沉底叫将，笑纳两分。

江苏再败一场，名次在第六的位置停滞不前，众将士好不郁闷。

京冀联队本可在前两盘就锁定胜局，不料他们的运气差了一些。陆伟韬首战告捷拿下了湖北老帅柳大华，形势一片大好；不料第二个出战的赵殿宇在中盘混战中错失弃车妙杀的机会，反被汪洋逆转。第三个出场的蒋川也是优势很大的残局，一不小心让李智屏回马踩死了过河兵，只能遗憾平局。最后一战，湖北小将赵子雨迎来了他今年象甲的首个胜利，多兵击败“大力神”金波。湖北队拿下本届联赛的第三场胜利，积分达到 8 分，虽然排名没有变化，毕竟与前面黑龙江、山东等保级对手的分差已很接近，令人鼓舞。

山东队本轮输给河南，保级形势严峻。与保级对手之间的交锋，平局可以接受，千万不能输，一进一出就是四分，影响巨大。宁夏棋王刘明大师为河南首开纪录，但不得不说对手刘子健下得太大意了。马双卒对马仕相全，守和难度不大，偏偏刘子健犯下大错，白丢一仕，和棋变成输棋。本轮最为精彩的对局是曹岩磊胜陈富杰的一盘，小曹中局构思巧妙，连弃双马组杀，气势如虹，逼得陈大师送车解围，确实是难得一见的高妙之作。三盘过后河南队已经两胜一和，虽然李翰林竭尽全力扳回一局，亦已无济于事。河南队此战过后把山东队甩在身后，暂时可以松一口气了。

厦门队双杀杭州象协队，结果正常，过程却是十分艰辛。杭州象协的郭凤达最近三轮如有神助，接连获胜，使得厦门队后面上场的队员颇感压力。陈泓盛及时扳平，两队重回同一起跑线。不料张军长申宏在与吉星海的对局中早早处于下风，局势困顿。好在吉星海经验尚缺，犹豫不决之际，被老江湖张申宏施展凌波微步，逃出生天。两人签字和棋的时候，张大师心有余悸，额头尚有汗珠，不过也难掩兴奋之情，嘴角流露出一丝得意的笑容。前面三盘打平，厦门郑一泓特大压轴出场，以诡异的金钩炮开局大战吴魏。别看吴魏年纪最小，临场却很有大将风度，不慌不忙与之周旋。战斗到残局，郑一泓仅多一兵，吴魏提和，郑特大继续纠缠。此后双方时间所剩无几，一番电光石火的攻防大战，残局经验不足的吴魏防守欠妥，被郑一泓妙手捕获一马，艰难取胜。厦门队也由此获得了三连胜，远离了保级区。另外一场，黑龙江与上海队四盘均平，各取一分。

十四轮后，积分榜排名如下：内蒙古 24 分，广东 22 分，杭州 17 分，上海 17 分，浙江 16 分，江苏 15 分，京冀 15 分，四川 14 分，厦门 13 分，河南 12 分，山东 11 分，黑龙江 10 分，湖北 8 分，杭州象协 2 分。

2017 年 7 月 21 日

象甲联赛第十五轮，蜀山棋侠郑惟桐来到坪山之后连战连捷，算上第十一轮客场战胜山东李成蹊，他已经完成了四连胜，个人射手榜上发力猛追，与洪智仅一步之遥。本轮广东战江苏，又是郑棋侠立功。他的飞相局别开生面，中局子力占据高位，纠缠中谋取徐超双象，大占优势。徐超游斗一番，见无力回天，爽快认负。其余三盘皆和，这样广东队双杀江苏——他们也是唯一的一支两胜江苏的队伍。

内蒙古队本轮再度被上海队拖住，四盘皆和。其中吊诡的一盘是洪智开局得子，但不久就被万春林追回。洪智怒不可遏，子力全盘压上，欲再决雌雄，奈何万特大抱定不求有功但求无过之初衷，反击当中拼兑大子，稳稳守和。洪智的连胜势头被遏制，积分为郑惟桐所追平。而塞外铁骑与上海队打平后，领先优势再次缩小到一分，且总局分不如广东，随时有被超车的可能。

浙江军团本轮大胜京冀联队，使得后者连折两阵，季后赛的门票看来有些渐行渐远。大力神金波状态有些低迷，先手布局下得浑浑噩噩，被浙江徐崇峰马炮闪展腾挪一番，捉死红炮而胜；接着赵鑫鑫以精准的攻杀力克蒋川，浙江青年军在前三局就锁定了胜利。

厦门队郑一泓这几轮成为了本队的风向标，他赢棋，队伍就赢，连续三轮立功的郑特大也率领厦门队打出了一波三连胜的小高潮，脱离了降级区。不过，这一轮一泓大师发挥欠佳，败给了黑龙江聂铁文，直接导致全队失利。他们若是能够再胜黑龙江一场，则几乎可以确保无降级之忧，而把对手深深按入泥潭。黑龙江队这一场赢得太大，一下子把厦门、河南、山东等队都紧紧揪住，保级区形势大乱。

杭州队再度遭遇小老弟杭州象协队，7 比 1 轻松过关。王天一后手再次碰到吴魏，实力相差明显，中局如巨蟒缠身，吴魏被修理得够惨。不过，这对于小吴魏来说可是大好的学习机会，四天之内连续向王天一讨教两盘，一般的人哪有这等好事？本轮过后王天一象甲出场十五次，十三胜二和，胜率恐怖。虽然洪智、郑惟桐二人都达到了十一胜四和，战绩不可谓不辉煌，但在王天一的光芒之下，不免相形见绌。湖北队与河南再度相遇，两队各胜一局打平，曹岩磊、李智屏分别为本队立功。

十五轮过后，积分榜排名为：内蒙古 25 分，广东 24 分，杭州 19 分，浙江 18 分，上海 18 分，江苏 15 分，四川 15 分，京冀 15 分，厦门 13 分，河南 13 分，山东 12 分，黑龙江 12 分，湖北 9 分，杭州象协 2 分。

2017 年 7 月 22 日

象甲联赛第十六轮，河南队主力得分手曹岩磊在坪山终于找到了感觉，连续三轮攻城拔寨，让河南队取得了两胜一平的佳绩。赵鑫鑫领衔的浙江队绝对是一支难缠的队伍，就连广东队也对其无可奈何，却被河南队双杀，而且两次都是曹岩磊一剑封喉。本轮前面两盘棋先后成和，值得一提的是何文哲后手大战 102 个回合，英勇顽强地挡住了黄竹风的疯狂进攻，居功至伟。曹岩磊中盘一车换双势大力沉，边兵衔枚急进拿下王家瑞，为河南队取得场上优势。但队员们并不能放心，因为浙江主帅赵鑫鑫尚未登场，赵的攻击力在棋界是有口皆碑的，刘明后手能够顶住吗？正所谓“沧海横流，方显英雄本色”，宁夏棋王经受住了考验，逼平了强大的对手，确保本队胜果。

领头羊内蒙古队与京冀联队打平，而广东队小胜山东，以局分优势反超，第一次当上了带头大哥，可谓意气风发。本轮京冀联队大帅张强见队伍精气神不佳，决定亲自上阵。这一换人立即收到显著效果。张大帅以往对洪智的战绩一直不错，这次判断洪定会打头阵，于是拍马挺枪相迎。两人鏖战一番，不分高低，张强起到了稳定军心的作用。接下来三盘全部打平，京冀联队及时止住了下滑的势头。兵强马壮的江苏队在坪山三负一和，全队上下憋了一股劲。这一轮碰到杭州象协，露出狰狞面目，7 比 1 大胜，算是出了一口恶气。

上海队本轮 6 比 2 大胜厦门，拿到坪山赛会制的第二场胜利。郑一泓不敌万春林，陈泓盛负于谢靖，其余两盘打和。上海队在坪山的五轮大战中，两平内蒙古，一胜一平黑龙江，本轮又大胜厦门，老牌强队的风范展露无遗。

黑龙江队上一轮仰仗聂铁文的绝杀，好不容易获得了坪山站的第一场胜利，本轮又碰到象甲“大恶人”王天一领衔的杭州队。崔革首战告捷擒住了赖理兄，但“功夫熊猫”赵金成毫不手软，马上回敬一局战胜金松。聂铁文第三局对阵张彬，张布局准备充分，后手应对得不卑不亢，令聂大师无功而返。这样一来，最后上场的刘俊达要后手面对王天一的冲击，真是压力山大。这盘棋王天一展现出强大的中盘实力，揪住刘俊达子力位置上一个微小的毛病，强渡三兵硬生生夺子，刘大师竟然束手无策。王天一拿下坪山赛会制的五连胜。

本轮四川队与湖北又是四盘闷平各取一分。值得一提的是全运会公开组冠军赵攀伟表现上佳，在深圳以主力身份出场保持不败，六场比赛两胜四平净赚两盘，把外援苗利明挤到冷板凳上不能上场，也算川军的一大收获吧。

河南队在最近几轮的英勇表现令人瞩目，他们战胜浙江后，脱离了降级区，排名第九位，甚至有望觊觎季后赛了。降级区里，厦门、山东、黑龙江的日子都不好过。眼看积分停滞不前，而湖北队已经渐渐追赶上来，谁敢忽视这支老牌强队的能量呢？

十六轮后，积分榜排名如下：广东 26 分，内蒙古 26 分（局分少 4 分）、杭州 21 分、上海 20 分、浙江 18 分、江苏 17 分、四川 16 分、京冀 16 分、河南 15 分、厦门 13 分、山东 12 分、黑龙江 12 分、湖北 10 分、杭州象协 2 分。

2017 年 7 月 23 日

象甲联赛第十七轮，坪山赛会制的最后一轮，风云突变。开赛以来一路顺风顺水的内蒙古队遭遇首场败局，带着遗憾离开了坪山这个伤心之地（上个赛季痛失桂冠，也是在这里）。

厦门队前面五轮三胜两负，其中两碰杭州象协让他们捞足了分数。这一轮对阵内蒙古，谁也不会看好他们，即使是打平也足以烧高香了。但是，象甲无弱旅这句话在本场得到了完美的诠释。不要忘记，象甲揭幕战厦门队就在最后关头逼平了强大的广东，全队的攻击力不容小觑。主力队员个个都有胜局，时不时就东方不亮西方亮。但是，遇强不弱，遇弱不强决定了这支队伍的气质，加上队内主要得分手状态不够稳定，才一直徘徊在中下游。

两队交锋，前两盘波澜不惊相继打平。转折点出现在第三盘，郑一泓对蔚强几经交换后已经基本成和，盘面上郑一泓马双兵对垒蔚强的马士象全，这个残棋对于参加象甲的高手来说几乎没有守和难度。

但不要忘记，近两年的象甲是采用20分钟加5秒的赛制，对弈至此双方已经没有时间，全凭手快才避免超时。因此，出现一些漏着也是在所难免的事情。蔚强认为和局已定有些放松，却被郑一泓瞅个正着，冷箭突发弃马搏士，偷袭得手。此情此景，与上上轮刘明战胜刘子健一局何其相似？不得不说，年轻棋手对于残局的生死棋型敏感度不够，功力比起那些久经沙场的老将来尚有欠缺。

眼见爱徒又遭不测，洪智分外眼红。最后一个出场的他别无选择，朝着钟少鸿的阵地就发起了猛攻。要说这钟少鸿的顶功也算了得，虽然局面略亏，但十分顽强始终不露败相。弈至残局阶段，洪智杀得性起，见对方时间吃紧，行棋速度便越来越快，意在迫使对手超时或走漏。孰料这同时也是一把双刃剑，紧逼式的打法固然能够让对手无喘息之机，但自己犯错的几率也会增大。事实是如此残酷，洪智忙中出错，漏着丢子，轰然倒下。厦门队的这场胜利价值连城，同时也打破了内蒙古队开赛以来的不败金身。

本轮一场三四名之战，王天一发威，以霹雳手段擒住上海队孙勇征，个人在坪山六战六胜，也同时助杭州队打开胜利之门。赖理兄后手战胜万春林，已经确保队伍不败。随后，剩下两盘皆和，杭州队再次击败上海队。

广东队本轮拿下湖北队，巩固了积分榜首的地位。不过，此战过程跌宕起伏，湖北险些把领头羊拉下马来，只不过时运不济，长使英雄泪满襟也。尤其年近七旬的西楚霸王柳大华背水一战，恶斗郑惟桐，慷慨悲壮，观者为之气夺。两队前三盘打成平手，粤军全仗定海神针许银川的绝杀，才艰难地战胜湖北。

本轮比赛在上午同时开打，各队连日征战疲惫不堪，归心似箭，因此有几场都以4比4打平。值得一提的是江苏队再接再厉战胜黑龙江队，先抑后扬，为坪山赛会制画下一个圆满的句号。这次为江苏队立下汗马功劳的是大棋圣徐超，他在压轴一战中奋力一搏，血性十足地战胜金松，帮助本队取得胜利，也牢固地占据了第六的位置。

杭州象协队自从第六轮主场战胜河南之后，一分难求，每战必败，成为各队取分的对象。这一轮他们知耻而后勇，面对首循环曾经八比零血洗自己的山东队，咬紧牙关，各胜一局与之打成平手。虽然这一分对于杭州象协来说可有可无，但对山东来说却是寸土寸金，杭州象协的小伙子们也以这种方式稍解了心头之恨。

连续六天酣战，第二阶段赛会制终于落下帷幕。盘点此次坪山大战，我们不难发现：广东碧桂园队六战五胜一平成为最大赢家，顺利实现了弯道超车。原本处于保级区的河南、厦门收获颇丰，暂时脱离了苦海，不过后面的征程愈发艰险，尚不能高枕无忧。个人射手榜则是王天一一枝独秀，他在坪山六战六胜，风头一时无两。

此前狂飙猛进的内蒙古队在坪山成了最大的失意人，六战下来堪堪保本，不仅失去了龙头位置，队员士气也是颇受打击。蔚强的三场败局让人始料不及，要知道去年蔚强可是最为令人放心的铁四台，南征北战大放异彩。好在距离下一场比赛还有一周时间，利用这个间隙，塞外铁骑可以好好总结一下。

坪山逐鹿，堪称今年联赛的经典战役。六轮大战过后再次盘点，各队座次如下：广东 28 分，内蒙古 26 分，杭州 23 分，上海 20 分，浙江 19 分，江苏 19 分，四川 17 分，京冀 17 分，河南 16 分，厦门 15 分，山东 13 分，黑龙江 12 分，湖北 10 分，杭州象协 3 分。

24 强势反击

图 24 是第 12 轮杭州象协吉星海与杭州赵金城交手 15 回合形成的

盘面，眼下红方中路弄险，其势咄咄逼人，现轮黑方走子，且看黑方有何良策？

15. …… 卒3进1

16. 车八进一 马7进5

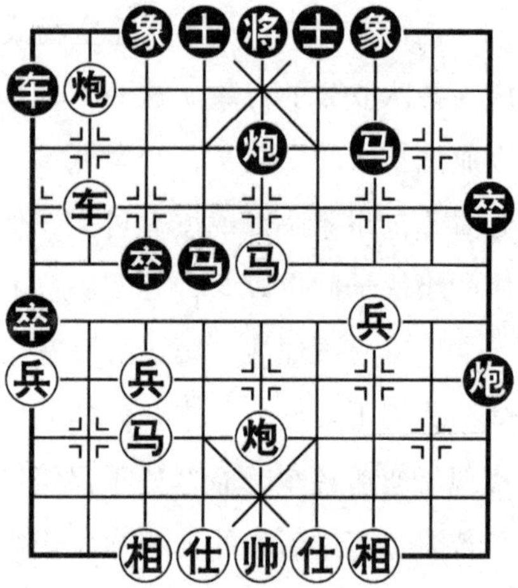
图24

黑拱卒欺车试其应手，红进车暗藏杀机（车八平五硬吃炮），着法凶悍。如改走车八平六，则车1平2，车六退一卒3进1，炮五进五象3进5，马七进五卒1进1，黑方双卒过河，取得巨大的物质优势。黑马扑炮口强攻，漂亮的一手！铁骑突出刀枪鸣。

17. 仕六进五 炮5进2

红不能炮五进四吃马，因黑炮5进2伏杀，红方崩盘。

18. 帅五平六 卒3进1　19. 车八平六 车1进3

20. 车六退一 马4进2　21. 车六平五 士6进5

22. 马七进五 炮5进3　23. 相七进五 卒3平4

由此，黑方行云流水般的攻杀令人叹为观止。

24. 马五退三 马2进3　25. 帅六平五 车1平2

26. 炮八平七 炮9平1　27. 相五退七 炮1进3

28. 仕五退六 马3进4　29. 仕四进五 马4退3

30. 仕五退六 马3进4　31. 帅五平四 马4退3

32. 相七进五 车2进5　33. 帅四进一 车2平7

一气呵成，黑胜。

25　双骑追风

图 25 是第 12 轮厦门陈鸿盛与黑龙江刘俊达战罢 17 回合时出现的盘面，眼下双方短兵相接，中盘大战一触即发：

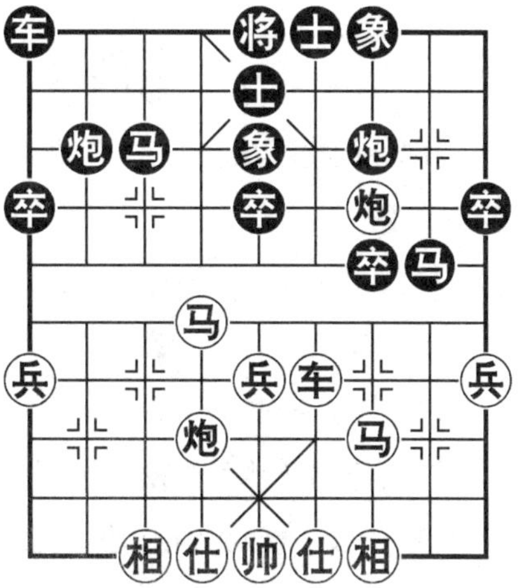

图 25

18. 马六进四　　马3 进 2

红策马奔槽着法雄劲，拉开了总攻的序幕。

19. 马三进四　　卒7 进 1

20. 后马进六　　车1 平 3

21. 马四进二　　炮7 平 8

红双骑纵横追风逐电，弈来精彩动人!

22. 相三进五　　车3 进 4

23. 车四进二　　马8 进 6

24. 马六进五　　车3 平 6

红弃车踩象平地惊雷，漂亮的一手！一举踏破对方城池。

25. 马五进三　　将5 平 4　　26. 炮三进三　　将4 进 1

27. 马二退四　　炮2 平 3　　28. 马四退六

红先弃后取白吃双象，四子联攻势不可挡，红胜。

26　巧陷烈马

图 26 是第 12 轮是厦门郑一泓与黑龙江聂铁文勾心斗角 24 回合出

现的盘面，眼下双方虽已短兵相接而且四兵相见，但看起来依然泾渭分明，仅有黑方一匹孤马闯入红阵，此时红方对孤军深入者垂涎已久：

25. 马三进五　　马3 进 1

上马咬马漂亮的一手！“请马入瓮”甚妙。黑不能车4 进 2 栓链，因红兵五进一之后红车可以脱身。

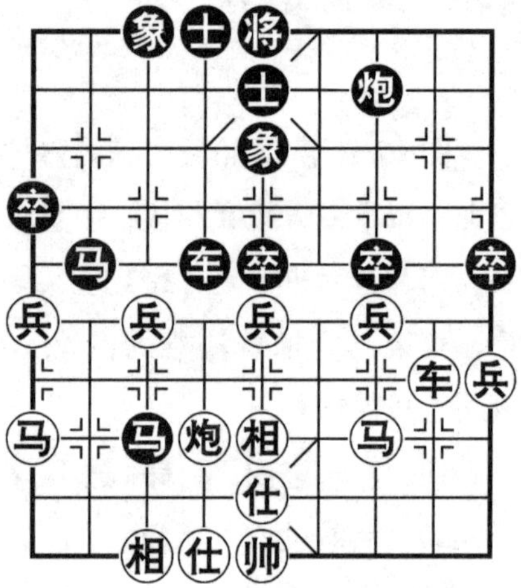

图 26

26. 兵七进一　　车4 平 3

弃兵精警可法，是上马的连续动作。

27. 兵五进一　　车3 平 5

28. 马五进七　　车5 平 3

29. 马九进七　　马1 进 3

红强行上马妙手连发，黑弃马破相以求一逞，如马2 进 3，则车二平七车3 平 2，炮六平九，黑马仍然难以逃脱困境；或者马1 退 2，则炮六平八马2 进 3（后马退 3，则后马进五），车二平七捉死黑马。

30. 炮六平七　　马2 进 3　　31. 车二平七　　马3 退 1

32. 炮七平九　　车3 退 1　　33. 车七退二　　卒7 进 1

34. 车七平九

至此生擒黑马，红胜（下略）。

27　小兵建功

图 27 是第 13 轮广东许银川与杭州李炳贤交手 22 回合形成的盘面，眼下红方炮镇中路，车扼卒林，争得了战局的主动权，但黑方双

炮一马三个大子封锁了兵线，红方的后援部队一时难以上前，要冲锋陷阵，过河兵成了最佳人选：

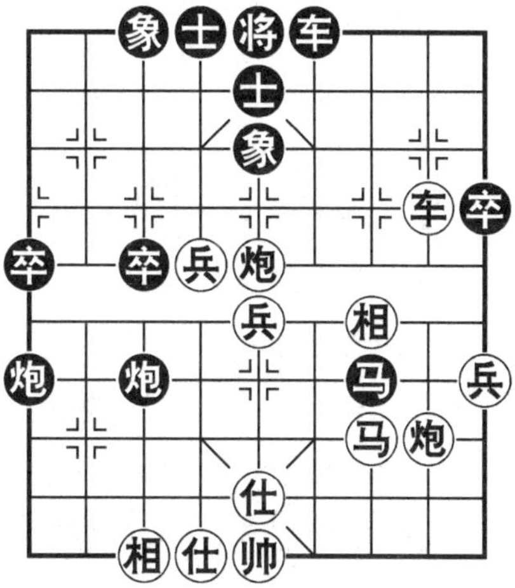

图 27

23. 兵六进一　　卒3 进 1

24. 兵六进一　　炮1 退 1

25. 炮二进二　　炮1 平 5

26. 炮二平五　　马7 退 5

27. 兵六进一　　马5 退 3

这一段红紧握战机，过河兵衔枚疾进，单刀直入，成了黑方的心腹大患。黑如车6 进 4，则车二进三车6 退 4，车二退二黑也难应。

28. 车二平六　　车6 进 6　　29. 炮五退三　　将5 平 6

退炮，引而不发，漂亮的一手！

30. 车六平一　　车6 平 7

平车发动侧攻，在运动战中调动敌人，黑如马3 进 5，则车一进三将6 进 1，马三进二红抢攻在先。

31. 车一平四　　将6 平 5　　32. 帅五平四　　马3 进 5

33. 车四进二

红以娴熟的基础杀法完成胜局，最后定格在“二鬼拍门”之势，在大赛中实不多见。

28　丝线栓牛

图 28 是第 13 轮京冀联队蒋川与湖北汪洋角力 19 回合形成的盘

面，眼下红方从边线切入，黑主不安于位，但黑方的密集防守也令红方颇费踌躇，此时黑马捉炮，且看红方如何应对？

20. 马九进八　　炮3 退 2

21. 前炮平八　　马7 进 6

红马跳入弹丸之地弈来胸有成竹，继而倒挂金钩栓住黑方车马，漂亮的一手！

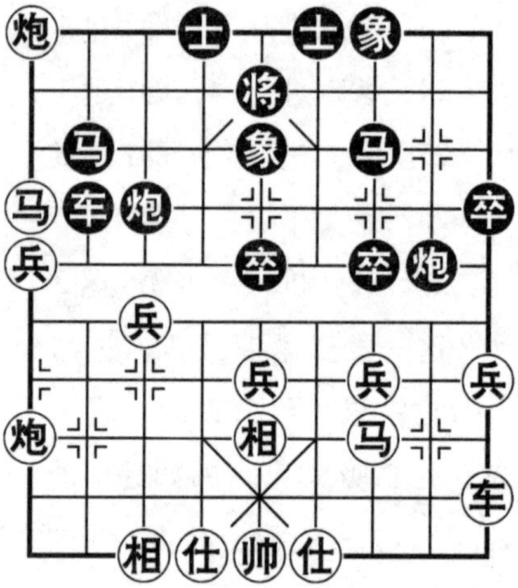

图 28

22. 车一平二　　炮8 退 3

23. 炮九退一　　马6 进 7

退炮精警之着，等待最佳的下兵时机。

24. 兵九进一　　车2 平 1

25. 炮八退二　　炮3 进 8

黑方忍痛交换意在摆脱困境，因红又有退炮打马捉双的棋，如误走车1 平 2，则车二进七炮3 平 8，炮九进七将5 退 1，马八退六抽车，红多子胜势。

26. 相五退七　　炮8 平 2　　27. 炮八退四　　卒7 进 1

28. 炮九平五　　炮2 进 4　　29. 兵七进一

黑见回天乏力遂投子认负。

29　借力打力

图 29 是第 13 轮杭州象协吴欣洋与厦门郑一泓战至 12 回合出现的盘面，这个局面似曾相识，红方不惜弃子强攻中路，让笔者不解的是，是红方不知道这个套路？还是有了新的发现有意为之？

12. …… 车1平5

13. 炮七平五 车5退2

黑方来者不拒欣然接受，继而退车花心，漂亮的一手！

14. 车二进五 炮4平5

红不能吃车，因黑炮8平5抽回一车，这种套路在初级的布局陷阱里都可以找到。

15. 相七进五 车8进1

16. 车八平六 车5平6

17. 车六进三 车6进7

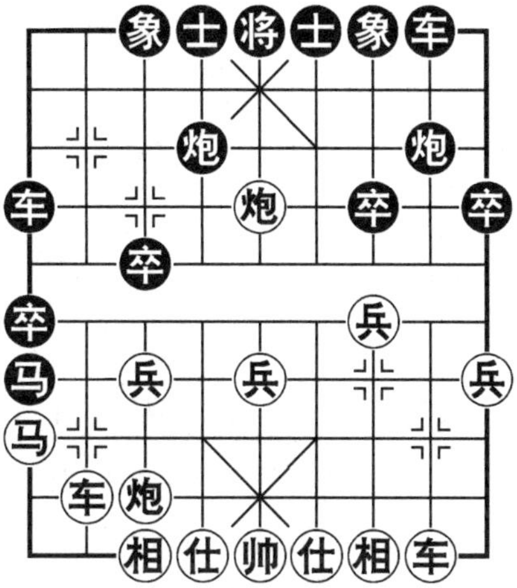

图 29

黑主动出击，是借力打力的好棋。

18. 炮五平七 炮5进5 19. 车二退三 车8平6

20. 车二进五 前车进1 21. 帅五进一 炮5平2

22. 帅五平六 士6进5 23. 车二进二 马1进3

24. 车二平三 后车退1 25. 车三平四 将5平6

26. 车六平九 炮2进1

“鹭岛剑客”的杀棋表演美轮美奂。

30 攻其一翼

图30是第14轮京冀联队陆伟韬与湖北队柳大华战罢23回合形成的盘面，眼下双方各攻一面，相比之下，红方集结的兵力更为集中，发动侧攻的时机已经到来：

24. 炮八进六 象5退3

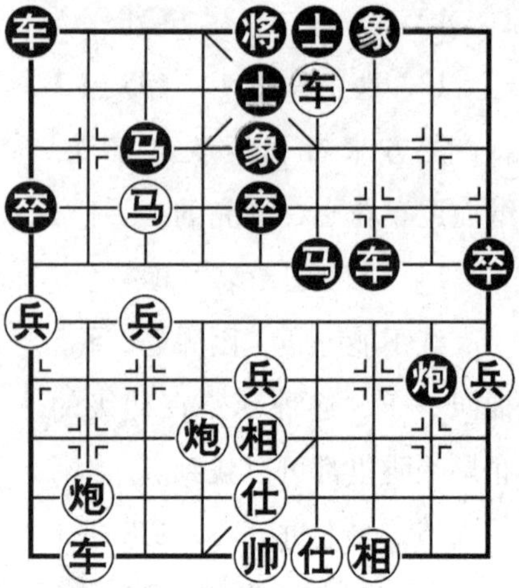

图 30

红方抢先发难，进炮瞄象是第一感觉。

25. 车八进五　　炮8退2

栓链黑方车马，控制局面的好棋。

26. 炮六平八　　象3进1

27. 兵九进一　　车1平4

黑如卒1进1，则车八平九，黑方全局受制

28. 前炮进二　　车4进3

红炮强行沉底作攻，势大力沉，漂亮的一手！黑如马3退2，则炮八进七车4进3，马七进九，红势不可阻挡。

29. 前炮平九　　将5平4　　30. 车八进四　　将4进1

31. 车八退一　　将4退1　　32. 车八平七

绝杀。干净利落。

31　攻王谋车

图31是第14轮河南曹岩磊与山东陈富杰激战27回合形成的盘面，眼下红方正驱动大军发动攻势，黑方巡河车正拦捉红马，且看红方如何应对：

27. 后炮平八　　车4进1

红置河沿马在车口而不顾，平炮闪击漂亮的一手！黑如马3进2，则兵七进一车4进1，兵七平八车4退3，马九退七，红优。

28. 马九进七　　炮9平3

29. 炮八进六　　车4退4

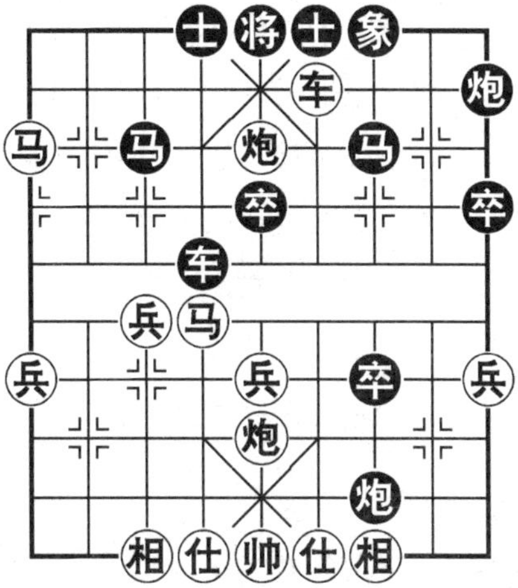

图 31

红先弃马再进炮，秩序井然妙着连珠，把基础杀法“平顶冠”引入高端赛事，弈来精彩动人！黑方万般无奈，只能舍车求生存。

30. 车四平六　　炮3进4

31. 炮五平四　　马7进6

32. 相七进五　　炮3进1

33. 仕六进五　　士4进5

34. 炮四平二　　卒7平6　　35. 车六退五　　马3进2

36. 车六进二　　马2进4　　37. 兵五进一　　炮7平6

38. 炮二平九　　马4进5　　39. 车六进三

有车对无车的结果可想而知，最后红车一剑封喉，赢得漂亮！

32　双管齐下

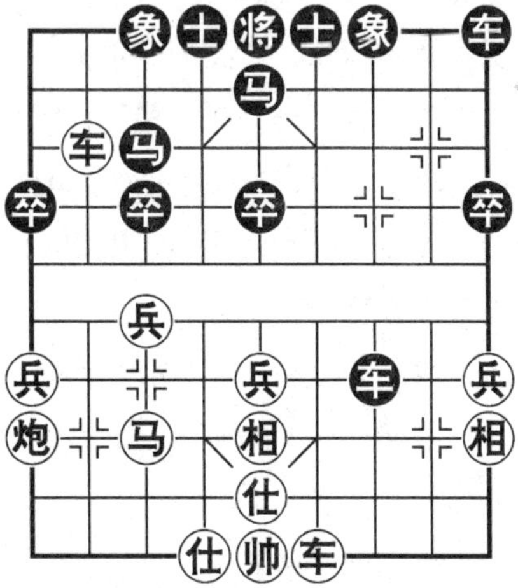

图 32

图 32 是第 15 轮杭州外援赖理兄与杭州象协吴欣洋交手 16 回合形成的盘面，眼下黑方窝心马的弱点已经暴露无遗，且看红方如何操刀？

17. 车四进八　　车7退2

红进车点“穴”，漂亮的

一手！黑如先走卒5进1，则炮九进四，黑方仍然难以摆脱困境。

18. 马七进八　　卒5进1　　19. 马八进九　　马3进5

黑不如走车7退2，还能纠缠。

20. 马九进八　　车9进2　　21. 车八平一　　象7进9

22. 马八退六　　前马退4　　23. 帅五平四　　车7退4

24. 炮九平六

红左右夹击妙着连珠，黑见失子失势已难回天，只能投子认负。

33　不动声色

图33是第15轮杭州象协吴魏与杭州王天一交手19回合形成的盘面，眼下双方大致均等，局面平淡无奇，现轮黑下：

19. ……　　炮3进5

黑进炮打马着法含蓄，表面看是不经意间的骚扰战术，实则意味深长，漂亮的一手！

20. 马三进四　　车5平6

21. 车八进四　　车4平6

当然不能炮九平四，因车6进1黑方得子。

22. 车一平四　　炮9平6

难得一见的联合捉子，精彩！

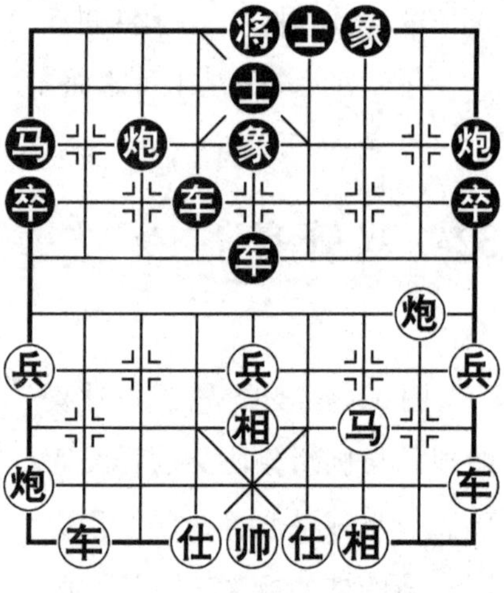

图33

23. 车八平七　　炮3平2　　24. 车七平八　　炮2平3

25. 炮二进三　　炮3退7　　26. 车八平五　　马1退3

27．炮九平八　马3进4　28．车五平九　卒1进1

29．车九平六　炮3平4　30．车六平八　前车进1

31．车四进三　炮6进3

红方一匹活生生的马被黑方生吞活剥，只能是万般无奈，纠缠至第38回合，黑胜。

34　铁骑纵横

图34是第15轮河南曹岩磊与湖北赵子雨大战29回合形成的盘面，眼下双方都是车双马对车双马，但红方过河兵威力巨大，上一手黑马3进4疲于奔命，红紧握战机策马作攻：

30．马七进六　象5退3

红扑马挂角着法凶狠，漂亮的一手！黑退象无奈，如士6进5，则马五进四车4退1，兵七进一，黑马将被捉死。

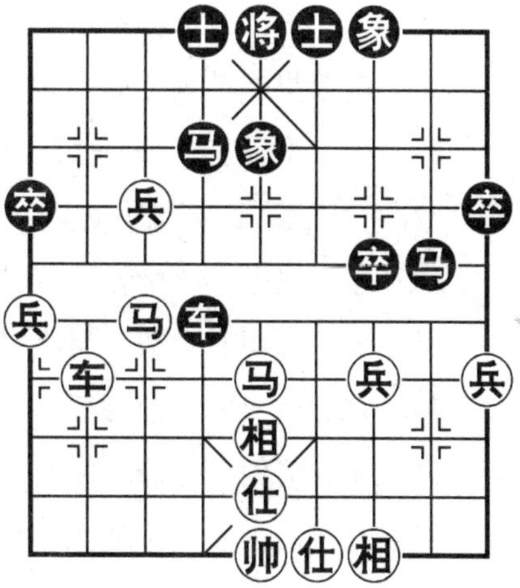

图34

31．马五进四　车4退1

32．马六进四　马4退6

33．后马进六　士4进5

34．马六进七　将5平4

35．车八进六　士5进6

36．马七退五

黑双马纵横，追风逐电，一鼓作气演成精妙胜局。

35　顺水推舟

图 35 是第 15 轮河南王兴业与湖北李智屏激战 24 回合时形成的盘面，眼下红车正捉住黑马，同时暗藏炮六退一打死车的凶着，且看黑方如何应对：

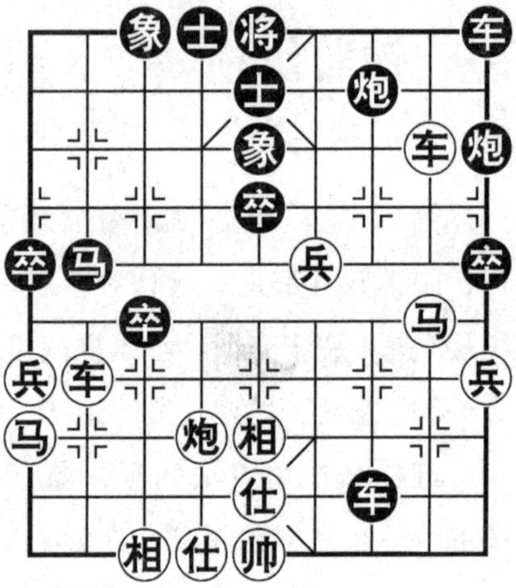

图 35

24. ……　　　　车7 平 8

明摆着马是不能要了，黑平车栓马故作无奈之状，其实是一步将计就计的好棋，漂亮的一手！

25. 车八进二　　炮9 进 4

边路进攻早在计划之中。

26. 车二平三　　车8 退 3

27. 车三进一　　炮9 进 3

28. 车三退七　　车9 平 8

黑虽少子，但有攻势，且有过河卒助战，足可一战。

29. 相五进七　　前车平 3　　30. 相七进五　　车8 进 9

31. 仕五退四　　车3 进 2

捉双，找回失子，不失为一种稳妥的选择，也可车3 平 6 黑攻势强烈。

32. 仕六进五　　车3 平 1　　33. 车三平一　　炮9 平 6

34. 仕五退四　　车1 平 4

缺士怕双车，红方士相残缺支离破碎，苦撑至第 48 回合仍难免一败。

35.	车一平五	车4 退 1	36.	车五平四	车4 平 1
37.	车八退五	卒9 进 1	38.	车八平七	卒9 进 1
39.	车七进六	车1 平 5	40.	车四进一	卒9 平 8
41.	兵四进一	卒5 进 1	42.	兵四平三	卒8 平 7
43.	兵三进一	卒5 进 1	44.	车七平四	车5 平 2
45.	相五退七	车2 平 3	46.	相七进五	卒5 进 1
47.	前车平六	卒7 平 6	48.	车四平一	卒5 进 1

黑胜。

第十五局　又见双弃兵

象甲联赛结束了第一段的主客场比赛后，全部 14 路人马于 7 月 18 日齐聚深圳坪山，开始了第二阶段赛会制的角逐。本次深圳赛会制从 7 月 18 日第 12 轮始，至 7 月 23 日第 17 轮止，一共 6 轮，占全部赛事的四分之一弱。此站比赛之后赛程将过三分之二，而且联赛之中所有队伍也全部碰过面，其重要性不言而喻。在本站比赛当中，争冠与保级两大集团的积分形势产生了微妙的变化，同时涌现出许多经典棋局，且待笔者一一道来。

第十二轮，杭州象棋协会队碰上了老大哥杭州环境集团队。为了方便，习惯上我们把杭州环境集团队称为杭州队，把杭州象棋协会队称为杭州象协队。这两支队伍都属中国棋院杭州分院旗下，杭州队拥有王天一，自然是要与天下英雄一争短长；而杭州象协队平均年龄才 17 岁多一点，目的就是要让他们多锻炼。开赛至今，杭州队从连平四场后队伍慢慢有了起色，目前以四胜六平一负排名第五，而且王天一状态大勇，九胜二平独占鳌头，气势正盛。杭州象协队实力有不小的差距，除了第六轮在主场赢了河南队一次，其他场次全败，而且至少是以2比6输给对手。当然，他们表现得英勇顽强，也颇有可圈可点之处，并不如成绩单上冷冰冰的数据所显示的那样不堪一击。

本场比赛，杭州象协队吉星海打头阵，不敌杭州赵金成；第二个出场的郭凤达凭借对手李炳贤超时而幸运获胜，两队暂时打平。杭州象协队派上了吴魏，而他的对手正是王天一。

杭州象协　吴魏　先负　杭州　王天一

五七炮进三兵对反宫马

2017年7月18日弈于深圳坪山

1．炮二平五	马2进3	2．马二进三	炮8平6
3．车一平二	马8进7	4．兵三进一	卒3进1
5．马八进九	象7进5	6．炮八平七	车1平2

双方轻车熟路，布下“五七炮进三兵对反宫马进3卒”的阵势。此阵一出，观战者均感到一丝兴奋，因为实在是很久没有见到反宫马的踪迹了。

反宫马，又名“夹炮屏风”，虽古已有之，但棋人大多认为不能抵御中炮方的进攻，备受冷落。20世纪60年代，一代天骄胡荣华另辟蹊径，通过精心研究、大胆实践，赋予了这个布局以新的生命，战绩辉煌。一时间，早已对“中炮对屏风马”有了审美疲劳的棋界人士趋之若鹜，纷纷效仿，并在原来的基础上屡屡创新，使得中炮对反宫马的出镜率一度颇高，几近于屏风马，成为后手对抗中炮的良好武器。但近十多年来，随着布局日新月异的发展，反宫马终因某些先天不足而被再次打入冷宫，“古调虽自爱，今人多不弹”，重大比赛里难觅芳踪。

王天一曾经在北京队效力，而队中主帅张强、悍将王跃飞等人均对反宫马情有独钟，在一些脍炙人口的布局变例中，有更为深刻独到的理解。所以，王天一的布局武器库里，反宫马也是一件利器，只不过“寻常看不见，偶尔露峥嵘”罢了。现在面对象甲联赛年龄最小的吴魏，信手拈来，要跟小将斗一斗大谱。

7．车九平八　　炮2进4

进炮封车势在必行，否则红方车八进四后先手扩大。

7．兵三进一　　卒7进1　　9．兵七进一　　卒3进1

吴魏勇猛，即令是面对等级分第一人仍然毫无惧色，连弃双兵挑起战火。这也是五七炮对反宫马中一路激烈搏杀的变化，诞生过许多经典名局。

10．车二进四　　炮2平3

红方弃兵后进车巡河，以黑方3路线为打击目标，是这一布局的精华所在。对此，黑方以往出现过三种选择。一、卒3平2，兵九进一炮6进4，车二平八车2进5，马九进八炮6平7，马八进七！红方大胆弃相抢攻，变化复杂，但总的看来红方更为主动。有兴趣的棋友可参考1993年全国个人赛最后一轮许银川战胜阎文清而夺得个人首冠的关键战役。二、卒7进1！（网络招法，新颖别致）车二平三马7进6，车三平七车9平7。黑方反弃双卒抢出左车牵制，虽稍处下风但使局面趋于平静。不过，此变因略显消极而不被专业棋手所采纳。出现频率最高的还是实战平炮攻相。

11．车八进九　　炮3进3

红方以往出现过车八平九避让一手，“后中先”的选择。但自从1999年“五羊杯”冠军赛许银川负于赵国荣后，在名人效应的影响下，现在几乎清一色的都走弃相兑车。

12．仕六进五　　马3退2　　13．炮五进四　　士6进5

14．炮五退一

官着。如急于吃掉过河卒走车二平七，则马2进3！红方不得不炮七进五炮3退7后黑方反先。

14. ……　　　　马2进3　　15. 炮七平六

平炮捉卒，是红方的攻法之一。另有车二平四的选择，简介如下：车二平四车9平6，相三进五卒3进1，马九进七炮3退3，车四平七马3进5，车七进五（如车七退一炮6进6，红方无趣）炮3退4，炮五进二士5进4，炮五平三马5退7，马三进四炮6平5！双方激烈对攻，变化繁复，红无把握。

15. ……　　　　炮3退2　　16. 相三进五　　卒3进1

17. 马九进七　　马7进6（图一）

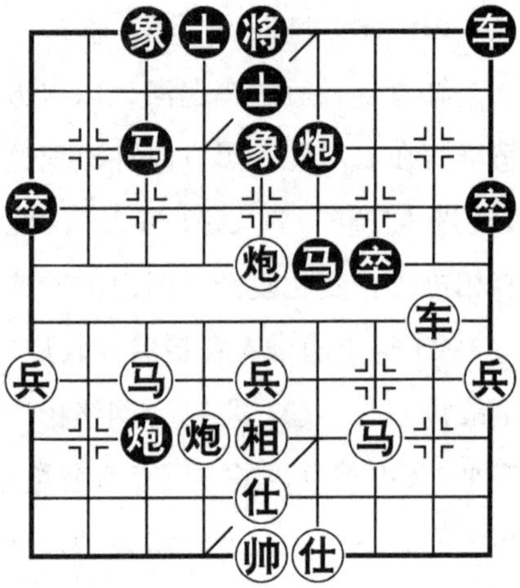

图一

如图一所示，黑方马7进6，旧瓶装新酒，颇为积极。以往都走车9平8邀兑，则车二平四炮6进2，马三进二车8进3，炮六进五，双方互缠。

18. 兵五进一　　车9平7

红方面对新阵，似乎准备不足，进中兵略显迟缓。可走车二进三捉炮试其应手，接下来有马三进二、炮六进六等进攻路线，比较积极。黑方平车于7路，准备卒7进1，是预定手段。

19. 车二进二　　卒7进1　　20. 车二平四　　炮6平7

21. 车四退一　　炮7进5　　22. 炮六平三　　炮3平7

23. 马七进九　　车7进3

扼守要道，攻守两利。由于前面几个回合红方走得缺乏效率，连续兑子后攻势荡然无存，缺相的弱点将逐渐暴露出来。至此，黑方子力位置明显好过红方，过河卒威力很大，已占优势。

24. 仕五退六　　车7平3

红方退仕，意图驱赶黑方的过河卒，不料王天一一招平车断马道，凶狠有力。下一手卒1进1，红马无路可逃，顿时陷入窘境。那么红方假如不退仕，而走车四平二，黑方势必将5平6（改走其他则红可马九进八），车二平四将6平5，车四平二……如此周而复始，循环不变，是否可以利用棋规谋和呢？答案是：红方犯规。因车二平四为“将军”，车四平二是“捉”，必须变着。或许有棋友会问：红方捉什么了？答：红方车四平二暗含车二进四车7退3，车二平三炮7退7，相五进三歼灭黑卒。过河卒乃是子力，红方通过完整的交换而使对方子力受损，属禁止着法。

25. 车四平二　　将5平6　　26. 车二进四　　将6进1

27. 车二退六　　卒7平6　　28. 车二平七　　车3进3

29. 马九退七　　炮7退1（图二）

如图二，双方子力对等，但位置却有天壤之别。以下黑方马炮卒珠联璧合，扫荡兵线而胜。

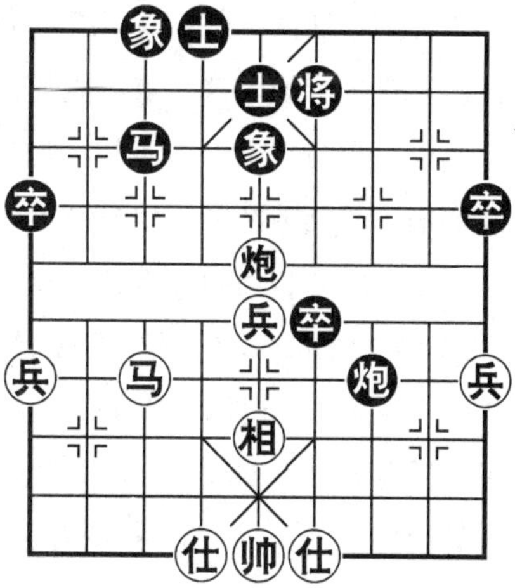

图二

30. 炮五平四　　卒6进1

31. 马七退八　　马3进5

32. 兵五进一　　马5进7

33. 马八进六　　炮7平1

为何红方放弃九路边兵呢？因如兵九进一马7进8，黑方胜势。

34. ㊤五进一　炮1平4　35. ㊤六进八　将6退1
36. ㊤八进六　炮4平9　37. ㊤五平四　将6平5
38. ㊤六进五　卒1进1　39. ㊤四平三　卒1进1
40. ㊤六进八　炮9退2

逼兑红炮而形成必胜残局。

41. ㊤四平一　卒9进1　42. ㊤八退七　卒1平2（黑胜）

众寡悬殊，红方放弃抵抗。王天一以高超的控盘能力兵不血刃再度为杭州队取得领先，结果杭州队6比2战胜小老弟。

第十六局　开足马力的洪智

深圳赛会制首场，也就是象甲第十二轮，此前狂飙突进的内蒙古队被老牌劲旅上海队拖了一分，领先优势由三分缩小为两分。第十三轮，他们迎战特级大师赵鑫鑫领衔的浙江青年军。

说到浙江队，他们有一个特点为其他队所不及：队员全部都是浙江本土棋手。说到这一点，貌似以前并不足为奇。前些年广东、湖北、江苏也都是清一色的本省籍。但广东队为了霸主地位不惜重金引进了郑惟桐；而江苏队今年也打破传统引进了悍将孟辰；湖北队的赵子雨、柳天也分别来自河南、陕西。要说呢，其实上海队应该也算全本土阵容，不过人们习惯还是把谢靖算作江苏人。这样一来，浙江队就显得格外引人注目了。他们还有另外一个特点：队员平均年龄年轻，结构合理，很有潜力。1988年出生的赵鑫鑫，不满三十岁，却已是队中年龄最大的精神领袖。另一位中坚力量黄竹风，才25岁，却是队中的"老将"。其他几位全是1998年以后出生的大师，青春无敌，令人羡慕。

主场作战的浙江队首局即派出了队内第一攻击手赵鑫鑫，他以多兵优势击败状态不佳的蔚强，先拔头筹。第二局，内蒙古队主将洪智登场，他的对手是小将徐崇峰。

徐崇峰大师出生于1998年，浙江永嘉人，是蒋川的小老乡。幼年即展现出过人的象棋天赋，并拜“东方电脑”柳大华为师，棋艺日进。2012年被浙江队主教练赵鑫鑫召入省集训队学习锻炼。2013、2014年连续夺得全国少年锦标赛冠军，开始征战象甲。2016年，徐崇峰在众多大师、特大和业余豪强参加的第七届“杨官璘杯”全国象棋公开赛上，过关斩将勇夺公开组冠军，是棋坛冉冉升起的一颗新星。

洪智在2017象甲的前半程威风八面，他此前12轮战绩为9胜3平，弈和的三位分别是许银川、孟辰和蒋川，都是当世顶尖高手。如果不是王天一以令人啧舌的10胜2平领先一个身位，洪智的成绩单也足以惊世骇俗了。如今，浙江队一上来就先声夺人，洪智随即挺枪拍马杀到阵前，志在必得。

内蒙古　洪智　先胜　浙江　徐崇峰

对兵局

2017年7月19日弈于深圳坪山

1．兵七进一　　卒7进1　　2．相三进五　　马2进3

双方以对兵局揭开战幕。第二手徐崇峰起右马，是想把战局导向自己擅长的领域。一般对付飞相局，徐都以进右马相对，红方进兵制马后，徐不同于多数棋手选择炮8平5，而是挺进7卒，形成稳健的屏风马。在此局面下徐崇峰有过多盘实战，自然有着比较深刻的理解。

3．马二进四　　车1进1

洪智的棋风灵活善变，常能根据不同的对手而制定相应的策略。此手拐角马，刻意把局面导入陌生的领域，可谓用心良苦。小徐大师抬起右横车，针锋相对。

4．炮八平七　　象3进5　　5．马八进九　　炮8平6

有些拘谨。黑方上一手似可车1平6以观红方动态，再作布置为好。此手平炮于士角，欲布成良好阵型，颇有些缓不济急之感。究其原因，徐大师在与洪智的交锋历史上，成绩较为尴尬，可能心理上有些阴影，放不开手脚。此时抓紧时间出动左翼方是正着，所以应果断马8进7。以下红如车九平八炮2退1，兵七进一象5进3，马九进七卒5进1，黑方富有弹性。又如红不动左车而兵三进一，黑卒7进1，车一平三马7进6，车三进四炮8平6，车九平八炮2平1，炮二平四车9进2，红方仍然先手，但黑方比实战却好很多。

6．车九平八　　炮2平1　　7．炮二进五！（图一）

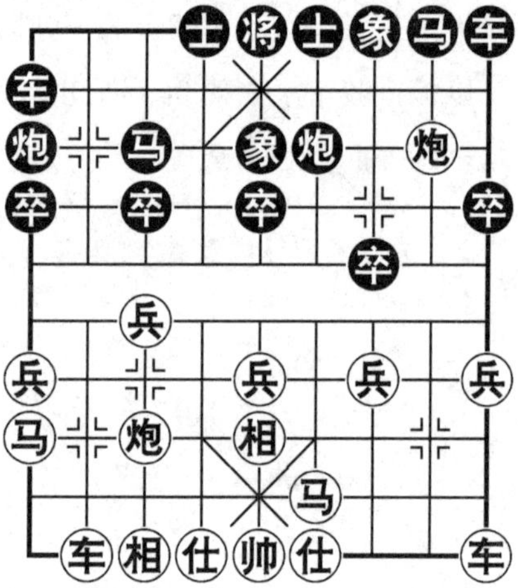

图一

如图一，红方进炮凌空虚点，类似局面下的常用手段。看到这一手，读者诸君是否会有似曾相识的感觉？没错，您可参考第11轮山东李成蹊先负广东郑惟桐的那一局，异曲同工，真是英雄所见略同。

7．……　　马3退5

8．车一平二　　马8进7

9．炮二平四　　炮1平6

10．车二进六　　车9平8？

小徐大师一着不慎落入下风，慌不择路又犯下错误。此时只能车9进2，忍辱负重。红如车二平四，黑马7进8，尚可周旋。现在习惯性地平车邀兑，导致兵种不全，从此陷入苦战。

11．车二平四　　炮6进6　　12．车四退五　　车8进5

伸车骑河，不如尽早跳出窝心马，走马5退3为宜。当前局面，虽然红方尚未形成攻势，但黑方窝心马阵型不佳却是一个隐患，若放任自流，终不免深陷泥潭。

13. 车八进六　车8平4　14. 炮七进四　卒1进1

红方先得实惠，黑为避免少卒太多而不得不挺起边卒。

15. 仕四进五　车1平3　16. 车四进七　车3进1

17. 马九退七

迂回运马，红势渐张。

17. ……　卒9进1　18. 车四退二　车4退2

红方退车老练。如马七进八车4退1，以下就有车4平6邀兑手段，黑有望透松局势。

19. 兵七进一　车4进5　20. 马七进八　象5进3

黑方利用顿挫，巧妙地消灭红方七路兵，却也煞费苦心。但红方胸怀全局，借力打力从而控制全盘。接下来红车压马后，黑子动转失灵，已呈败相。不得不承认，以上一段洪智下得脉络分明，体现出强大的中局力量。

21. 车四平三　象3退5　22. 马八退六

回马关车，潇洒自如。至此黑方窝心马不能动弹，双车乏力，如饮慢性毒药，昏昏沉沉，大势已去。

22. ……　车4平3

23. 炮七退二　前车平1

24. 车八退一　车1退2

25. 车八平四（图二）

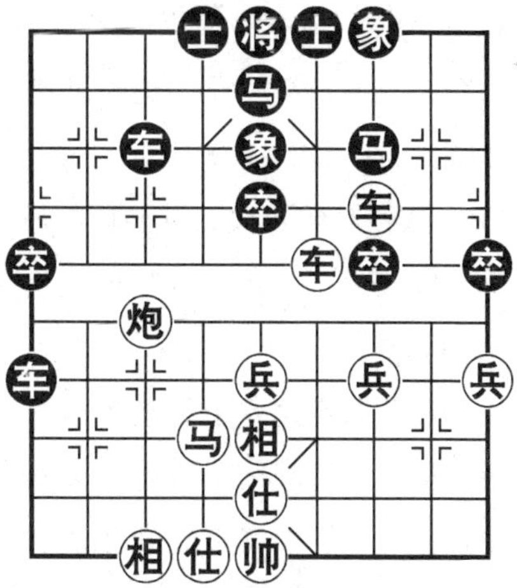

图二

如图二，红方主力均已进入攻击阵地，准备发起最后一击。

25. ……　　　　车1 平 4

不敢贪吃中兵。如车1 平 5，车四进三！象5 退 3，炮七平五！伏车三进一弃车砍马再帅五平四的绝杀，黑方难以应付。

26. 炮七平二　　象5 退 3　　27. 炮二进三！（红胜）

红方进炮打车，击中黑方要害，黑无法化解只得停钟认输。因如逃车，则车四进三；又如马7 退 8，则帅五平四叫杀，黑顷刻土崩瓦解。

仔细回味此局，洪智的攻击固然如钱塘江之大潮汹涌澎湃，但徐崇峰开局阶段犹豫不决委曲求全亦是主要败因。高手相争，差之毫厘则谬以千里，不可不察也。

第十七局　庚少的复仇

上届联赛季军四川队，在首循环发挥一般，十三轮过后净亏一场，积 12 分处于中游，暂无保级之忧，冲击季后赛名次也尚有一线希望。联赛第二循环第一轮，他们迎来了昨天的对手江苏海特股份队。本次联赛二十六轮，是采用的双循环制，也就是 14 支队伍每队要跟另外 13 个队各对弈两次。首循环的最后一轮，四川与江苏队打平，那么接下来仅仅过了一天，两队再度相遇，只不过主客场调换了一下，俗称“背靠背”。

江苏队也是象甲的老牌强队，多年以来一直坚持启用本土青年棋手，虽无辉煌战绩，但也遇强不弱，十分难缠。前年不幸降级后，去年打预选赛居然又没能升级，令棋界众人大跌眼镜。2017 年主帅徐天红亲自率队卷土重来，获得象甲资格后痛定思痛，引进了强力外援孟辰，誓要有所作为。他们前半程表现中规中矩，十三轮结束后积14分排名第五，冲击季后赛的希望很大。

两队在十三轮是以四盘和棋战成了平手。换先再战，四川队第一个出场的是队内最为稳健的李少庚，而江苏队则派上了“刀斧手”程鸣。

程鸣，1990年出生，江苏泰州兴化人，2010年“威凯杯”一级棋士赛冠军，晋升为象棋大师，是江苏队征战象甲的绝对主力。他的布局娴熟，能攻善守，常“先为不可胜以待敌之可胜”，一旦对手强行求胜而露出破绽，往往反为程鸣所败，人送外号“刀斧手”。因其曾经创下象甲联赛全年22连和的纪录，又有“新铁布衫”的美誉（以前的铁布衫是湖北李雪松大师），是2016年“高港杯”青年大师赛冠军、2017年全国个人赛季军、2017年第九届“淮阴·韩信杯”国际名人赛冠军。

李少庚与程鸣最近一次交手是在四川江油的“李白故里杯”全国象棋公开赛的半决赛上。当时程鸣执后手，中局突发冷箭以精彩的双马饮泉杀法取得胜利，闯进了决赛。此番再度交手，可谓是“仇人相见，分外眼红”。请欣赏实战过程。

四川　李少庚　先胜　江苏　程鸣

中炮七路马对屏风马

2017年7月20日弈于深圳坪山

1．炮二平五　　马8进7　　2．兵七进一　　卒7进1

抢挺七路兵是庚少的最爱，尤其擅长中炮巡河炮开局，曾杀退无数英雄好汉。

3．马八进七　　马2进3　　4．马二进三　　马7进8

外马封车是一种布局取向，似嫌过早而造成中路薄弱。程鸣自然知道李少庚极为擅长中炮巡河炮，不愿进入对方熟悉的领域而刻意求变，勇气可嘉。一般黑方在此都选择车9平8布下堂堂之阵，以下红如车一平二，则可选择炮2进4或象3进5；如炮八进二，则象7进5或者马7进8，均有谱可循。

5．马七进六　　象3进5　　6．炮八平六　　车9进1

红方跃马扬鞭直指中路，黑方补象也是势在必行。李少庚平炮仕角，效率颇高，可以顺利亮出左车参加战斗。

7．车九平八　　车1平2　　8．车八进六　　士4进5

9．马六进五　　马3进5　　10．炮五进四　　车2平4

11．仕四进五　　车9平6　　12．车八平七　　车6进2

13．兵七进一（图一）

如图一，由于黑方布局阶段有些随意，至此红方抓住机会连吃两卒，取得物质优势。此时驱兵渡河为车生根，准备伺机炮五退一或炮五平九，黑方需要小心应付。

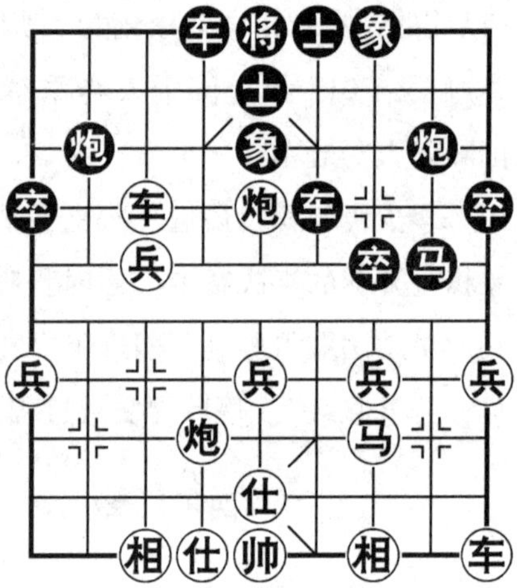

图一

13．……　　马8退7?

退马坏棋，造成少卒太多而一蹶不振。可改为马8进7，争取对红方有一定牵制为宜。以下红如相三进五炮8平6，车一平二卒7进1，红方仍持先手，但黑也不乏某些战术机会。例如红接走相五进三，黑炮2平3，相七进五炮3进2，消灭后患，黑局势有所缓解。

14．炮五平九　　车6平3　　15．兵七进一

机不可失，红方利用黑方的失误，顺手牵羊而获得巨大的物质

利益。

15. ……　　　　　马7进8

落后局面下，程鸣不甘苦守而策划反击。红方目前当务之急就是出动右车，黑再度外马封车后，红势必考虑联相后从肋道出车。如此，则黑方就有了某些反扑的机会。

16. 相三进五　　炮2进7　　17. 车一平四　　马8进7

沉底炮、跃马窥相，程大师破釜沉舟了。确实，因为红棋多兵，纠缠下去凶多吉少，不如放手一搏，或许会有一线生机呢?

18. 车四进四

看似平淡无奇，实际上是“假痴不癫”之计，诱敌深入，算度深远。

18. ……　　　　　马7进5

局势至此，黑方已无回旋余地，只好硬着头皮弃子以求一逞。如改走炮8进5，则车四平八！马7进5（炮8平5，帅五平四车4进4，车八退四车4平6，仕五进四炮5平7，炮六进一！红方优势），马三进四马5进7，帅五平四炮2平4，炮六平九，红方攻势炽烈。

19. 车四退二

关门捉贼。

19. ……　　　　　车4平3

20. 车四平五　　车3进3

21. 炮六平九　　车3进6

22. 车五平八（图二）

如图二，红方履险如夷，成功化解了黑方的攻势，以下即将展开反击。

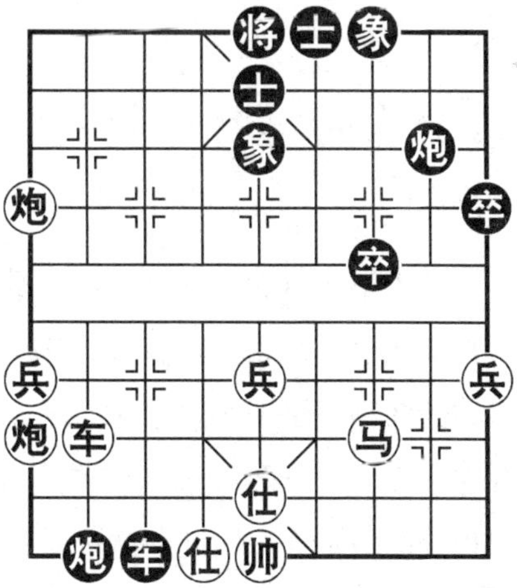

图二

22. ……　　　　　将5平4

出将加速了失败进程。不过，此时黑棋已经难有良策了。如改走炮2平1，红车八进七士5退4，前炮进三，红方也是胜势。

23. 车八进七　　象5退3　　24. 后炮平六　　卒7进1

如此紧要关头，尚有闲情逸致过卒耶？并非程大师不知红方沉底炮的厉害，实在是局势已非，假如炮8平1阻挡，红有马三进四，按下葫芦浮起瓢，防不胜防。

25. 炮九进三

一招边炮沉底威猛无俦，黑方顿时陷入绝境。

25. ……　　将4进1　　26. 车八退一　　将4进1

27. 车八退二　　炮8进2　　28. 兵五进一（红胜）

红方顿挫有力，把黑将请上三楼后再回车做杀，黑方苦于无法退将（红车八平六抽车），只得进炮施“美人计”。怎奈李少庚心明眼亮，轻轻冲起中兵，立成绝杀之势。黑方无力回天，含笑认负。

庚少为川军先下一城，居功至伟。本轮江苏队孟辰在非胜不可的情况下勉强求攻，本是和棋之势，却弈出超级漏勺而负于四川队赵攀伟，川军遂以6比2击退江苏。

第十八局　将计就计

象甲第十五轮，浙江队与京冀联队再度交手。此前双方在第十二轮首次相遇，结果四盘皆和，未分高低。接下来，京冀与湖北一胜一负，浙江则一平一负输给了领头羊内蒙古队。战罢十四轮，浙江队五胜六平三负，排名第五；京冀落后一分，排在第七位。由于三至八名间积分差距不大，因此各队都是全力以赴力争一张季后赛的门票。

浙江队首个出场的是象棋大师黄竹风，他与京冀联队陆伟韬稳稳地战平；第二个出场的徐崇峰后手勇胜金波，为浙江队先下一城。第三盘，两队的灵魂人物赵鑫鑫与蒋川不约而同齐齐登场亮相。

赵鑫鑫，1988 年出生，浙江台州人，象棋特级大师。2007 年全国个人赛冠军，2009 年世界象棋锦标赛冠军，2013 年第二届“碧桂园杯”全国象棋冠军赛冠军，现任浙江队主教练兼队员，是名副其实的少帅。他棋风凶悍，进攻犀利，常能在看似平稳的局面下捕捉战机，出手如电，以庖丁解牛般精准的刀法一举破敌，是令人胆寒的攻击手。近年来等级分长期高居前四位。

蒋川，1984 年出生，浙江永嘉人，象棋特级大师。2010 年全国个人赛冠军，2010、2011 年北京队两夺象甲联赛冠军的最大功臣，国内首位等级分突破 2700 大关的棋手。蒋川的棋艺风格灵活，稳中带凶，韧劲十足，曾经创下一局棋鏖战三百余回合的记录。同时，蒋川还热心推广象棋，2017 年 6 月 18 日在吉林辉南，创下了盲棋一对二十六的吉尼斯纪录。此前赵鑫鑫与蒋川多次交手互有胜负。

浙江　赵鑫鑫　先胜　京冀　蒋川

飞相局对过宫炮

2017 年 7 月 21 日弈于深圳坪山

1．相三进五　　炮8 平 4　　2．兵七进一　　马8 进 7

3．马二进一　　车9 平 8

飞相局素以稳健著称，但在高手手中却也是锐利的武器。当今等级分排名前五位的王天一、郑惟桐、许银川、赵鑫鑫、洪智等人均深谙此道，并各有心得。蒋川以过宫炮应对，显示出他强烈的求胜欲望——盖因全队积分落后，不得不然。赵鑫鑫挺七兵，跳边马，是十分稳健的变例，印象中仿佛是由一代天骄胡荣华所创。

4．车一平二　　车8 进 4　　5．炮二平三　　车8 平 4

6．马八进七　　象3进5　　7．车二进四　　马2进3

8．炮八退一　　车4进4　　9．炮八进三　　车4退4

双方隔河对峙，布下堂堂之阵。赵鑫鑫退炮作一试探，蒋川自然不肯让红双炮集结于三路，遂进车追逐，赵顺势升炮巡河。蒋的巡河车肩负挺兑3卒活通马路的重任，于是老成持重地重新返回原地。表面上红多走了一步炮，占了便宜，实际此炮在此位置对全盘并无太大影响。或曰：此时红方再退炮，黑进车，红方再进炮，双方不是可以就此不变作和吗？首先，象甲联赛有补充规定，在25回合之内如果形成双方循环不变作和的盘面，红方必须变着（鼓励进攻，减少消极和棋）；其次，寥寥数着即就此求和，高手所不为也。

10．兵一进一　　士4进5

11．仕四进五　　炮2退1

12．炮三进四　　卒3进1

双方深沟高垒小心翼翼，红方挥炮击卒主动出击，黑方挺兑3卒在所必行，平静的局面由此打破。

13．兵七进一　　车4平3

14．炮八平七　　车1平2

红方炮击7卒后，七路马失去保护，自然成为黑棋的打击对象。现在开出最后一个主力，局势可以满意。

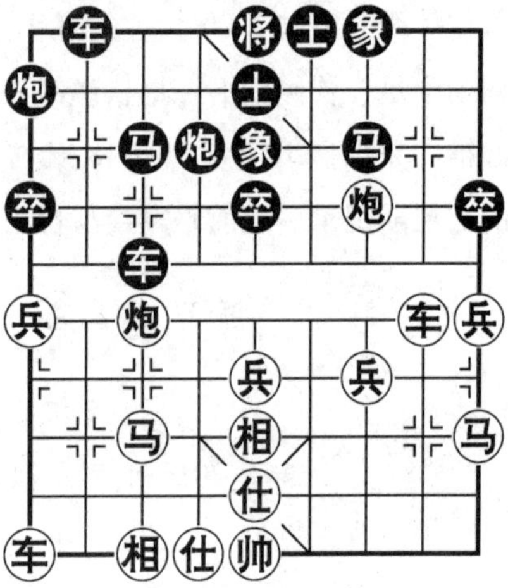

图一

15．兵九进一　　炮2平1（图一）

如图一所示，红左车不能直接车九平八，于是挺边兵准备车九进三；黑方平炮盯住，顺势亮出右车，无可厚非。但若仔细分析局势，黑炮2进2邀兑红方三路炮更为有力。以下红如车二平三，则炮2平

7，车三进二马3 进 4，黑有反先势头；又如炮三平八车2 进 3，黑方各子活跃前景乐观。

16. 炮七进三　　车3 退 2　　17. 车九平八　　车2 进 9

左翼压力颇大，赵鑫鑫机智地兑子，以求安定。

18. 马七退八　　炮1 平 3　　19. 车二平六　　车3 进 4

过宫炮的特点乃是双炮集结于一侧，待机攻相。红方挥车盯住黑士角炮，黑进车兵线勇猛，颇有反客为主之势。但细细分析，红方车马灵活，潜伏的能量不小，黑也不可掉以轻心。

20. 马八进九　　炮4 平 3　　21. 帅五平四　　车3 平 5

22. 马九进八　　卒5 进 1　　23. 车六进四　　车5 平 6

24. 帅四平五　　车6 平 3　　25. 相七进九　　前炮平 4

以上一段花团锦簇，双方均不防守，奋力对攻，煞是好看！黑方一套组合拳将红车困于弹丸之地，精彩。

26. 马一进二（图二）

如图二，红马奋蹄向前义无反顾，掀起对攻狂潮。

26. ……　　马7 进 5？

在如此紧要关头，蒋特大或许过于高估了局势而弈出软手，殊为可惜！黑方进马想捉死红车，显然难以实现。不如改走炮3 进 3，限制红马进击之路，同时摆脱牵制，局面依然难解难分，胜负难料。

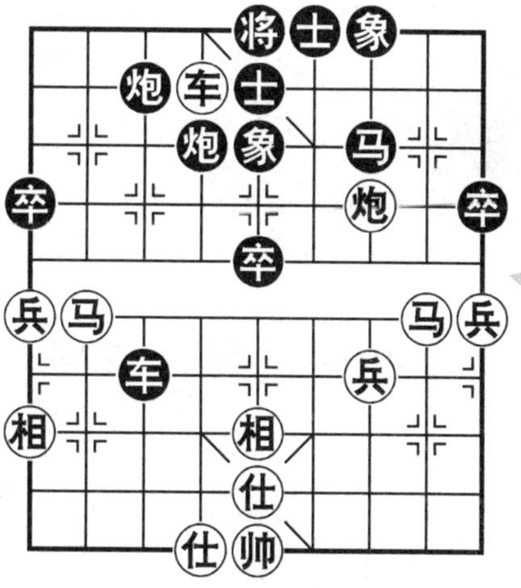

图二

26. 马二进四！

洞若观火，将计就计跃马，红方顿时掌握了主动权。

27. ……　　马5 进 7

无可奈何花落去！黑方此时惊觉谋车计划有误，但悔之晚矣。如象5进7捉车，红马四进三叫杀，士5进6，车六退一，黑方损失惨重，唯有扑马才能阻挡红马四进二奔槽的杀势。

28. 兵三进一　马7进9　29. 炮三平五　炮4平2

将黑马驱赶出主战场后，赵鑫鑫炮镇中宫，有如当头棒喝，以下攻势如轰雷掣电，黑势危殆矣！蒋川此招只能平炮相让，如车3退4硬保，红有马八进六的凶恶之着，以下马搏双象立成绝杀。

30. 相九进七！　炮3退1

高相隔断黑方子力联络，运用之妙，存乎一心。

31. 车六平八　车3平6

黑方无险可守，只得平车捉马。奈何赵鑫鑫已成三子归边之势，纵横捭阖，批亢捣虚，一鼓而胜。

32. 车八进一　将5平4　33. 马八进九　车6退2

33. 马九进八　将4进1　35. 车八平七（红胜）

红攻法犀利无匹，干净利落形成“拔簧马”杀势，至此红胜。浙江队最终6比2大胜京冀联队，上升至积分榜第四的位置；京冀队败阵后，名次继续下滑，降至第八位。

第十九局　脱离苦海

象甲十五轮过后，浙江队排名第四，进入季后赛的希望大增。第十六轮，他们客场迎战河南队。上个循环，浙江队主场不敌来访的河南，曹岩磊完成绝杀。此番再次相遇，且看鹿死谁手？

河南队主帅是正当而立之年的党斐大师，“东方电脑”柳大华的爱徒，继承了其师的盲棋绝艺，2015年在新加坡创下了一对二十五的盲棋吉尼斯纪录，后来此纪录虽然被蒋川打破，但也是了不起的英雄壮举。党大师第一个出场，恰好碰上小师弟徐崇峰，两人战至马炮残局，握手言和。浙江黄竹风第二个出场，以中炮进三兵猛攻河南队何文哲的屏风马，残局本已取得优势，不料久战之下一时眼花，忙中出错被何文哲巧兑成和。此战耗时良久惊心动魄，双方共弈 204 手，河南队幸运逃过一劫。

接下来第三局，豫军主力曹岩磊登台亮相，他的对手是浙江队 19 岁的王家瑞大师。

王家瑞，1998 年出生，浙江义乌人，自幼习弈，10 岁即参加全国大型公开赛。其父母为了支持儿子学棋，自己在义乌开办了一家“华瑞棋院”，并创办“义乌凌鹰华瑞杯”公开赛，坚持甚久，吸引了众多国家大师、业余豪强前来献艺，成为国内著名的公开赛之一。王家瑞于 2015 年全国团体赛随队夺得团体季军，按照相关规定获得大师资格。他的棋风勇猛顽强，对很多流行布局有着自己独到的研究，并且时常有“飞刀”出手，是一位正处于上升期的优秀青年棋手。本届象甲，家瑞作为替补队员轮换出场，有后手战平郑惟桐、孙勇征等特大的佳绩，前途无量。

曹岩磊是首次下这种相当于快棋的顶级比赛，刚开始不大适应，经过一段时间的调整，目前已渐入佳境。上次两队相遇，正是曹最后战胜小将孙昕昊而立下大功。本次深圳赛会制的比赛，曹岩磊四战两胜两平，尤其第十四轮以惊天动地的弃双马绝技杀退陈富杰而震惊赛场，可说是士气正盛。二虎相争，且看好一番厮杀。

河南　曹岩磊　先胜　浙江　王家瑞

仙人指路对卒底炮

2017 年 7 月 22 日弈于深圳坪山

1．㊋七进一　炮2 平 3　2．炮二平五　象7 进 5

3．马八进九　卒1 进 1

后手以卒底炮应仙人指路，是甚为流行的布局。第二回合补左象，近年来逐渐有蔓延之势，值得关注。

4．马二进三　　马2进1　　5．车九平八　　车1进1

6．车一平二　　车1平6　　7．炮五进四　　士6进5

双方战至第六回合，与两天前内蒙古洪智先胜王家瑞的那局完全相同。小王大师敢于故技重施，当然是总结了其中得失，有备而来。第七回合，曹岩磊炮击中卒提前求变，也有避开对手赛前准备之意。洪王对局，此时洪智走的是车二进五。

8．炮五退二　　车6进3　　9．相七进五　　马1进2

10．仕六进五　　马8进6　　11．车八平六　　车9平8

12．车二进六　　炮8平7　　13．车二平一

以上双方排兵布阵，各怀心思。黑方此布局以放弃中卒为代价换取出子速度，至此各子灵活已可满意。而红方连取双卒先得实惠，为持久战打下物质基础，亦有所得。此时平车杀卒避兑，理当如此，保留对黑方左翼的威慑力。

13．……　　　　马2进3（图一）

如图一，黑方进马，勇猛有余，含蓄不足。此马位置甚佳，不宜轻动，莫若改走炮3平4为佳。平炮一来可以防止红车六进八的侵袭，二来还可伺机马6进5，与河口马产生配合，全盘立显生动。

13．炮八进七　　马3退5

15．兵五进一　　车6平2

此车是平是进？值得研究。

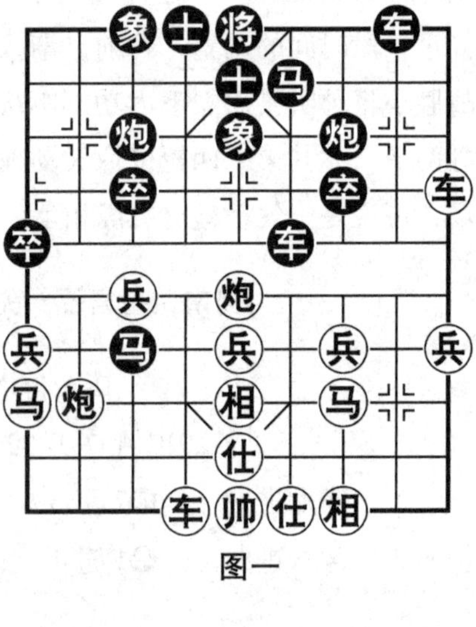

图一

若车6 进 2 立即针对红方滞后的双马，更为硬朗。

16. 炮八平九　　炮7 进 4

远炮轻发，兵家大忌。黑棋的担子炮是优良的防守阵型，不宜随便拆散，可大胆走车8 进 6 发起反击。红如车一进三？黑马6 退 8！下一步有炮7 退 2 驱车，右车又可随时驱逐红方沉底炮，正是左右逢源，何惧之有？而黑车一旦能够杀通兵线攻击红马，恐怕红棋倒是要好一阵头痛了。

17. 车六进三　　炮7 平 8　　18. 兵五进一！　　车2 平 5

19. 马三进四　　炮8 进 3　　20. 车一进二！

红方立即抓住黑炮出击的弊病予以攻击，一招狠过一招。第 18 回合的弃送中兵，是超凡脱俗的大手笔。若是锱铢必较之辈，定然难以割舍，那么也就没有红马的雄踞河头八面威风了。子与势之间如何取舍，真是一个艰深的课题，这里曹大师为我们作出了漂亮的示范。

20. ……　　炮8 退 8

红车捉马刁钻无比，黑方长考之后回炮阻隔，唯一的防御。如车5 平 6，马四进六，黑阵即刻出现裂缝；又如马6 进 8？红马四进三车5 退 1，车一平五！弃车砍士石破天惊。以下将5 进 1，帅五平六！红方弃车妙手入局。

20. 马九退七　　车5 平 2　　22. 马七进八　　车2 退 4

红方迂回运马加入战团，黑应该车5 进 1 捉马以观动向。当黑方平车之后，红即可马四进六捉炮踩象。黑方并不能车2 退 4 捉炮解围，因红马六进七车2 平 1，车六平二得子。实战马七进八稍缓，给了黑棋喘息之机。

23. 炮九退三　　车2 进 3　　24. 炮九进三　　车2 退 3

25. 炮九退三　　车2 进 3　　26. 炮九进三　　车2 退 3

27. 炮九退三　　炮3 退 1　　28. 车六平二　　车8 平 6

以上黑方频频捉炮是为了缓解时间压力，然后退炮策应左翼。红方一步缓手导致优势减弱，现在平车攻炮，看黑棋如何应对？王家瑞举重若轻，机灵一个躲车，准备先弃后取，终于度过难关。

29. 车一平二　　马6进5　　30. 炮九平五　　炮3平8

31. 马四进三　　炮8平7（图二）

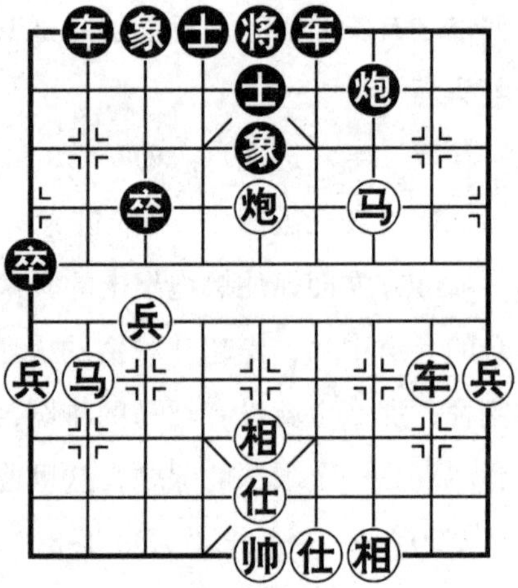

图二

如图二局面，黑方炮8平7随手，由此陷入困境。冷静分析不难发现，红一车换双后，子力配置要强过黑方，何况还有边兵可以助战？因此黑棋应果断车6进3谋和。以下红马三进一炮8平6，车八进六炮6退1，这样与实战相比，黑车处于外线作战，攻守两利，伺机回敬一个一车换双，求和不难。现在习惯性躲炮造成黑车困于内线，红棋全面压上，黑方苦不堪言了。

32. 马三进一　　炮7平6　　33. 兵七进一　　卒3进1

34. 马八进七　　车2进1　　35. 兵一进一

边兵缓缓启动，成为决定战局的重要力量。

35. ……　　车2平3　　36. 马七退五　　车3进2

37. 车二进三　　车6平9　　38. 马一进三　　车9平7

39. 马三退一　　车7平9　　40. 马一进三　　车9平7

41. 马三退一　　车7平9　　42. 马一进三　　车9平7

43. 马三退一　　车7进2　　44. 马一退二　　炮6退1

以上黑方长捉红马属于犯规，只好变着。

45. ㊐二平四　　❸7 平 8　　46. ㊋一进一

小兵及时赶到完成包围，黑方两翼不能呼应，已露败相。

46. ……　　❸3 平 2　　47. ㊎五进三　　❸8 退 1

48. ㊎二进一　　❸8 平 9　　49. ㊋一进一　　❸2 进 6

红方双马如龙盘旋而上，黑车困守边陲，英雄无用武之地，一筹莫展。

50. ㊏五退六　　❸2 退 5　　51. ㊎三进四　　❹6 进 1

如❸9 平 6，㊎一退三，黑车也被歼灭。

52. ㊎四退二　　❸9 平 8　　53. ㊎一退三　　❸8 进 2

黑方进行了顽强抵抗，终因首尾不能相顾而玉碎宫倾。

54. ㊋一平二　　❹6 平 7　　55. ㊏四进五（红胜）

曹岩磊取得领先，河南队看到了胜利的曙光。最后一个出场的刘明以顽强的防守顶住了赵鑫鑫的进攻，河南队主客场两胜劲旅浙江，积分达到 15 分，不仅远离了降级区，甚至燃起了冲击季后赛的希望之火。

第二十局　错进错出

象甲深圳赛会制的最后一轮，也就是第十七轮比赛，黑龙江队碰上了江苏队。近几轮两队都是流年不利，赛会制一共 6 轮，黑龙江、江苏前 5 轮都是 1 胜 1 平 3 负，成绩惨淡。江苏队好歹还有点老本，不过前六名的席位已是摇摇欲坠；黑龙江队则形势更为危急，他们已经深陷降级区，急需抢分来鼓舞士气。

两队前面三盘均战平，最后压轴出场的是黑龙江金松对江苏徐超。

金松，1972 年出生，辽宁沈阳人，象棋大师，是最早接触网络象棋的专业棋手之一。无论是当年联众世界的"风中玫瑰"，还是后来"弈天棋缘"的"雷神"，都是金大师挑战天下群雄的金字招牌。近年来金松又成了讲棋达人，拥有众多铁杆粉丝，在网络主播里面人气极高。

徐超，1981年出生，苏州人士，象棋大师（当然，现在要称呼徐特大了）。2009年全国大棋圣战冠军，2016年全国团体赛冠军队主力，2017年全国个人赛冠军。徐超的棋风攻守兼备，防守时如铜墙铁壁无懈可击，进攻时则雷霆万钧气势磅礴，蛰伏多年厚积薄发，终于一飞冲天。

黑龙江　金松　先负　江苏　徐超

仙人指路对卒底炮

2017年7月23日弈于深圳坪山

1．兵七进一　炮2平3　2．炮二平五　象3进5

3．马八进九　车9进1

仙人指路转中炮是金松大师素来喜爱的先手开局。第三回合红方跳边马，稳健的选择。除此另有马二进三、仕六进五、炮五进四、相七进九、马八进七等等下法，琳琅满目，各成体系。

4．炮五进四　士4进5　5．马二进三　马2进4

6．炮五退一　车9平6　7．兵三进一　卒7进1

红方炮轰中卒，既得实利，又可阻止黑车过宫，是近年兴起的变例。黑马蹬炮时红方炮退一步，是为了限制将来黑马的进路。黑方平车守肋，准备追逐红炮，于是红挺三兵预防。此时黑方卒7进1是灵巧的手段，既可快速活通大车，也畅通了马路，一举两得。

8．兵三进一　车6平7　9．相七进五　车7进3

10．兵五进一　马8进7　11．车一进一　炮8进2

黑方如愿以偿抢到河口阵地，红方也顺势出动右车准备过宫助战。黑升炮逼兑中炮是既定战术，红如炮五平二，则马7进8，下一手即可马8进7威逼中兵，黑势生动。有鉴于此，红方置之不理径直横车过宫捉马。

12. 车一平六　　马4进5　　13. 车九平八　　炮8平5

14. 兵五进一　　车7平5　　15. 炮八进七（图一）

如图一，红方舍弃中兵，沉底炮先声夺人，拉开激战帷幕。

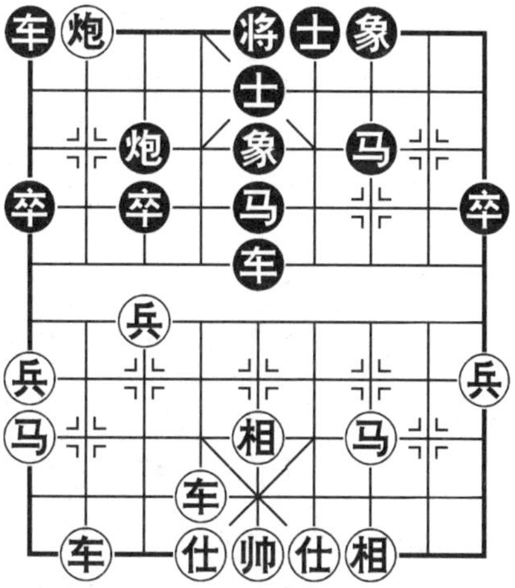

图一

15. ……　　炮3平4

黑方平炮先预防红车六进七的凶着，很有必要。

16. 仕六进五

补仕，预防黑马5进7窥槽。这一回合，双方都走得比较谨慎小心。

16. ……　　马5进7

此马是进是退，两难选择。如马5退3，炮八退二炮4退2（炮4平2，车八进七，平淡易和），车八进三马7进5，局势平稳。权衡之下，徐超拍马上前，保持复杂局面。

17. 相五进三　　卒1进1　　18. 车六进五　　车5退1

19. 车六退一　　卒1进1　　20. 兵九进一　　车1进5

黑方进行积极的防御，边卒缓慢爬行而打通右车出路，寻求反击。

21. 马九进七　　车1进1　　22. 相三进五

弃子挑起战端，颇具胆识。

22. ……　　卒3进1

精细之举，预先堵塞红肋车平移的通道，准备接受弃子迎接挑战。

23. 兵七进一　　车1 平 3

红方兵七进一贯彻弃子初衷，固然勇猛，但对底线攻势似乎过于乐观。不如暂时隐忍走马七退六，黑如卒3 进 1，则马六进五，借势而进，徐图进取为宜。黑方接受弃子也是不得不然，一场激战在所难免。

24. 炮八平九　　将5 平 4　　25. 车八进九　　将4 进 1

26. 车八退一　　将4 退 1　　27. 车八进一　　将4 进 1

28. 马三进四　　车5 平 1　　29. 炮九平四

再弃一子，宁为玉碎不为瓦全，金松大师的英雄气概跃然枰上。

29. ……　　马7 退 6　　30. 车八退一　　将4 退 1

31. 车八平五　　炮4 进 1

金松连弃两子气势如虹，黑方藩篱尽毁，需要小心应对。此时进炮正确，如车1 退 1，则车五平四马6 进 4，马二进三，黑棋难应。

32. 车五平四　　马6 进 4　　33. 马四进三　　马7 进 5

危如累卵的局面下，徐超冷静异常。此手进马，攻守兼备，是化解敌势的关键之举。俗手易走车3 平 5，正凑红方精妙手段，以下兵七进一锐利无比！车1 平 3，车六平九车3 平 2，车九进三双车胁马，势不可挡，黑方败局。

34. 马三进五　　将4 平 5　　35. 马五进三　　将5 平 4

36. 兵七平八

暴风骤雨般一轮攻击过后，红方急切不能入局，而黑方子力在防守过程中也蕴含反扑，使得红方不得不放慢进攻的脚步。平兵正确，红四路车不能擅离要道，因黑有挂角马的威慑。至此，红方如火如荼的攻势告一段落，黑方多子优势逐渐显现。

36. ……　　马4 进 5　　37. 车四进一　　将4 进 1

38. 兵八平九　　车1 平 3

红方平兵，意欲车六平八做杀，不料黑车1平3后并不能实现原计划。如车六平八？则前车进3，相五退七车3进6，仕五退六前马进4，帅五进一车3退1，帅五进一马5进4，帅五平四车3平6连杀。

39. 马三退二　　前车平2　　40. 车六退五　　车2退4？

时间紧迫，局势复杂，黑方在此犯下严重错误，险些功败垂成。此时局面，红方攻势已成强弩之末，黑方只需化解其最后的反扑即可凭借多两大子的优势解决战斗。同样退车防范，应车3退1，留出炮4进3的通道，则胜利可期矣。

41. 马二退四（图二）

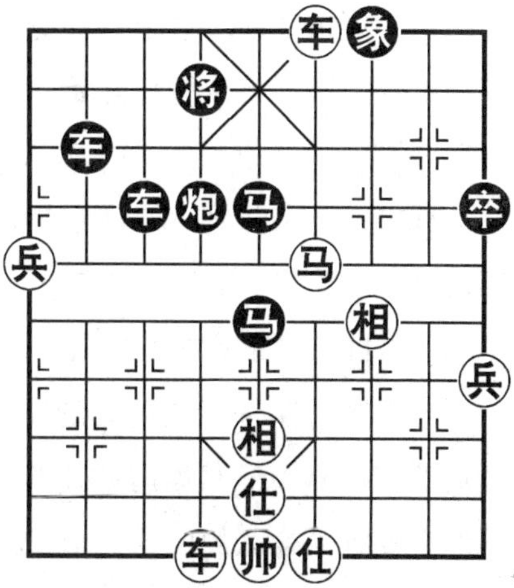

图二

如图二，红方退马错失良机！应走马二进四象7进5，马四退五！红方翻盘。以下黑如车3平2，则兵九平八！前车平1，车六平七，黑方无法防守。

41. ……　　　　　后马进4？

无独有偶，在此生死攸关的时刻，黑也忙中出错。黑方应走炮4退1，前途一片光明。

42. 马四进六？

天予不取，必受其咎。黑方意外地送上大礼，金大师出于惯性思维随手吃炮，失去了最后的机会。应走马四退六炮4进6，马六进七将4平5（车2平3，车四平七），车四退五！红方追回一子，胜势。

42. ……　　　　　车3平4　　43. 车四退一　　将4退1

44. 车四进一　　将4进1　　45. 车四退一　　将4退1

46. 车四进一　　将4进1　　47. 车四退一　　将4退1

48. 车四退四　　马4进2（黑胜）

一锤定音，红方无法续弈，只能吞下失败的苦果。本局双方中局都全力争胜，大打出手，虽然最后阶段因为时间太紧而错进错出，仍不失为一盘精彩的对局。

第二十一局　铁炮神驹

象甲首循环十三轮过后，随着内蒙古队势头放缓连续与上海、浙江战平，广东队迎头赶上，连克江苏、杭州两支强队，将积分差距缩小到1分之微。第二循环开始，内蒙古再战浙江，广东则与杭州继续“扳手腕”。

近来，广东队坚持让许银川、郑惟桐拿先手主攻，许国义、张学潮后手严密防守，此战术屡有斩获，因此成为固定模式。第十四轮，主场作战的郑惟桐率先出场。

与广东队拥有双核不同的是，杭州队虽然拥有强力中锋王天一，场场破门得分，但其后防线不稳也是有目共睹，几乎每场都要失球。能够打到排名第三的位置，全凭王天一超强的个人能力。队中越南外援赖理兄喜攻好杀，能够得分也能够失分，发挥并不稳定；“功夫熊猫”赵金成虽然身手不凡，但出于全队战略考虑多拿后手，即使如此依然净赚三盘，是王天一的得力助手。该队第四人由李炳贤与张彬轮流上场，但两人状态不佳，几乎一胜难求，成为杭州最大的心病。本轮，他们安排赵金成后手出战，希望他能顶住广东双核之一的进攻。

赵金成，1991年出生，大连人，著名教练周晓朴的得意弟子。他毕业于天津南开大学，身高体壮，平时笑容可掬，因步履蹒跚而被封“功夫熊猫”之谑称。赵金成2013年个人赛大放异彩，因后手战胜许银川而天下扬名，以一级棋士的身份险些夺走冠军，创造直接晋升特级大师的神话。惜乎后劲不足，接连败于王天一、孟辰，但也打进前六名，成为国手。赵的棋风刚柔相济，布局不落俗套，能攻善守，是一位颇具实力的强大师，快棋尤其出色。

广东　郑惟桐　先胜　杭州　赵金成

对兵局

2017 年 7 月 20 日弈于深圳坪山

1．兵七进一　卒7 进 1　2．炮二平三　炮2 平 3

赵金成是一位棋坛怪侠，布局不拘一格自成体系。他的先手棋几乎不走中炮，总是以起马局转仕角炮、过宫炮之类起手，较量柔功；后手对付中炮局却又常以金刚怒目的顺炮、列炮应对，且深有研究。第二回合，赵依样画葫芦以冷僻着法相应，此前极为罕见。盖因郑惟桐熟读兵书，对各类流行变化拆解甚深且时有飞刀，故赵金成刻意求变。

3．相七进五　象7 进 5　4．马二进一　马2 进 1

5．车一平二　车1 平 2　6．马八进六　车9 进 1

前面几个回合，出现了亦步亦趋的对称型模仿棋，弈来新奇有趣。第六回合，黑方终于放弃了模仿，提左横车针对红方拐角马。假如继续跟着红方的步调，又会如何发展呢？给人留下许多遐想。一般认为：后手方总会吃亏一些，但也未必尽然。

7．车二进四　车9 平 4　8．车九进一　车2 进 4

从黑方行棋的速度来看，赵金成对此是有一定准备的，因此郑惟桐面色格外凝重，步步为营。

9．仕六进五　马8 进 6　10．兵一进一　车2 平 4

11．炮八平六　后车平 2　12．车二平四　马6 进 4

双方的阵型都显得怪异，不过，黑方双车畅通，拐角马也抢先穿宫而出，后手布局已经成功。

13. 马一进二　　卒3进1

此时黑方的选择多种多样。挺兑3路卒希望把马跳到象肩好位，是很自然的一手。亦可车4进2，下一步马4进5，也很不错。

14. 炮六平七　　炮3进1　　15. 炮七退二　　卒3进1

红方阵地略显呆滞，郑惟桐平炮牵制再退回底线，机警异常。由此，左翼车马逐渐走活，显示出过硬的中盘实力。

16. 炮七平六　　卒3平4（图一）

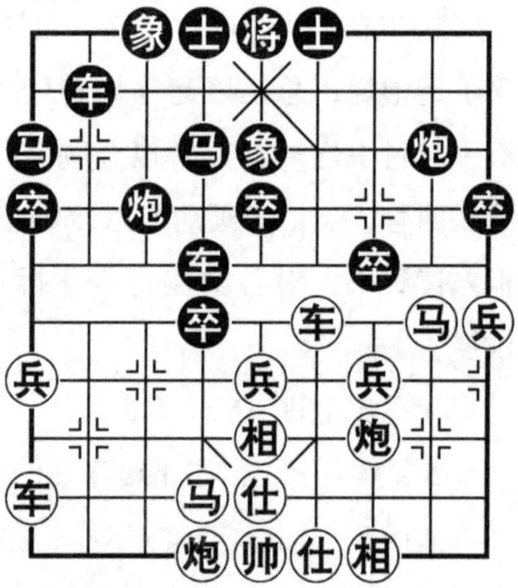

图一

如图一，献卒是预定方针，因顾忌红方车四进三捉炮打马的威胁而忍痛割爱。不料红方借机跃马加以利用，困顿的左翼顿显生机勃勃。其实黑方可以强硬地走卒7进1，红车四平三，黑再车4平3硬保过河卒，红方就没有了进车捉炮的手段（因黑有车3平8）。若如此，则红方左翼不能趁机疏通，黑棋足可一战。

17. 马六进八　　卒4平5　　18. 兵五进一　　马4进3

以上黑棋终于把马跳到了预定位置，但红棋也顺势盘活了左翼，两相比较，还是红方占了便宜。接下来红方巧手扬仕打车：

19. 仕五进六　　卒7进1　　20. 车四平三　　车4平7

21. 车三进一　　象5进7　　22. 仕六退五　　车2进5

黑方弃卒解围才免除死车之厄，现挥车长驱直入，局面仍然是两分之势。

23. 车九平六　　车2平7　　24. 炮三平一　　士6进5

25. 车六进四　　象3进5

若炮8进2，红有兵五进一。

26. 马二进四　　车7平6　　27. 马四进六　　炮8进2

28. 兵五进一　　马3进2

以上红方出手如电，但赵金成兵来将挡水来土掩，应付裕如。现在红方过河兵被栓死，郑惟桐只得改弦更张，邀兑黑车，在马炮残局里再争短长。

29. 车六退二　　车6平4　　30. 马八进六　　卒5进1？

大意失荆州。从开局到中局，黑方下得十分出色，令两届全国冠军郑惟桐也没占到半点便宜。至此黑棋已是充分可战之局，但紧要关头却放松了警惕，导致下风。黑冲卒吃兵是想顺势保住9路边卒，多一中卒大有可为，忽略了2路马的位置存在隐患。此时应走炮8平5灭中兵，足可一战。

31. 炮一进一

洞察入微！郑惟桐的局面嗅觉异常灵敏。

31. ……　　马2进1　　32. 炮六平八　　前马退3

33. 炮八进七　　炮8退3

驱逐黑马后，郑惟桐两手运炮立即形成攻势。现在赵金成退炮防守放弃中卒，慌不择路。若将5平6，红炮一退一马3退4，炮一平四炮8退3，也处被动，但比实战要顽强。

34. 后马进五　　炮3平2　　35. 炮一平七　　将5平6

仅仅因为在是用炮还是用卒吃兵的问题上犯一小错，顷刻间红方炮鸣马嘶，全线压上，方寸棋盘竟似乎成为了红棋一家之天下，让人始料未及。现在红方火力全开虎视眈眈，黑棋子力分散，局势江河日下。

36. 炮七进五（图二）

如图二，郑惟桐进炮抢位，刁钻泼辣，走得漂亮。黑方苦于不敢兑炮，只得离开防守要道，败局已定。

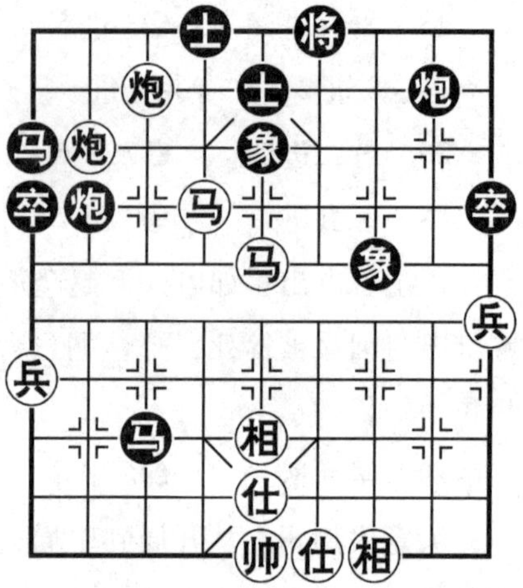

图二

36. ……　　　　　　炮8 进 6

时间甚紧，赵金成见红棋有马六退七捉双的手段，于是进炮保马。但即使改为炮8 进 3，也难抵挡红方炽烈的攻势。

37. 炮七平九　　　马3 退 4

38. 马六进七　　　炮2 进 1

进炮准备红马七退九后炮2 平 1 先弃后取，实属无可奈何，不料红中马一跃竟成绝杀之势。郑惟桐的连环杀招端的是无孔不入，委实难以招架。

39. 马五进三（红胜）

一步跳马，伏马三进二将6 进 1，马七退五士5 进 4，炮八进一的绝杀，黑方竟然无险可守，至此红胜。之后王天一扳回一局，两队平分秋色。

综述四

象甲第十八轮到第二十三轮

2017年7月29日

象甲联赛第十八轮，结束了坪山赛会制扣人心弦的六轮大战，各队或带着胜利的喜悦，或带着失意的烦恼回到了主场。稍事休整，从7月29日起，象甲战火重燃。

厦门队在坪山狠狠地捞了一笔，他们在那儿取得了四场胜利，尤其是第十七轮把内蒙古队拉下马来，保级形势一片大好。不过平心而论，厦门队两胜杭州象协队实在是正常不过的事情，占了赛程的便宜。别看他们目前暂时离开了降级区，其实也就比黑龙江队高出三分，要想高枕无忧那还为时过早。第十八轮，厦门坐镇主场迎接杭州队的挑战，这才是一场真正的考验。

杭州队在抵达坪山的时候排名尚处第五位，离开的时候已经牢牢占据了第三名的位置，且与第四名上海队的分差有三分。头号杀手王天一在坪山如鱼得水，六战全胜，队伍正处于上升期。上一个循环两队交手，各胜两局，厦门队全身而退。本轮交锋又将如何呢？

郑一泓的开门红似乎预示着主队将会有一个理想的结果。在最近的几轮比赛里，凡是郑一泓赢棋，厦门队最后也能获得胜利。这盘棋，杭州队的越南外援赖理兄表现不佳，仅仅二十多个回合就被郑特大马踏中营攻陷城池。不过，别忘了杭州队还有恨天无柄、恨地无环的超级战士王天一。王天一接着出场，以诡异飘忽的运子功夫取得优势，之后完美控盘，丝丝入扣地擒住钟少鸿，两队各胜一盘，王天一也夺取了象甲的十连胜，追平了2007年许银川创下的象甲连胜纪录。第三盘，杭州队张彬以稳健的招法逼平了厦门陈泓盛；而最后一盘棋杭州赵金成突发冷箭，打了才溢一个措手不及，杭州先输后赢，逆转获胜。这样，厦门队在自己的主场至今无一胜绩。

命悬一线的湖北队本轮客场挑战排名垫底的杭州象协队，也惊出一身冷汗。本轮杭州象协的吴欣洋参加全国青年赛，该队教练、特级大师陈寒峰披挂上场，与湖北老帅柳大华战平，而郭凤达战胜赵子雨，直接把湖北队推到了悬崖边上。危急时刻，汪洋拔剑而起，后手顺炮激烈对攻挫败了吉星海，为湖北队扳平比分。老牌大师、曾获全国第三名的李智屏乘胜追击放倒吴魏，楚军才惊险过关。

下午进行的另外两场比赛都以 4 比 4 握手言和，共同进退。黑龙江与山东队同属保级队伍，想赢，却又怕稍不注意输给对手，因此大家都小心翼翼，力保不失，一片和风也就在情理之中了。上海与江苏也是大同小异，两队同处季后赛队列，不愿斗个你死我活。唯一出彩的是赵玮与程鸣之战，双方互不相让，战至士象全毁，精疲力尽方才罢手，可算是一个小小的插曲。

晚上进行的三场比赛比较刺激，十二盘棋竟然有八盘分出了胜负。内蒙古队主场一扫近几轮的沉沉暮气，5 比 3 力克状态甚好的河南队。为主队先拔头筹的依旧是主帅洪智，他以漂亮的闪击战术仅仅二十余回合就高奏凯歌。第二个出场的蔚强碰上了客队最为凶悍的曹岩磊，两人大打出手，展开激烈对攻，端的是险象环生。最终，蔚强用力过猛，反被曹岩磊多兵胜出。这也是蔚强今年联赛输掉的第五盘棋，最近七轮输了四盘，状态堪忧。曹岩磊则恰好相反，在经历了赛季初的低迷后，澳门棋王正在找回感觉，近五轮赢了四盘，是河南队摆脱降级区的最大功臣。内蒙古队郝继超连忙出场，在与刘明的中盘格斗中妙手得子，才重新取得领先。最后压轴上场的赵国荣在大优情况下略有松懈，与党斐战平。

四川队在主场先赢后输，与厦门队遭遇了同样的命运。前面两局，赵攀伟战平陆伟韬，李少庚后手以惊天地泣鬼神的精妙手段连弃双卒力克京城大帅张强，川军形势大好。不料京冀联队的“大杀器”蒋川武艺高强，轻舒猿臂，擒住蜀将杨辉；小帅哥赵殿宇再接再厉，酣斗

120 回合以双马战胜武俊强的双炮，京冀联队后来居上，带走两分。有此一胜，他们与第五名浙江队、第六名江苏队仅一分之隔，进入季后赛的希望大增。

带头大哥广东队主场与来访的浙江队各胜一局打平，两队的领军人物许银川、赵鑫鑫分别为队伍立功。浙江青年军两度打平象甲巨无霸，前途未可限量。

十八轮过后，积分榜排名如下：广东 29 分，内蒙古 28 分，杭州 25 分，上海 21 分，浙江 20 分，江苏 20 分，京冀 19 分，四川 17 分，河南 16 分，厦门 15 分，山东 14 分，黑龙江 13 分，湖北 12 分，杭州象协 3 分。一望便知：从倒数第二的湖北队到排名第八的四川队，每队相差仅一分之微，个个深陷泥潭，要为保级拼命了。

2017 年 8 月 5 日

象甲联赛第十九轮，本轮最为惊心动魄的一场大战，无疑是杭州主场与内蒙古的较量。首循环杭州远征大草原，铩羽而归，时隔两个月，塞外铁骑又呼啸而至，他们能否全身而退？

在排兵布阵上，内蒙古队主帅洪智颇花了一番心思。来自呼和浩特的小将宿少峰随队出征，替换下了最近连吃败仗的蔚强，意在让其好好休整，调节心态。而此前很少拿黑棋的洪智，这一次也选择了后手，希望能够遏制住王天一的强猛势头。不过，主队第一个出场的却是赵金成。两人不期而遇，二话不说就扭杀起来。赵金成仰仗先行之利，斩获一象，洪智却不管不顾，马炮卒气势汹汹杀入阵中，枰上狼烟四起。以赵金成的身手，已是无可置疑的强大师，却也被杀得一身冷汗，奋力周旋良久才力保城池不失，可见洪智之悍勇。两人化干戈为玉帛后，郝继超上场，巧布迷魂阵，刚刚进入中局就妙计得子，本赛季双杀赖理兄。内蒙古队占得先机。

王天一随即亮相，他的对手是老冠军赵国荣。本赛季波澜壮阔、可歌可泣的一战就此诞生。王天一以飞相开局，赵国荣士角炮稳健应对。为了争胜，王天一走得十分刚猛，不料赵国荣老辣异常，妙手扑马入槽，开局阶段就逼迫王一车换双，从而大占优势。王天一并不气馁，忍辱负重耐心与之周旋。东北虎中盘一招平车欲掩护小卒强渡，却误中暗算，不得不回敬一个以车换双。此后双方并没有收兵罢战的意思，继续缠斗。至残局阶段，红方多兵，黑多双象，局势扑朔迷离。赵特大此时杀得性起，哪肯收手，弃车准备以马卒绝杀，谁知计算有误，迟了一步，被红棋抢先成杀。此局一波三折，两位新老全国冠军血性十足，上演了一场经典的攻防大战。王天一完成了象甲联赛十一连胜的空前纪录，令人赞叹。最后登场的宿少峰与张彬不敢造次，稳妥地弈和，两队打平。

广东队本轮做客北京，运气实在太好。第一盘张学潮后手对阵金波，残局已成败势。不想金波走棋按钟之后把张学潮的炮碰出了棋盘外面！根据象甲联赛相关规程，因张学潮此时钟面时间只剩下几十秒，金波被直接判负。

天上掉馅饼的事情居然发生了，这让广东队士气大振。第二个出场的许国义一心求和，谁知陆伟韬的心态出了问题，勉强进攻中了埋伏，京冀又折一阵。危急关头，蒋川出来救火。这盘棋蒋川下得实在精彩，中局连续弃兵、弃马，霸气十足，勇胜此前一直保持不败的郑惟桐。小郑此局败北，进一步拉开了与王天一的距离，想要争夺射手王的荣誉可就难上加难了。凭借此胜，蒋川使得京冀联队一息尚存。不过，广东队最后出战的是他们的定海神针许银川，在只需和棋即可获胜的情况下，许的表现从来就没有让队友失望过。他稳扎稳打，二十多回合就战平赵殿宇，广东遂有惊无险地全取两分，继续独占鳌头。

湖北队主场迎战黑龙江，是一场事关保级大势的生死战。结果，在汪洋先声夺人为主队取得领先后，楚军最后关头晚节不保，李智屏后手不敌崔革，两队各得一分，继续徘徊在降级区里。

另外一支保级队厦门在客场2比6不敌江苏，使得该队此前在深圳赛会制赚得的一点本钱又快赔光。不过，他们的场分、总局分、胜场这三项指标都高于黑龙江队，只要注意不被后者反超，就能继续留在象甲。

同样极度危险的还有山东队。不过，本轮他们主场与上海握手言和，得到了宝贵的一分，暂时排名在厦门队之前。两队前三盘全部成和，客队赵玮突然亮剑，倒是让山东队谢岿吃惊不小。好在谢大师历练多年亦非泛泛之辈，一身防守功夫可谓刀枪不入，赵玮最终也只能无功而返。

浙江队本轮在主场大胜杭州象协，本是情理之中，毋庸多叙。倒是找到感觉的河南队没有受上一轮负于内蒙古的影响，主场以一局小胜四川，成功地将后者挤到了第九的位置。为河南队立功的是宁夏棋王刘明，不过同样需要在功劳簿上记下一笔的还有何文哲。他在最后一盘顶住了川队李少庚的疯狂进攻，苦斗146个回合，终于保住了胜果。这也是河南队主场第一次获胜，也让前来捧场的棋迷们好好地扬眉吐气了一回。

本轮过后，积分榜排名如下：广东31分，内蒙古29分，杭州26分，浙江22分，江苏22分，上海22分，京冀19分，河南18分，四川17分，山东15分，厦门15分，黑龙江14分，湖北13分，杭州象协3分。

2017年8月12日

象甲联赛第二十轮，联赛渐近尾声，榜首双雄的地位几乎不可撼动，而排名三至六名的队伍也稳步前行，最为惨烈的当属保级大战。

排名倒数第二的湖北队形势最为严峻。他们本轮一度看到了一丝曙光，但最终却还是被无情地击垮，沉入无边的黑暗之中，渐行渐远。

客战上海，老帅柳大华第一个冲锋陷阵。上海队的万春林特大给柳帅制造了很大的麻烦，但老而弥坚的柳在苦战了 154 个回合之后终于成功顶住，两人平局收场。第二个出场的湖北李智屏在与谢靖的较量中，中局取得了很大的优势，妙手吃掉谢的双象，还有两个小兵渡河，胜利似乎唾手可得。不料在大好形势下李大师突然犯晕，软手连连，生生将一盘好棋拱手送了出去，应胜反败。逃过一劫的上海队再没给湖北队机会，孙勇征、赵玮接连与汪洋、赵子雨打平，上海队主场获胜的同时也将湖北打入深渊，楚军保级希望渺茫。

黑龙江队在主场迎战浙江队，三军用命，咬紧牙关以 5 比 3 胜出，保级的压力稍稍缓解。这一场黑龙江策略对头，虽然小将何伟宁不敌赵鑫鑫，但崔革、金松拿红棋连下两城，战胜王家瑞、徐崇峰，积分追平了厦门、山东两队，使得保级形势更为混沌不清。

厦门队主场迎战山东队，难兄难弟之间互有顾忌，只好虚晃一枪，四盘闷平。前路艰辛，就看谁能坚持到最后了。

内蒙古队主场凶神恶煞，7 比 1 大胜四川队。洪智首个出场即以凌厉的攻势击败了赵攀伟，蔚强锦上添花战胜孙浩宇，郝继超再胜李少庚，三盘棋就干净利落地解决了战斗。最后一局，川队武俊强为荣誉而战，恶斗赵国荣，两人纠缠至三百多手方才力竭收兵，四川队惨遭三连败，渐有滑向降级区之势。

广东队在主场颇费手脚才扳倒了近来龙精虎猛的河南队。本来郑惟桐一上来就给了王兴业一记重拳，但何文哲犀利的弃子攻杀显示了他们不畏强敌的英雄气概，许国义猝不及防被其暗器所伤。接下来随着张学潮战平党斐，重担又落在了许银川的肩头，而许的对手恰好是状态大勇的曹岩磊。不过，关键时刻许银川还是展示了他的深厚功底，双马一卒配合默契，走出了像排局一样的经典杀招，曹岩磊两次败于许特大之手，输得心悦诚服。

本轮杭州队主场战江苏队，王天一没能续写他的连胜传奇。两队四盘皆平，和气收场。终止王天一脚步的是江苏强力外援孟辰，这位黑皮肤的小伙子被网友们冠以“孟神通”的雅号，的确有几分神通，后手力战王天一、洪智、郑惟桐三大顶尖高手，仅小负一局（本来也可成和），难能可贵。

副班长杭州象协队在主场差点让来访的京冀联队空手而回。如果不是小帅哥赵殿宇最后的绝杀，杭州象协的成绩单上可就又要添上一分了。好在赵殿宇阻止了这种情况发生，他布局利用吴欣洋的失误强渡七兵占得优势，马炮残棋丝丝入扣，扫尽对方士象而胜。拿到这两分之后，京冀联队与排名第六的浙江队仅有一分之差，晋级季后赛的希望大增。

本轮过后，积分榜排名如下：广东 33 分，内蒙古 31 分，杭州 27 分，上海 24 分，江苏 23 分，浙江 22 分，京冀 21 分，河南 18 分，四川 17 分，山东 16 分，厦门 16 分，黑龙江 16 分，湖北 13 分，杭州象协 3 分。不难看出，象甲十四队已经呈现两极分化的态势，自河南队以下计有七支队伍都有降级的危险。

2017 年 8 月 20 日

象甲联赛第二十一轮，联赛接近尾声，各队渐露疲态。本轮排在积分榜前七位的队伍无一获胜，28 盘棋有 21 盘弈和，可称一场闷战。

黑龙江队在京冀联队的主场取得一场至关重要的胜利。陆伟韬第一个出场，败给了崔革的反宫马；接下来京冀联队无法扭转局面，金波、蒋川、赵殿宇先后与金松、刘俊达、聂铁文弈和，黑龙江队口袋里揣上了沉甸甸的两分。最近四轮他们两胜两平保持不败，捞分势头颇猛。而京冀联队此仗一败，与浙江队又拉开一分，他们要想进入季后赛，后面已不容有任何闪失了。

河南队越战越勇，本轮主场大胜杭州象协队，进一步拉开了与保级诸队的距离，这也是他们主场获得的第二场胜利。刘明首开记录斩落吴魏，曹岩磊后手以迅猛的攻势速胜郭凤达，豫军已经确保不败。然后何文哲、党斐稳妥地战平吴欣洋、吉星海，将两分收入囊中，同时也报了客场负于杭州象协的一箭之仇。

浙江队主场与上海队下了四盘短平快的和棋，每盘棋都没超过30回合，你好我好哥俩好，大家共进一步，牢牢把持着季后赛的两张门票。

榜首双雄不约而同地在客场放慢了前进的脚步。广东队与四川队、内蒙古与江苏队都是四盘和棋。值得一提的是，客场作战的洪智也曾尝试在徐超身上突破，不过徐超的后手卒底炮局应对得滴水不漏，令洪智无功而返。后来，洪对这一开局重新审视，找到了新的攻击方向，并在季后赛立下奇功。

山东队坐镇主场迎来了杭州队。主队大将李翰林布局阶段构思新颖，抓住杭州李炳贤过河马的弱点加以攻击，使得李炳贤注意力全部集中在如何解救弱马上。好不容易处理了黑马受攻的问题，左翼诸子拥塞的毛病又暴露出来，李翰林长车驰骋发起猛烈攻势，以炮碾丹砂的杀法尽毁李炳贤的护卫，车马炮捷足先登。王天一马上还以颜色，中局纠缠当中破象渡兵击败李成蹊，扳回一局。此后两队队员小心翼翼，连和两盘，山东队也获得了宝贵的一分。

挣扎在降级边沿的湖北队主场迎战保级对手厦门，若不能取胜，则几乎绝望。因此，全队上下都对此战志在必得。不幸的是：首个出场的赵子雨就挨了张军长一记闷棍，遗憾告负。本局，张申宏后手布局走得颇具针对性，令赵子雨擅长的五六炮无从发力。中盘战斗，张大师充分发挥他的野战本色，刚柔并济，得势后，炮镇中宫马扑卧槽，一举破城。湖北队员顿时面色凝重，赛场气氛十分压抑。接着老帅柳大华后手出战，来迎厦门陈泓盛，双方争斗一番打平。湖北汪洋出马，以精彩的马炮残棋挑落钟少鸿，顽强将比分追平。厦门队才溢中炮两头蛇弈和李智屏的三步虎，湖北主场与厦门4比4握手言和。他们与山东、厦门两队相差3分，与四川、黑龙江相差4分，联赛仅剩下5轮，湖北队还要先后与杭州、江苏、山东、内蒙古、浙江碰面，强敌环视，要想成功保级，谈何容易？

本轮赛罢，积分榜排名如下：广东34分、内蒙古32分、杭州28分、上海25分、江苏24分、浙江23分、京冀21分、河南20分、四川18分、黑龙江18分、山东17分、厦门17分、湖北14分、杭州象协3分。

2017年9月10日

象甲联赛第二十二轮，本轮的焦点之战是内蒙古队主场迎战广东队。

进入九月中旬，南方大多数城市尚未摆脱秋老虎的肆虐，蒙古大草原上却已有了阵阵凉意。正如内蒙古队在潮湿闷热的深圳坪山水土不服那样，远道而来的广东队在这金风肃杀的塞外，也偶感风寒，开赛以来的不败金身被打破，榜首位置也一下子变得摇摇欲坠了。

内蒙古队郝继超头一个出战，他的对手是张学潮。去年的总决赛，首发出场的正是这两位，那盘棋张学潮中局巧打死车，为广东队夺冠立下大功。如今可谓是“仇人相见，分外眼红”。郝继超以飞相局拐角马布阵，张学潮应以堂堂正正的屏风马，中盘格斗，红棋渐渐占据主动，并获得多兵优势。张学潮不甘苦守，车马炮大举反扑。此时就见郝继超的两匹马有如徜徉在花丛中的蝴蝶一般，忽高忽低翩翩起舞，冷不防一个回马金枪踩双，当即擒获一门大炮，张学潮败下阵来。

许银川见状，当即拍马挺枪杀到阵前。正好内蒙古主帅洪智出战，两人在本届联赛再度相逢，也算有缘。飞相局大战士角炮，功力悉敌，洪智顶住了许特大的攻势。本赛季内蒙古两次遭遇广东队，洪智深知南粤雄师兵强马壮，两次执后手出战，力保本队不失，算得上是知己知彼，韬略过人。

小将蔚强经过两轮休整，本场再次披挂上阵。面对广东队第一攻击手郑惟桐，蔚强走得不卑不亢，中局一个漂亮的先弃后取，简化了局势，两人不分轩轾。此时广东队能否挽回败局，就看许国义能不能攻下赵国荣了。小许虽然拼劲十足软磨硬泡，奈何赵国荣经验老到，深沟高垒如封似闭，斗至车马兵对车马单缺象，顽强守和。内蒙古队5比3挫败广东队，两队场分持平，广东队以3个局分的优势仍然排在榜首。

连败三场的四川队上一轮打平了广东，及时止住了下滑的势头，本轮他们客场挑战杭州象协队，5比3胜出，真是久旱逢甘霖，吃了一颗定心丸。

保级大军从这一轮开始好像都采取了同样的策略，不求有功但求无过，力争暂不掉队。黑龙江队主场与河南队客客气气打和，厦门队与浙江队也是互不侵犯，江苏队主场也没给山东队出什么难题，全部都以四盘和棋结束战斗。

有点想法的京冀联队客场战上海，他们倒是下得积极主动，希望拼赢这一场，争取一下季后赛的资格。不过，上海队可不想陪他们玩命，目前他们排名第四，哪里愿意多生事端？京冀联队众将士作了一番努力，但沪军并不是省油的灯，两队最后也是互交白卷。

这一轮受伤最深的还得数湖北队。他们客场远征，去挑战强大的杭州队，结果再度失利。也许是宿命，首循环在大庆交手，同样是5

比 3 的这个比分，同样是这三个人获胜，杭州队直到那一场才迎来他们的联赛首胜。时过境迁，四个月之后杭州队如法炮制，却足以将湖北队推入降级的深渊。

杭州赵金成第一个出手，中局灵活运子截获柳帅一匹骏马，此后持多子优势徐徐推进，柳特大寡不敌众败下阵去。汪洋接着出场，以富有新意的士角炮开局令赖理兄迷失方向，经过一番缠斗，多双兵的马炮残棋失去悬念。怎奈王天一太过剽悍，左冲右突之间摧毁了柳天的城防工事，杭州又一次领先。李智屏坐到了桌前，他必须战胜张彬才可保证本队全身而退，因此下得十分积极，不惜一车换双谋取多兵。可是张彬的防守十分坚实，加上霸王车联手，逼兑了李大师剩下的一支车，这棋想赢可就难度太大了。俗话说“一车十子寒”，没有了车的支援，再多的兵也是形同虚设。张彬车马炮卒反客为主，反而在红方的右翼大闹天宫，最终两人大战 90 回合罢兵，张大师为杭州队确保胜利。本轮战败，湖北保级只剩下理论上的可能性了。

二十二轮战罢，积分榜排名如下：广东 34 分，内蒙古 34 分，杭州 30 分，上海 26 分，江苏 25 分，浙江 24 分，京冀 22 分，河南 21 分，四川 20 分，黑龙江 19 分，山东 18 分，厦门 18 分，湖北 14 分，杭州象协 3 分。

2017 年 10 月 15 日

象甲联赛第二十三轮，本轮七场比赛，有四场都是 4 比 4 的闷平。

浙江与杭州，兄弟之战，双方都属于季后赛的门票持有者，不愿大砍大杀，蓄力到淘汰赛，也在情理之中。王天一罕见地以后手出战，传递出的信号再明显不过。浙江少帅赵鑫鑫面对王天一，也不愿意弄险，两人很快就平淡成和。接下来出场的队员也和气生财，皆大欢喜。

四川队后半程乏力，对于前六名也不抱什么奢望，面对来访的黑龙江队，虽然说纸面实力略占优势，但也怕为保级而战的黑龙江以命相拼，到时候一不小心反而麻烦，于是也就谨慎为上。黑龙江也是同样心理，打平对于双方都能接受，万一有个闪失可就悔之晚矣。两队小心翼翼地试探一番，各得一分。

河南与上海、山东对内蒙古两场，也是一团和气，不再赘述。

且说那京冀联队在主场迎战厦门队，本来应该大胜的，最后却以一负三和主场饮恨，看来他们今年的运气确实差了一点。蒋川首盘出场就大占优势，以一相的代价杀通了张申宏的卒林线，不仅子力占据高位，且先后渡河两兵，张军长困窘不堪。按照蒋川的水平，拿下此局毫无问题，谁知蒋川恰恰在此时犯了迷糊，走得拖泥带水，就是找不到射门靴。张军长反正是死马当活马医，见招拆招守得颇为顽强。蒋川久攻不下难免烦躁，一不留神被张军长逼兑一车，然后又果断弃马换卒，硬是把一盘输到家的棋给顶和了。紧接着京冀联队的金波也在比较主动的情况下未能突破厦门陈泓盛的防线，再度成和。

幸运之神屡次来敲门，却都被拒之门外，剧情开始反转。其实厦门队的所有队员今天表现都很一般，奈何京冀联队的将士们更不在状态。陆伟韬大战钟少鸿，钟大师杀得性起竟然看花了眼，走出类似自杀的大昏招。陆伟韬只要简单一步起帅就可锁定胜局，不料鬼使神差走了一步帮倒忙的相。一进一出，离题万里，最后竟然刚好被钟少鸿死里逃生，胜负颠倒，厦门队可谓幸运。最后一个出场的郑一泓不求有功，稳妥地战平了赵殿宇，从客场带回两分。这两分对于厦门保级真是雪中送炭，京冀联队想要进入季后赛可就希望渺茫了。

广东队回到主场，碰到垫底的杭州象协队，双核齐发威，6 比 2 拿下对手。

湖北队主场遭遇江苏队，柳天首先犯下大错，均势残局走漏输给了孙逸阳；然后柳大华与孟辰大战一百余回合不分胜负；汪洋执先上场，也未能撼动“刀斧手”程鸣；最后一个亮相的李智屏勉力求胜，反为徐超所乘，湖北 2 比 6 大败。此战告负，楚军实际上已经紧随杭州象协之后降级，让无数棋迷为之扼腕叹息。

本轮过后联赛将短暂休战，全国个人赛之后再齐聚番禺，展开常规赛最后三轮的终极决战。到底谁能夺得常规赛冠军？哪些队伍能够进入季后赛？又会是哪一支队伍陪同杭州象协队和湖北队不幸降级呢？一切谜底都将等到 11 月初才会揭晓。

36　信马由缰

图 36 是第 18 轮杭州象协吉星海与湖北汪洋交手 12 回合时出现的盘面，这是象甲联赛中难得一见的顺手炮开局演变而成的棋势，此时黑方两个屈头马颇显呆滞，显然成为黑布局的弱点，不料黑方蓄势蓄谋，铁骑突出刀枪鸣！

12. ……　　　卒3 进 1

13. 车六平七　　马3 进 2

黑马呼啸而出，漂亮的一手！

14. 车七进四　　马2 进 3

15. 炮五平四　　炮5 进 4

此时红方阵形极不协调，黑强打中卒趁虚而入，着法雄劲。

16. 马七进五　　马3 进 2

17. 马五退六　　炮1 平 5

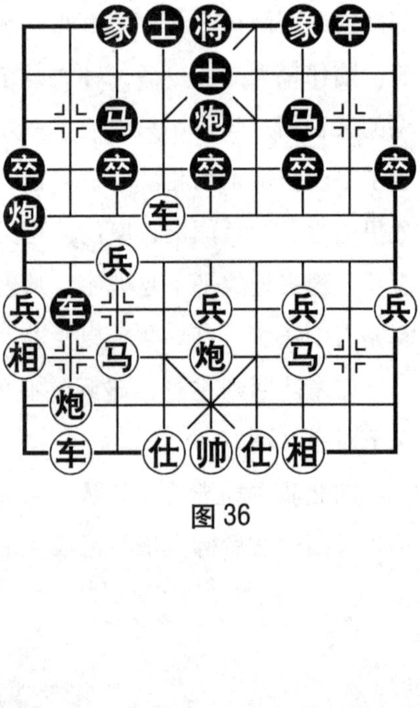

图 36

18. 炮四退一　　马2 退 4　　19. 车八进三　　马4 退 2

20. 车七平八　　马2 进 4

黑铁骑纵横，马踹连营，煞是好看。

21. 炮四进五　　车8 进 8　　22. 车八退七　　车8 平 4

23. 兵七进一　　马4 退 5　　24. 仕四进五　　马5 退 3

25. 帅五平四　　车4 退 2

黑胜。

37　连续打击

图 37 是第 18 轮杭州赵金城与厦门才溢交手 17 回合形成的盘面，眼下红方局面领先，且有过河兵助阵，形势一片大好，如何扩大战果，请欣赏红方的雷霆手段：

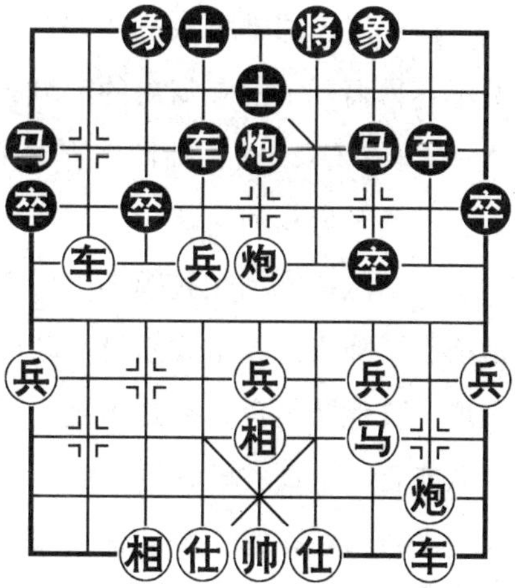

图 37

18. 车八退一　　马7 进 5

退车闪击将门，漂亮的一手！黑如车4 进 2，则车八平四将6 平 5（炮5 平 6，炮二平四叫杀得车）炮二平七闪击，黑也失车。

19. 车八平四　　士5 进 6

20. 车四平五　　士6 退 5

21. 炮五进二　　车8 平 5

22. 炮二平七　　马5 退 3

红方闪展腾挪，连出重拳，黑方已是顾此失彼。

23. 车二进九　车5平7　24. 车五平四　将6平5
25. 车四进一　马1退2　26. 炮七进三　车4平6
27. 炮七平五　象3进5　28. 车四进二　车7平6
29. 车二平三　车6退2　30. 车三退四　卒3进1
31. 兵六平七　马3进5　32. 车三平五

红以疾如雷电的攻杀迫使对手城下签盟，黑认负。

第二十二局　闪击战

塞外铁骑内蒙古队在深圳坪山屡遭阻击，虽然洪智依旧威风八面，怎奈弟子蔚强陷入低迷，输了好几盘关键棋。这样一来，内蒙古队由领先广东三分一下子被反超两分，洪智还遭遇本赛季首败。射手榜上，眼看着王天一连战连捷势不可挡，而团体最大竞争对手广东队双核爆发，许银川、郑惟桐火力十足，让志在必得的内蒙古将士好不懊恼。好不容易离开了潮湿闷热的鹏城，回到大草原上，清新的空气让人为之一振。7 月 29 日，他们在鄂尔多斯迎来了第二阶段主客场的第一个访客——升班马河南队。

河南队在深圳收获颇丰，一扫开局阶段的低迷，越战越勇，成功地摆脱了降级区，士气高昂。队中主力曹岩磊最近找到了感觉，信心大增，其他队员也是拼劲十足。面对这样一支斗志旺盛的队伍，内蒙古队能否走出低谷顺利过关呢？

洪智执红棋第一个上阵，他的对手是年轻的何文哲大师。

何文哲，1994 年出生，浙江温州瑞安人，全国青年赛冠军。他曾经在四川队集训数年，经常参加各种大型公开赛，七月初刚刚获得重庆第五届“学府杯”冠军。多年在外漂泊的何文哲少年老成，沉默寡言，有着与年龄不相符的成熟淡定，但在棋枰上却是一位血性十足的棋手。他的棋风稳中带凶，对各种布局了如指掌，去年代表杭州二队征战象甲不幸降级，今年被党斐大师招贤纳士披上河南队红色战袍，是棋坛一颗新星。

内蒙古　洪智　先胜　河南　何文哲

仙人指路对卒底炮

2017 年 7 月 29 日弈于鄂尔多斯

1. 兵七进一　炮2 平 3　2. 炮二平五　象3 进 5

3. 马八进九　卒7 进 1

洪智今年先手仙人指路的使用率颇高，对手以对兵局应对的战绩可谓惨不忍睹。因此，何文哲选择了自己喜爱的卒底炮变例。第三回合挺 7 卒是近年悄然兴起的下法，以往黑方多走车9 进 1，对此红有两种选择：一、炮五进四先取实利；二、马二进三，各自行兵布阵。试举一例：马二进三车9 平 4，车一平二车4 进 3，兵三进一马2 进 4，马三进四车4 平 6，炮八进二马8 进 9，炮五平四车6 平 5，车二进三士4 进 5，双方隔河对峙。

4. 马二进三　马8 进 7　5. 车九平八　车9 平 8

6. 炮八平六　马2 进 4　7. 车一进一　炮8 平 9

双方都是左翼出动较快而右翼滞后。黑方平炮亮车，准备下一手车8 进 5 骑河捉兵，红方先下手为强。

8. 车八进八　马4 进 6　9. 炮五进四　士6 进 5

补左士稳妥，如士4 进 5，车一平八，黑右翼受攻。

10. 炮五退二　车8 进 3　11. 车一平四　车1 平 3

出车护炮，蓄势待发，何文哲老成持重。

12. 相七进五　马7 进 8　13. 炮五平二　车8 平 4

14. 仕四进五　　炮9平7　　15. 车八退三（图一）

如图一，红方及时退车占领要隘，“骑河车禁子得力”！是胸怀全局、高瞻远瞩的一着。

15. ……　　炮7退1

远炮不轻发，如炮7进4，则车四进二车4进2，车四平三车4平8，车三进二！马6进7，马三进二，黑车闭塞，红方先手扩大。现在退炮下二路，左右兼顾，是呼应全盘的精警之着。

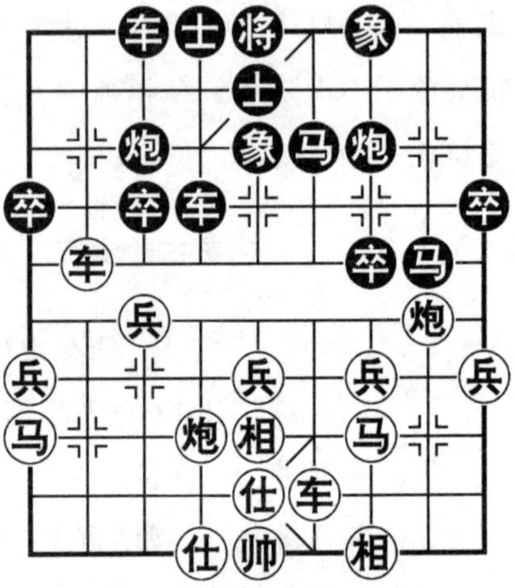

图一

16. 兵九进一　　车3进1　　17. 马九进八　　炮7平6

黑方第16回合高车，准备车3平2兑车消势，但有嫌迂回缓慢，不如改走炮3平4兑炮为妥。以下红如炮六平七炮7平6，车四平二车3进1，兵七进一车3平2，兵七进一车4平3，车八进三炮6平2，炮二平七车3平2，马九进七炮4平3，车二进四车2进3，黑方虽少一卒，但各子灵活足可满意。

18. 车四平二　　车3平2

黑方的构思很明确，就是想办法兑掉红棋威力甚大的骑河车，顺势左炮右移，则黑阵气机通畅全盘皆活，因此贯彻原计划不遗余力。不想忽略了一个小小的环节而顿时处于下风，不如仍走炮3平4为宜。虽然晚了一步，但尚可在下风中周旋。

19. 炮六平八！

重剑无锋，大巧不工。洪智平炮待兑，是似笨实佳的好棋！也是何大师漏算的一步。黑如车2进3兑车，则炮八进三马8退7，炮八进四炮3退2，炮二平五，红方形成天地炮之势，左右逢源，黑方防线问题甚多。

19. ……　　　　车2平4

突遭冷箭，黑方有些沉不住气。平车于肋道，寄希望于将来有某些反击手段，未免不够冷静客观。此时应忍辱负重走车2平3，暂且避其锋芒，再徐图化解为宜。

20. 车八进二　　炮3平4

洪智的棋艺特点，极其擅长在纷纭复杂的局势下捕捉战机，且刀法凌厉。进车捉炮紧凑，“微隙在所必乘”，由此红方攻势一浪高过一浪。

21. 马八进九　　前车进3？（图二）

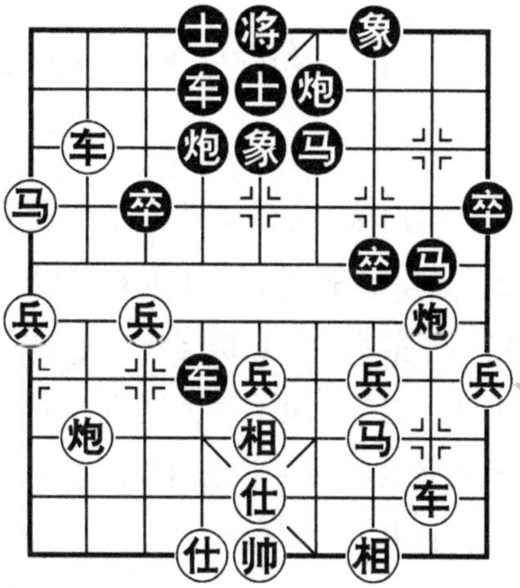

图二

如图二，黑方进车造成速溃。当前局面下，还是要走后车平3先防一手，虽然红方占优，但还可在下风中苦守，寻找转机。

22. 炮二平五！

当头一棒劈面而来，凶恶至极。至此红方伏有车八平六的闪击，黑方马炮必丢其一，阵脚大乱。洪智乱军之中攻城拔寨的能力果然不同凡响。

22. ……　　　　将5平6　　23. 车二进四

闪击得子，红方胜利在望。

23. ……　　　　炮4进7

局势已非，奋力一搏。

24. 车八平五

杀声四起，猛著先鞭。

24. …… 前车平2 25. 车二进四（红胜）

沉底车捉象追杀，黑方再也无法抵抗，投子认负。如炮6平9，则车五平四士5进6，车二平三将6进1，车三退一将6退1，车三平六，黑方损兵折将溃不成军矣。

洪智以迅猛的攻杀酣畅淋漓地杀退何文哲，极大地鼓舞了士气，最终内蒙古队在主场5比3击败河南队。由于广东队本轮与浙江战平，领先优势缩小为1分之差，塞外铁骑重新看到了夺取常规赛冠军的希望。

第二十三局 季后赛的希望

四川队与京冀联队是上个赛季的三、四名。本赛季，两队表现不温不火，差强人意。十七轮过后，两队同积17分保本，排在积分榜的第七、第八名。保级无忧，季后赛有望——积分榜四、五、六名上海、浙江、江苏也就高个两三分，一场输赢的事。第十八轮，京冀联队主帅张强亲自领军远征西蜀，换下了近来表现不佳的“大力神”金波，志在必得。

蜀道向来难行，不过这对于今年的四川队来说已成为遥远的回忆。他们上一次在主场获胜，要追溯到2016赛季了。前面三个主场，他们分别负于内蒙古、河南，仅与浙江队战平。不过，在大胆启用本土棋手赵攀伟后，深圳赛会制6轮下来，川军1胜5平保持不败，士气有所提升。本轮他们面对来势汹汹的京冀联队，不敢大意，派出本土赵攀伟、杨辉拿先手，让发挥最稳定的李少庚、武俊强拿后手，战略上还是以稳为主——毕竟京冀联队是拿过两届联赛冠军的班底，加上陆伟韬、赵殿宇两名实力战将，确实兵强马壮。

首盘赵攀伟迎战陆伟韬，优势局面未能拿下，遗憾成和；第二局李少庚后手大战张强，马炮残局中以令人拍案叫绝的杀法妙手获胜，川军取得领先。第三局杨辉登场，与京冀队主将蒋川不期而遇。

杨辉，1987 年出生，四川雅安人，象棋大师。近年来一直以川队替补身份征战象甲，虽然出场机会不多，但也偶有惊艳之举。2012 年曾经在呼和浩特后手战胜过如日中天的蒋川，2016 年象甲季后赛最后一盘，也是杨辉顽强顶过了 60 回合自然限着逼平蒋川，使得四川队时隔七年后再夺联赛季军。请看比赛进程。

四川　杨辉　先负　京冀　蒋川

五八炮对三步虎

2017 年 7 月 29 日弈于成都

1．炮二平五　马8 进 7　2．兵三进一　车9 平 8

3．马二进三　炮8 平 9

第二回合抢挺三路兵，是杨辉大师偏爱的布局；此局面选择三步虎，也是蒋川多次采用的变例。

4．马八进七　卒3 进 1　5．炮八进四　马2 进 3

6．炮八平七　车1 平 2　7．车九平八　象3 进 5

高手善变。蒋特大摒弃最近风靡一时的炮2 进 2，推出老式的右象阵势，是为了避开对手熟悉的变化。近几年黑方都走炮2 进 2，以下红方或车八进四或炮七平三，都是杨辉大师惯用的武器。

8．车八进六　车8 进 8

推陈出新，是在总结了前人的经验教训之后的研究成果，也是后手方能够抗衡的精华所在。亦有车8 进 4 稳健的变例，但不及此着灵活多变。黑方此时不可炮2平1兑车，红车八进三马3退2，车一进一炮1平3，车一平八马2进4，车八进五，先手扩大。

9．车一进二　炮2平1　10．车八进三　马3退2

11．炮七平三　马2进3　12．车一平二　车8平3

顿挫有力。红方平车邀兑，黑已经少了一卒，自然不肯轻易兑车，平车4路肋道是最佳位置。但在此之前先逼迫红方马退窝心留下些许隐患，是高明的战术技巧。

13．马三退五　车3平4　14．炮五平四　马3进4（图一）

如图一，此时局面与2009年“九城置业杯”中国象棋年度总决赛第一局许银川对洪智弈成的盘面一模一样。当时执红棋的许银川接走：兵三进一炮1平3，炮四进六马7退9，兵三平四炮9进4，兵七进一，双方掀起激烈对攻。

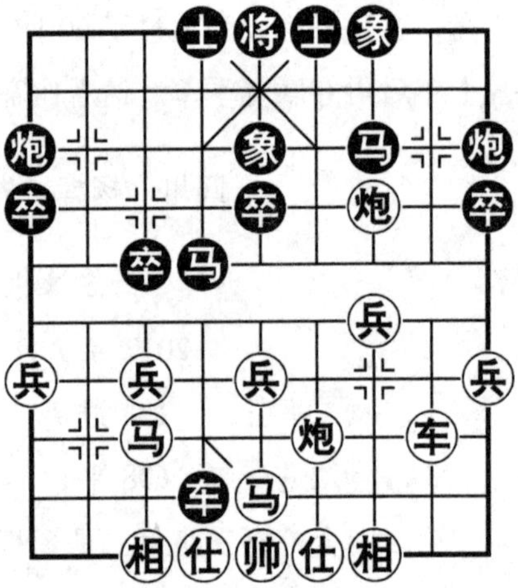

图一

15．兵七进一　马4进6

16．兵三进一　卒3进1

红方兵七进一欲打死黑车，明显不会实现，似是即兴发挥之作。不如先走炮四进六塞象眼，待黑马7退5后，再兵七进一为佳。这样黑方就不能马4进6了，因红有炮三平四反打占优。实战被黑马4进6抢到重要的一步先手，红方不能满意。

17．车二进二　卒3进1　18．车二平四　卒3进1

19．相三进五　卒3进1　20．炮四退一　车4退4

21．车四进一　炮9进4　22．炮四平七　车4进4

以上一段争夺甚为紧凑。红方为了消灭黑过河卒煞费苦心，黑边炮击兵叫杀甚为精巧。现红终于除掉了心腹之患，刚刚想喘一口气，黑车复回原位捉炮，“种桃道士归何处？前度刘郎今又来”，战火重燃。

23．炮七进三　　炮9进3　　24．相五退三　　炮1进4

黑炮沉底叫将，看红方态度如何？红不愿意退马受缚，否则车4退2，中兵难保，于是退相。黑左右开弓，右炮又至，红车只好紧急调往左翼策应。

25．车四平八　　车4退3　　26．相七进九

如车八退一，则车4进2，马五进三卒1进1，伏车4退3，红也难下。

26．……　　　　卒1进1

又是一步巧手，虎口逞强，潇洒自如。蒋川大处着眼小处着手，边卒徐徐推进却有黑云压城之感。

27．马五进三　　卒1进1

红为何不敢吃卒呢？因车八平九炮1平2，车九平八车4平6！马五进三车6平3，车八退二车3退1，红方危险。现在杨辉急忙跃出窝心马以免夜长梦多，但黑卒得以安然渡河，红方处境愈发艰难了。

28．仕六进五　　卒9进1　　29．车八进三　　卒9进1

小卒接连强渡，困守城中的黑马也即将开赴前线。蒋特大运子有方，平淡中见真功，下得漂亮。

30．车八平四　　马7进9

红方阵型散乱，赖以维持的仅是三路线炮马兵的堡垒。黑则有针对性地予以打击，现黑马轻轻一跃，红大厦将倾矣。

31．车四退四　　车4平6　　32．马三进四　　马9进7

红被迫兑车以解燃眉之急，无异于饮鸩止渴，但也别无良策。黑

顺势而为，歼灭过河兵后净多双卒已是胜券在握。蒋川特大不战而屈人之兵的高深谋略可圈可点。

33. 炮七退二　卒1平2　34. 炮七平五　士4进5

35. 马四进五　马7进8　36. 炮五平二　炮9退3（图二）

如图二，中兵被歼，局势已成一面倒。红不能兵五进一，因黑有炮1平5，炮二平五马8进7，帅五平六马7退5得子胜定。

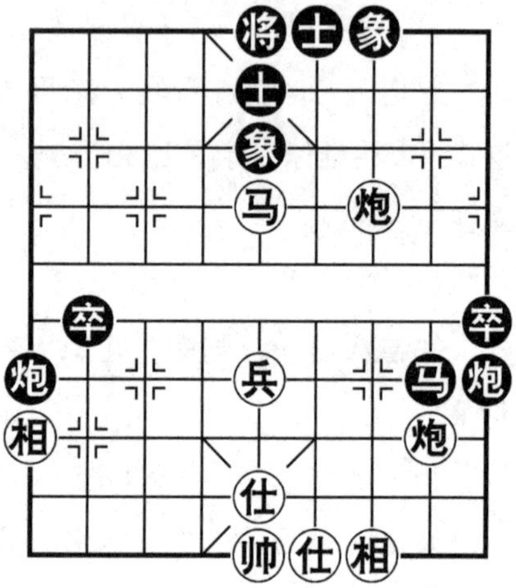

图二

37. 马五进七　炮9平5

38. 帅五平六　马8退6

39. 炮三退二　卒2进1

40. 马七退八　炮1退5

41. 马八进六　炮1平4

42. 炮二平六　炮5平4

43. 帅六平五　卒2平3

过河卒横冲直撞如入无人之境，胜势已成。以下请欣赏蒋川干净利落的入局手法。

44. 炮六退一　卒3进1　45. 炮三退三　卒3进1

46. 炮六进一

如马六进四将5平4，炮六进七将4进1，马四退五炮4平5，红也在劫难逃。

46. ……　卒3平4　47. 马六进七　前炮平5（黑胜）

此局，蒋特大布局谋略精深，中局运子巧妙，残局一气呵成，几乎没有软手，堪称佳构。最后一个出场的赵殿宇乘胜追击击败武俊强，客场带走两分。积分榜上，京冀虽然排名第七，但与第五名浙江、第六名江苏的分差仅仅只有一分，进军季后赛的希望大增。

第二十四局　恐怖的十连胜

象甲第十八轮，厦门队坐镇主场，迎来了杭州环境集团队。

两队最近的调子都不错，厦门队深圳一役捞足了积分，还在上一轮6比2打破了内蒙古队的不败金身，暂时逃离降级区。而杭州队的王天一最近九轮卷起了连胜狂飙，神挡杀神，佛挡杀佛，群雄束手，为之侧目。凭借王天一的完美发挥，杭州队也稳稳地坐上了第三把交椅。

厦门队之前在主场还无一胜绩，此番挟余勇回归，当然是想改写这一历史。既然能够完胜内蒙古队，逼平广东队，那么战胜杭州队也并不稀奇——首循环他们客场挑战杭州，双方互砍两刀，4比4打平。

厦门主帅郑一泓特大率先出场，中盘突然发力，以一连串精妙的战术手段杀象入局，战胜了赖理兄，厦门取得领先。

王天一接着上场，他的对手是象棋大师钟少鸿。

钟少鸿，1991年出生，辽宁鞍山人，象棋大师。2006年亚洲象棋锦标赛少年冠军，2015年全国个人赛接连淘汰蒋川、王天一而晋级十六强，一战成名。在冲击八强的道路上，与谢靖苦战六局才壮烈倒下，显示出勇猛顽强的战斗风格。钟少鸿下棋专注，棋风飘逸，在快棋战中反应敏捷，韧性极强。上一轮他在劣势之下顶住洪智暴风雨一般猛烈的攻势，上演了精彩的逆转，也打破了塞外铁骑开赛以来的不败神话，堪称经典之战。

两雄相遇，胜负如何？请看实战。

杭州　王天一　先胜　厦门　钟少鸿

对兵局

2017年7月29日弈于厦门

1．兵七进一　　卒7进1　　2．炮八平六　　炮8平4

钟少鸿的棋艺特点，喜欢出奇制胜。2015年全国个人赛，曾两度先手开局走出炮二平一的怪招，并且两战皆捷。这步平炮过宫，亦是十分的冷僻，一般黑方走马2进3较为正统，也有车1进1的下法。

3．马八进七　　马2进1　　4．相三进五　　象7进5

5．马二进四　　车9进1　　6．车一平三　　车9平6

双方布局运子灵活，别具一格。

7．车九进一　　车6进4

由于黑方双炮已集中在右翼，红方右车即可直接在三路打通此线。黑车骑河，不让其顺利实现计划，针锋相对。

8．炮二退一　　炮2平3

红方退一步炮，留出马四进二的位置，构思精巧。黑方置之不理，平炮通车。

9．兵三进一　　卒7进1　　10．马四进二　　卒7平8

红方可在第9回合先马四进二，待黑马8进7之后再兵三进一较为稳妥。现在黑方竹外横枝，轻灵飘逸，给红方设置障碍。

11．炮六进二　　车6进2（图一）

如图一，红方一计不成，又生一计，升炮瞄卒。黑方进车捉马随手之着，损失不小。应该果断弃卒走卒8进1，可以无虞。以下炮二进二卒3进1！在右翼发难。

12．马二进四！

红马脱缰而出，正当其时。

12. ……　　　　马8进7

无可奈何。如卒8平7，则马四进二马8进7，车三进四，红方又多赚一步棋。

13. 马四进二　　车6平8

14. 马二进三　　车1平2

由于黑方轻率进车，不仅没有捞到任何便宜，反而损失了不少步数。至此，红方出子速度大大领先于黑方，优势在握。

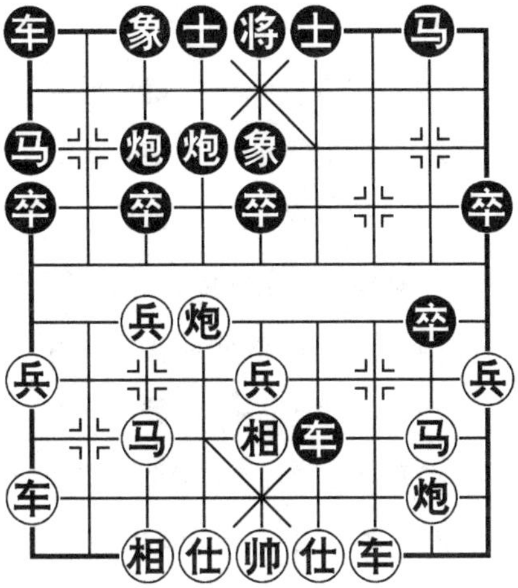

图一

15. 炮六退二　　车8退4

退车于此位，艰难的选择。如车8退3，害怕红借机腾挪走马三退四车8进1（车8平6？马七进六车6进1，炮六进五车6平4，炮六平三炮3平7，车三进七车4平8，车三退一卒5进1，炮二平一，红方大优），马四进六炮4进5，马六进七车2进2，车三进七车2平3，马七进六，红优。

16. 炮二平六！　　炮4进6　　17. 车九平六　　车2进4

红方平炮邀兑，神目如电，是外科手术式的精准打击，正中黑棋要害。黑方被迫兑炮后，本来看似稳固的防线瞬间出现破绽。车2进4走得不够顽强，由此一蹶不振。棋谚有云："象眼深防塞，中宫士必驾"，无论如何应该士4进5，炮六进六象5退7，见招拆招，严防死守为宜。以下红马三退四车8退1，马四进六炮3平6，马六进四车8进1，车三进七车8平6，车三进二车2进7，黑虽丢失一象，尚可支撑。

18. 炮六进六！　　象5进7

红炮疾点象眼，有如毒蛇吐信，黑方"九重宫阙烟尘生"，只得扬象兑子。

19. 车六进六　车8平7　20. 车六平七　马7退5

21. 车七平四　车7退1　22. 车四进一　车2平4

23. 车三平二　车7退2　24. 炮六平八　象7退5

一阵疾风暴雨过后，红方不仅获得兵种优势，还给黑棋造成窝心马的愚形。现在该如何扩大先手呢？

25. 车二进一　卒1进1

红轻抬右车，剑锋直指黑方边马，黑连忙挺卒活马以防不测。

26. 车二平八　车4平2　27. 车八进四　马1进2

逼兑黑车，已经算准以下的攻击路线。

28. 炮八退二　卒3进1

如卒5进1，炮八平一马5进3，车四退三，红也全面控制局势。

29. 兵七进一　象5进3　30. 马七进六　马5进3

31. 炮八平七　马2进1

王天一的棋，环环相扣，如行云流水，给人以极高的艺术享受，至此捕获双象已是胜势。

32. 炮七进三　士4进5　33. 炮七退四　车7进4

34. 炮七退四　马3进4　35. 炮七平二　马1进2

36. 仕四进五　马2退3　37. 炮二进八　车7退4

38. 车四平二

黑车被缚住，局面更为困顿。

38. ……　卒1进1　39. 马六进四　马4退6

40. 马四进二　将5平4　41. 马二进一　将4进1

42. 车二退二　车7进1　43. 车二平四　车7平9

44. 车四平五

一兵之微足以致命，王天一拿到了打开胜利之门的钥匙。

44. ……　　　车9平8　　45. 炮二平三　　车8退1

46. 炮三退六　　马3退2　　47. 车五退一　　马2进1

48. 车五平七

这几步棋，红方招数朴实无华，但绳索却越收越紧，体现了深厚的残棋功力。

48. ……　　　车8进9　　49. 炮三退三　　车8退3

50. 兵五进一

中兵开始冲锋，衔枚疾进，势不可挡。

50. ……　　　车8平7　　51. 兵五进一　　马1进2

52. 兵五进一　　马2退3　　53. 车七退一　　卒9进1

54. 兵五进一

冲兵叫杀，以下请看王天一教科书般精确的入局手段。

54. ……　　　将4退1　　55. 车七进五　　将4进1

56. 炮三平四　　车7平6（图二）

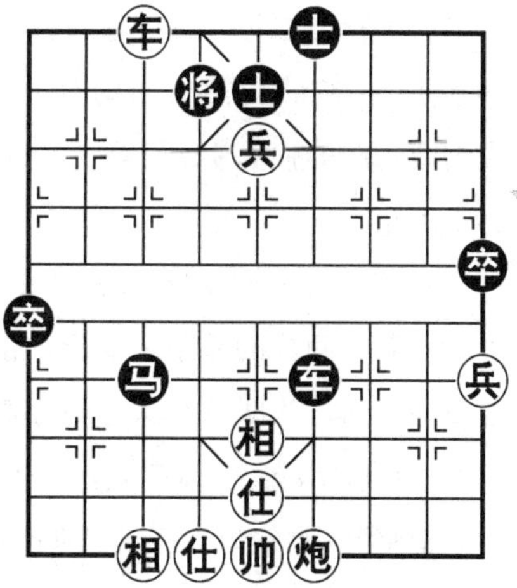

图二

如图二，黑方平车无可奈何。因红方伏有炮四进八士5进6，车七退一将4退1，兵五进一，俗称“蜘蛛抱蛋”的绝杀，黑又不能车7退5防守，因红有车七退一将4退1，兵五平六将4平5，兵六进一，黑车被歼。

57. 炮四进九！　马3退4

58. 车七退一（红胜）

炮轰底士，精彩制胜。黑不能士5退6，否则车七退一将4退1，兵五平六将4平5，兵六进一绝杀。至此黑方推枰认输。

王天一从第九轮开始，达到了恐怖的十连胜，这也追平了许银川在 2007 赛季创下的十连胜纪录。

第三盘，张彬弈和陈泓盛；最后一盘赵金成战胜才溢，杭州队逆转胜厦门。

第二十五局　为荣誉而战

2017 年 8 月 5 日，象甲联赛第十九轮开打，京冀联队在北京主场迎战领头羊广东碧桂园队。

赛前，广东队积 29 分，已经赢了 11 场，打平 7 场，在全部 14 支参赛队伍中唯一保持不败。队中两大主力得分手许银川、郑惟桐个人亦无败绩，尤其是“蜀山棋侠”郑惟桐，目前 12 胜 6 平独得 30 分，排名射手榜第二位，保持着对王天一的追赶势头（王天一 16 胜 2 平积 34 分）。广东队虽然暂列榜首，但内蒙古队只以 1 分之差紧随其后。以内蒙古队的强大实力，随时会有超车的可能性，因此广东众将士压力也不小。

京冀联队今年发挥不尽如人意，赛前仅积 19 分排名第七，与第五、六名有两分的差距。要想冲击季后赛，剩下的几场棋，每一场都要咬牙拼命。两队就在这样的背景下展开了一场惨烈的战斗。

京冀联队派出了队中老将“大力神”金波出任先锋官，广东则以队中“福将”（吕钦语）张学潮迎战。金波经过两轮休息调整，精神抖擞，战至残局已获胜势。不料变生肘腋，金大师走棋按钟后不慎将张学潮的炮碰出了棋盘之外。张立即申请裁决。北京主场裁判组不敢怠慢，根据 2017 象甲联赛补充细则，判决张学潮获胜，金波遗憾落败。

一盘眼看到手的赢棋，就这样变成了输棋，对双方队员的士气影响甚大。紧接着出场的广东队许国义是稳字当头，而京冀联队陆伟韬则不免有些焦急。两人缠斗当中，陆伟韬一味冲杀向前，不料中了许国义的埋伏，被擒得一子，再度落败。

两局在手，强大的广东队几乎已经锁定胜局——因为他们的两位主力尚未登场，而许银川、郑惟桐两人只要有一人下盘和棋，这一场的两分就装进口袋了。

第三盘，双方两位重量级人物蒋川、郑惟桐登场。

京冀　蒋川　先胜　广东　郑惟桐

五七炮进三兵对屏风马

2017 年 8 月 5 日弈于北京

1．炮二平五　马8 进 7　2．马二进三　车9 平 8

3．车一平二　卒3 进 1

抢先挺 3 卒，把布局纳入自己擅长的轨道，是郑惟桐喜用的招数，屡创佳绩。

4．兵三进一　马2 进 3　5．马八进九　卒1 进 1

6．炮八平七　马3 进 2　7．车九进一　车1 进 3

8．车九平六　士6 进 5

司空见惯的套路里，郑惟桐走出了新颖的变化。以往至此黑方多选择象3 进 5，则车二进六炮8 平 9，车二进三（或者车二平三）马7 退 8，兵五进一或马三进四，双方另有攻守。

9．车二进六　炮8 平 9　10．车二平三　象7 进 5

第八回合黑方补士与补象的差别何在？可以从这两个回合中窥见一丝端倪。红如选择兑车，黑右炮更为灵活，于是吃卒压马接受挑战；黑方保留左车，有在红右翼反击的可能性，不足之处在于当红方车二平三后必须应一手。究竟利弊如何？尚待更多的对局实践来作参考。

11. 兵七进一　　马2 进 1　　12. 炮七退一　　马1 退 3

13. 马九进七　　炮9 退 1　　14. 马七进五　　炮9 平 7

15. 车三平四　　车1 平 2（图一）

如图一，黑方亮车，防患于未然。红方七路炮遥控威力甚大，伏有相七进九捉马后车六进七等连环攻击手段，不可掉以轻心。

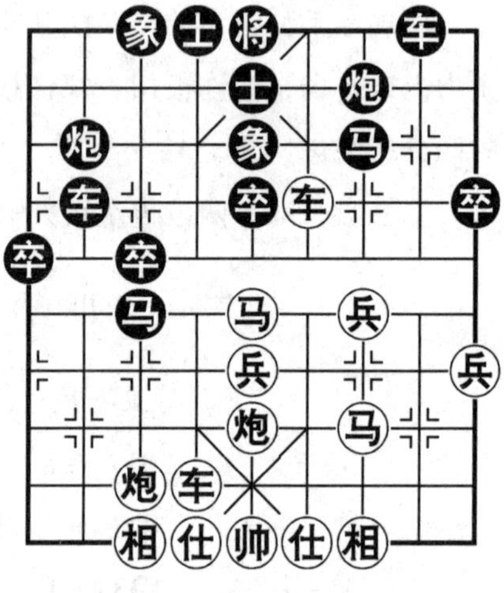

图一

16. 兵三进一

涉水渡河，势在必行。如相七进九，黑可车2 进 3，马五进六炮2 平 4，应付裕如。

16. ……　　车8 平 6

17. 兵三进一

弃兵挑起战火，悍勇之着。

17. ……　　车6 进 3　　18. 马五进四　　炮7 进 2

19. 马三进二　　炮7 进 1　　20. 马二进一！

弃马强攻，精彩动人。蒋川特大从第 11 回合弃兵争先开始，连续弃掉九路兵、七路兵、三路兵，现在又悍然弃马，血性十足，胆识过人。

20. ……　　卒5 进 1

如走马7 进 9，红马四进三将5 平 6，炮五平四，黑有麻烦。得子受攻，高手不为，于是郑惟桐冲中卒畅通车路捉马。但中卒浮起后，中路与 3 路的负担无形中加重，红方平车换肋其势更盛。此手不如改为炮7 平 6，更为稳妥，红方并无明显的攻击途径。试演一变：炮7 平

6，车六平四马7进9！马四进三炮6退3！以下有炮2退1，可化险为夷。

21. 车六平四　炮7退1　22. 仕四进五　车2平4

红方在右翼取得主动态势，但如何发展却是颇费思量。蒋川补仕待机，“引而不发，跃如也”。深得兵法之精髓。

23. 车四进二？　象3进1？

局势复杂，致使棋艺高超如蒋、郑，这一回合也双双出现失误。红方应该及时兵五进一，迅速发难，黑方处境艰难。以下黑不敢卒5进1，红马四退五后中炮威力更为强大，只好炮2进1兑子，马一进三炮2平6，兵五进一马3退5，车四进四马5退4，炮七进二！黑方子力受困，危在旦夕。

实战中，蒋川进车稍缓，黑方得到喘息之机，可走士5退6，及时转换士位，减轻将门和3路线的压力。飞边象本意解放黑3路马，中路却露出破绽，顾此失彼，由此顿落下风。

24. 兵五进一！

虽然迟了一步，依旧威力无穷。

24. ……　炮2进1　25. 马一进三　炮2平6

26. 兵五进一　马3退5　27. 车四平五　马5进4

黑方一手边象，致使劳燕分飞，门户大开。红棋趁机猛攻中路，突破防线，至此胜利在望。

28. 仕五进六　炮6退1　29. 炮七平六

上一手，红方撑仕顶马，明欺黑方不能联象。更为凶狠的招法是直接炮五进五轰象，黑如士5进6，则炮五平六妙手得马；又如士5进4，再仕五进六不迟，红方优势更大。此时平炮先吃一子，以稳为主，仍可炮五进五士5进4，炮七平五！可望迅速解决战斗。当然，临场对弈高度紧张，一般都是拣看得清楚的走，对此不可求全责备。

29. …… 象1退3 30. 炮六进二 卒3进1

红方硬夺一子，胜势已成。但以坚韧顽强著称的郑惟桐岂肯轻易放弃，驱卒渡河整军再战。不过，就棋而言，红方子力占位甚佳，黑左翼空虚中路受制，败局已定。

31. 车五平二 车4平6 32. 炮六平四（图二）

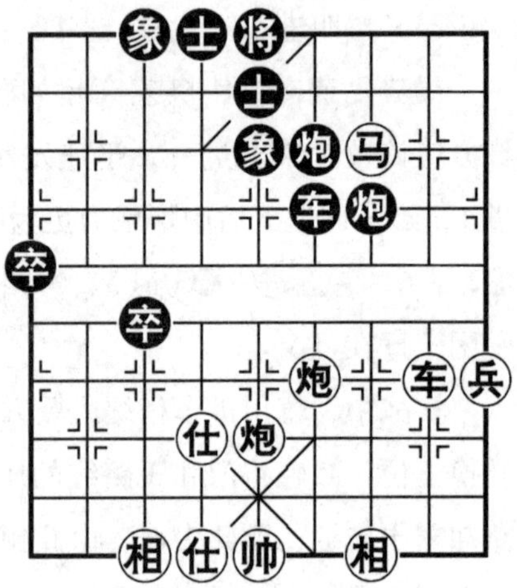

图二

如图二，蒋川一手漂亮的平炮，虎口夺食，一锤定音。

32. …… 炮7进1

无可奈何花落去！如车6平5，红车二进六象5退7，炮四退二！黑车插翅难逃。

33. 车二进六 炮6退2

34. 炮四进六 炮7平5

35. 炮五平四！

前赴后继，由此尽毁黑方双士，打开胜利之门。

35. …… 士5退6 36. 炮四进七 车6退1

钓鱼马威风八面，黑退车解杀暂解燃眉之急。

37. 炮四平六 将5进1 38. 车二退一 将5退1

39. 车二进一 将5进1 40. 马三退一 车6进1

41. 马一进三 车6退1 42. 马三退一 车6进1

43. 马一进三 车6退1 44. 马三退一 车6进1

45. 马一进三 将5平4

双方时间俱紧，因此出现了一些循环招法。黑方属于长捉，只得变着。

46. 炮六平五

篡位炮邀兑，奇特的棋型，甚为罕见。恰似阮小七穿上了方腊的赭黄袍显摆一番，妙趣横生。

46. …… 车6平7 47. 马三退五

黑方双士被歼，红方自然要留下骏马配合战车攻杀。

47. …… 车7进6 48. 帅五进一 车7退1

49. 帅五退一 车7进1 50. 帅五进一 车7退1

51. 帅五退一 车7进1 52. 帅五进一 车7退3

53. 马五进七 车7平5 54. 帅五平四 车5平6

55. 帅四平五 炮5平6 56. 车二退三

回车做杀，奠定胜局。

56. …… 炮6退1 57. 炮五平四 车6平5

58. 相七进五（红胜）

蒋川悬崖搏斗力克郑惟桐，京冀联队一息尚存。郑惟桐紧紧追赶了王天一大半个赛季，不料败于蒋川之手。而本轮王天一在极度不利的情况下逆转战胜赵国荣，个人达到了前无古人的联赛十一连胜，使得射手榜之争几乎失去悬念。

最后一个出场的许银川执先手稳稳地战平赵殿宇，广东队继续独占鳌头。值得一提的是，本轮京冀主场落败后，由于积分榜前六名的队无一败绩，他们虽仍然占据第七的位置，与第六名的差距却扩大到3分，离季后赛渐行渐远。

第二十六局　左右象的差异

象甲联赛第二十轮，杭州象协队主场迎战京冀联队。

杭州象协队，全称是“杭州市象棋协会队”，这支青春无敌的队伍以2017象甲预选赛第三名的身份在去年不幸降级后又卷土重来，不过阵容发生了很大的变化。队中主心骨19岁的郭凤达大师依然留守，且担当了队长一职；去年杭州国交中心队的吉星海大师加盟杭州象协队；还有吴欣洋和吴魏两位象甲新兵，这四人组成了基本班底，特级大师陈寒峰则担任主教练。开赛以来，由于整体实力上与其他队伍有明显差距，因而杭州象协队接连失利，早早就锁定了一个降级名额。该队仅在第六轮战胜了河南队，第十七轮打平了山东队，其他场次皆遭败绩。队中郭凤达倒是表现不错，十九战下来还赚了一盘，吴欣洋也有两个胜局，不过输的盘数也多。吉星海、吴魏则尚未“开张”。从锻炼队伍的角度来说，这也是小伙子们成长过程必须付出的代价——套用一句歌词：不经历风雨怎么见彩虹？没有人能随随便便成功。

京冀联队本赛季的表现与他们上年度第四名的身份有些不符，成绩一直处于中游，不温不火。好不容易看到季后赛的一线希望，上一轮在主场又鬼使神差般输给广东，与第六名的分差达到了三分，一个半胜场。因此，本轮对阵公认的鱼腩部队杭州象协队，早就把这两分已经提前记到了账本上。可是比赛的过程却全然没有那么顺利，京冀联队错过了数次机会后，前面三盘全部打平。他们能否从客场带回两分？抑或杭州象协队在主场第二次取得胜利？还是平分秋色？答案即将在最后一盘棋揭晓。

京冀联队最后上场的是赵殿宇，他将执红棋迎战杭州象协队吴欣洋。

赵殿宇，1997年出生，河北邯郸人，象棋大师。赵自幼便在邯郸著名的绿化路小学象棋队学棋，师从优秀教练陈其。这位神奇的教练一手带出了多位象棋大师、特级大师，数十年如一日辛勤耕耘，如今桃李满天下，令人敬仰。赵殿宇2014年获得全国个人赛第八名晋升大师，2015年与申鹏、陆伟韬、王瑞祥联袂征战全国团体赛，一举夺魁。他的外表斯文俊秀，甚至还略显腼腆；但在棋盘上可是血气方刚，杀力十足，不少高手都吃过他的苦头，是一位极具潜力的青年棋手。

吴欣洋，1998 年出生，江苏镇江人，一级运动员。他是 2017 年全国青年赛的亚军，首度参加象甲，战胜过黄竹风、陈富杰两位实力派大师，正处于棋艺上升期。

京冀　赵殿宇　先胜　杭州象协　吴欣洋

仕角炮对右中炮

2017 年 8 月 12 日弈于杭州

1．炮二平四　　炮2 平 5

起手平炮于仕角，是特级大师李来群首创的开局法，最早见于 1981 年全国赛。此布局的特点工稳含蓄，其中也不乏机关，尤为中残局功夫过硬的选手所喜爱。特级大师赵国荣在 1982 年“避暑山庄杯”象棋大师赛上，先手采用仕角炮曾经创下五战皆捷的光辉纪录；羊城大帅吕钦也对此青睐有加，曾在“五羊杯”、象甲联赛、“碧桂园杯”等大赛的关键场次祭出仕角炮飞刀，屡克强敌。赵殿宇先手喜欢采用过宫炮、仕角炮、中炮开局，交替使用，颇具心得。吴欣洋还以右中炮，是较为积极的变例，也是大多数棋手的选择。

2．马八进七　　马2 进 3　　3．马二进三　　马8 进 9

黑方跳马机警，如随手车1 平 2，红方车一平二，黑方棋型别扭。

4．车一平二　　炮8 平 7

老谱翻新的下法。以往都走车9 平 8，则车九平八车1 平 2，红方接下来有炮八进四和炮八进六、炮四进五几种进攻方案。试举一例：炮四进五车2 进 6，炮八平九车2 平 3，车八进二炮8 平 7，车二进九马9 退 8，双方另有攻守。

5．车九平八　　车1 平 2　　6．炮八进四　　卒3 进 1

7．车二进五　　车9平8

殊途同归。倘若第四回合黑方车9平8，红炮八进四卒3进1，车二进五炮8平7，也可演变成为现在的盘面。但有很长一段时间人们认为至此黑方可以不走炮8平7，而走卒7进1，可以抗衡，平炮的下法就此被打入冷宫。近年来，随着人工智能的蓬勃发展，棋手们借助电脑拆棋挖掘出很多之前视为禁区而不敢涉足的变例，本局黑方炮8平7就是否定之否定。

8．车二平七　　士4进5

稳健。以往黑方出现过车8进8的激进走法，红炮四平六，黑车8平3，车八进二车3进1？仕四进五！红弃相陷车而占据主动。

9．炮四平六

移步换型，未雨绸缪，防范黑车对右翼的侵袭。

9．……　　炮5平6　　10．兵七进一　　象3进5（图一）

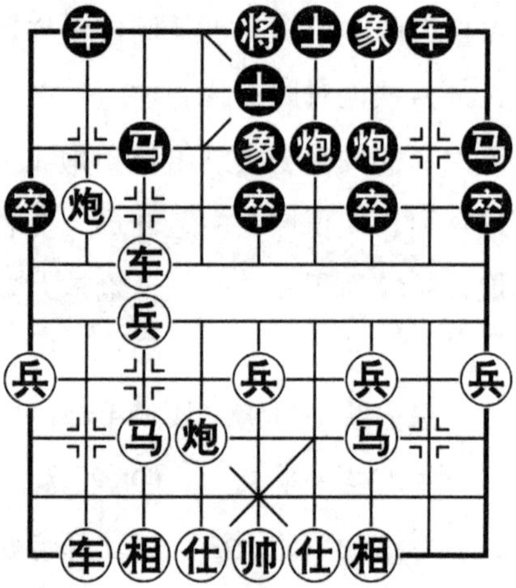

图一

如图一，黑方飞象欺车，方向有误！致使深陷泥淖而无法自拔。应走象7进5，方为正解。或许有的棋友会问：同样飞象，有什么区别呢？请接着往下看，便知端倪。

11．车七平四　　炮7退1

12．炮八进一！

进炮雷霆万钧，是本布局的精华所在。此手一出，黑方的防御计划被彻底打乱，红方七路兵将强渡楚河，大占优势。回顾第十回合可知，假如黑方当初补的是7路象，红方就没有这步炮八进一了，而只能炮八平七，则车2

进9，马七退八卒7进1，相三进五卒9进1，黑方可以对抗。在图一局面下飞哪一个象，对局势影响甚大，不可不察。

12. ……　　车8进6

没有了被打死车的威胁，红兵就可大摇大摆渡河。对此，黑方进车并不能缓解敌势，可走卒7进1观敌态度。红如相三进五，则车8进8，争取对红棋产生某些牵制，虽处下风，尚有许多纠缠。现在车8进6后，局势呈一边倒矣。

13. 兵七进一　　车8平7　　14. 相三进五　　车7退2

15. 车四平三　　卒7进1　　16. 兵七进一　　马3退4

一着不慎，节节败退，从此步入艰难的马炮残局。

17. 炮八平四　　车2进9　　18. 马七退八　　士5进6

19. 马三进四

红马雄踞河口，威风凛凛，加上过河兵控制黑马，红方大优。

19. ……　　卒9进1　　20. 马八进七　　卒7进1

21. 相五进三　　马9进8　　22. 马四进五　　马8进9

23. 相七进五　　士6进5　　24. 马七进六　　马9退8

25. 马六进四

红方双马炮兵位置俱佳，中兵随时待命，胜势已成。

25. ……　　炮7进2　　26. 马五退六　　象5进3

黑棋困守愁城但绝不甘心束手待毙，高象准备跃出底马。

27. 马四进二　　马4进5　　28. 兵七平六　　马5退3

29. 马六进四　　马3进2　　30. 兵六平七　　马2退3

在时间和形势的双重压力下，使得小吴这几步棋走得有些缺乏计划，黑右马左冲右突仍未能杀出重围。以下就成为赵殿宇一个人的表演了。

31. 炮六进三　　马3进5　　32. 马四进五　　象7进5

33. 兵七平六

暗藏马二进三将5平6，炮六平四炮7平6，兵六平五得子的手段。

33. …… 士5退6 34. 马二进三 将5进1

35. 炮六平五 象5退7 36. 兵六平五 将5平4

37. 兵五平四 炮7平9 38. 炮五平一

以上一段马炮兵的联合攻击，棋迷朋友不可等闲视之。赵大师年纪虽轻，功夫却是老辣，占尽便宜后再从容灭卒，现在士象均在射程之内。

38. …… 象3退5 39. 兵四进一 马8进6

40. 兵五进一 马6退7 41. 炮一退二

红方净多双兵且破去一士，黑方无力回天，以下照录原谱，解说从略。

41. …… 士6进5 42. 炮一平三 马7进9

43. 兵四平五 象7进5 44. 马三退五 马9进8

45. 仕四进五 将4退1 46. 兵五进一 马8进7

47. 帅五平四 马7退6 48. 兵五平四 马6退4

49. 炮三平五 炮9平5

50. 兵四进一 炮5进1

51. 马五退六 马4退2

52. 炮五进五 马2进1

53. 马六进七 将4平5

54. 炮五平九 马1进3

55. 兵四进一 马3退4

56. 兵四进一 马4进6

57. 炮九进一 炮5平6

58. 帅四平五 马6进7

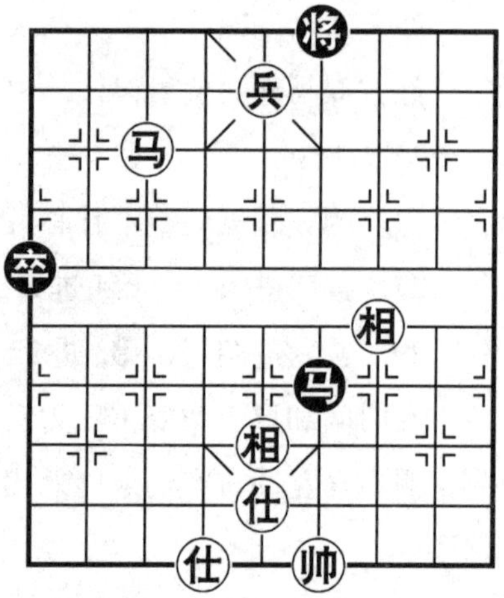

图二

59. 帅五平四　马7退6　60. 帅四平五　马6进7

61. 帅五平四　马7退6　62. 帅四平五　炮6平1

63. 炮九退四　卒1进1　64. 兵四平五　将5平6

65. 帅五平四（图二）

如图二，黑方虽英勇抵抗，怎奈兵力悬殊，至此黑马被缚将束手待毙，红方获胜。

赵殿宇布局得势后，运子有方，马炮纵横，体现了相当的功力。京冀联队最终凭此局5比3小胜，从客场带走两分。

第二十七局　围歼来犯之敌

2017年8月20日，象甲第二十一轮，山东队主场迎来了象甲新贵杭州队。

常规赛已近尾声，领头羊广东碧桂园队和追赶者内蒙古伊泰队齐齐放缓了脚步，杭州队以及后面的上海、江苏、浙江也不紧不慢裹挟着前行，连续几轮排名没有发生变化。有降级之忧的山东队已经连续十轮没有尝到赢棋的滋味，上一场胜利还是第十轮客场以8比0血洗杭州象协所得，不过那已是近两个月之前的事情了。积分榜上，山东队虽然目前排名倒数第五，其实与厦门、黑龙江大分相同，仅以局分稍多而有着极其微弱的优势。最后的六场棋，他们分别要与杭州、江苏、内蒙古、湖北、浙江、京冀联队相遇，没有一个善茬，可以说保级形势非常严峻。

反观杭州队，日子却是非常滋润。他们已经连续好几轮牢牢占据着探花的位置，季后赛门票基本已经到手。广东、内蒙古队得分一直居前。榜首广东队双雄一如既往地稳定，杭州队虽有王天一这个超级射手，要想追赶上去恐怕是困难重重（本届象甲联赛规定：常规赛的冠亚军可以在季后赛休息一轮直接进入半决赛），不如安心保住季后赛资格，同时也要锻炼一下新人，为残酷的淘汰赛做好准备。本场比赛就在这样的背景下拉开了战幕。

山东队打头阵的是李翰林大师，他的对手是杭州小将李炳贤。

李翰林，1994 年出生，山东青岛人，2011 年全国青年赛冠军，2015 年第三届全国智力运动会青年男子组冠军。李翰林的棋风稳健细腻，参加象甲联赛以来胜率始终保持在保本以上略有盈余（这在象甲里面是一个足以值得骄傲的成绩），是山东队的中坚力量。本届联赛前面二十轮，李翰林出满全勤，两胜十七和一负，仅负于郑惟桐一局。

李炳贤，1998 年出生，浙江杭州人，象棋大师。他最辉煌的战绩是 2016 年全国个人赛男子乙组冠军，要知道这个是很难拿到的。小李去年表现确实抢眼，在象甲的首秀中赢了好几个全国冠军。但今年的战绩却有些波动，因为是替补身份，所以之前只出场十次，两胜一平七负，稳定性不够。不过，也要考虑到今年杭州队绝大多数情况下都是王天一拿红棋，这样替补队员拿黑棋的次数肯定远远多于拿红棋，承受的压力更大。尤其是在一心想要顶和的情况下，如果棋手本身是攻杀型的棋风，更觉别扭，有待慢慢调整总结吧。

山东　李翰林　先胜　杭州　李炳贤

仕角炮对屏风马

2017 年 8 月 20 日弈于济南

1．炮二平四　卒3 进 1　2．马二进三　马8 进 7

3．车一平二　车9 平 8　4．相七进五　马2 进 3

李翰林对各种布局研究有素，此时采用自己平时甚少走的仕角炮开局恐怕是有备而来吧！印象中，翰林大师多走仙人指路或飞相局，中炮也偶一为之，仕角炮则是十分少见。李炳贤不落俗套，以堂堂正正的屏风马应对，避开对手的赛前准备。双方一开局就斗智斗勇。

5．兵三进一　　车1 进 1　　6．马八进七　　车1 平 4

黑车控制 4 路肋道，稳正的下法。如车1 平 6，仕六进五车6 进 5，兵七进一卒3 进 1，相五进七，黑劳而无功，红左车将从六路顺利出动。

7．车二进四　　马3 进 2

红方进车巡河，是想马三进四构成良好的堡垒。如不进车而直接跃马，黑有炮8 进 5 手段，红颇受制约。黑马外翻有些随意，不如炮8 平 9 直接兑车较为简明。亦可马3 进 4，也是抗衡之势。

8．炮八退二！（图一）

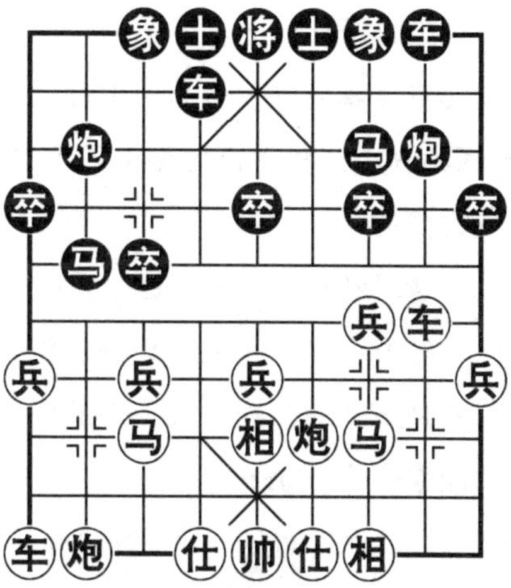

图一

退炮好棋，轻灵之着，体现出红方深厚的布局功力。如炮八进五，则炮8 平 2，车二进五马7 退 8，则平淡乏味，红难以进取矣。

8．……　　　　马2 进 3　　9．炮八平七　　炮2 平 3

黑自然不肯主动兑炮以利红左车先手杀出，于是马踹七路兵。红平炮一打，黑无奈平炮护住。因如马3 退 4，则马七进六；又如马3 退 2，则兵九进一，红方都有不同程度的优势。

10．车九平八　　炮8 平 9　　11．车二进五　　马7 退 8

12．车八进三　　卒3 进 1

红方针对黑棋冒进的过河马予以攻击，先手已经扩大。如何处理好这一问题，将会牵一发而动全身，对全局影响甚大。李炳贤驱卒渡河，意图通过战术转换来改善黑马的处境，不料越陷越深，波及全局。此手可以委曲求全，走车4平6，仕六进五马3退4，车八平六车6进3，炮七进五炮3平4，双车兑尽后红方虽然具备空间优势，但黑方回旋余地很大，可在下风中耐心等待机会。

13. 仕六进五　　车4进4

红方补仕引而不发，增加黑方犯错误的机会，是临场的一种策略。其实直接相五进七也简单占优，试拟一变：相五进七马3退5，兵五进一炮3进5，马三进四炮9平5，仕六进五，黑棋要处理的问题很多，红方优势。

14. 马七退八　　炮3平8

红方退马，是以退为进的好棋，揪住黑方毛病不放。黑方平炮的目的是想从横向掩护被围困的黑马，但太过迂回，不如象3进5，炮七进四炮9平8为好。

15. 炮七进四　　炮8进4　　16. 炮四进一

步步紧逼，缩小包围圈。

16. ……　　　　马3进4

明显示弱。既然局面已经落入下风，明知作此交换后对己方大大不利，还不如索性弃子把局面搅乱。黑棋可以马3进5大胆弃马搏杀，或许还有浑水摸鱼的机会。以下相三进五车4平7，炮七退二炮8进1，虽然说红方多子占优无疑，但黑棋也有些战术机会。实战中进马交换的结果，步数上面大亏，红方完全掌握了主动权。

17. 马八进六　　车4进3　　18. 车八进二

经历了前面的蛰伏，红方抢到宝贵的先手，一招进车骑河，宛如飞龙在天，气势逼人！黑棋陷入苦战。

17. ……　　　　车4退3　　19. 炮四平三

头脑冷静。如随手车八平二，则炮8平7，伏车4平3的先手，红方前功尽弃。

19. ……　　　　炮8退4

退炮败着。此时黑方已很难办，只能尽量给对手设置障碍，将局面搞得复杂一些，才有一线生机。所以，可考虑炮9平5，顽强抵御。实战退炮后局势完全由对手掌控，再无翻盘的机会。

20. 车八平二　　车4退3　　21. 兵三进一

千里之堤毁于蚁穴，红方刚好有此巧着，一举突破防线。

21. ……　　　　卒7进1　　22. 炮三进六　　士6进5
23. 炮七平二　　炮8进3　　24. 车二进四　　炮8平2
25. 炮三平六　　士5退6　　26. 炮六平四　　炮2进4
27. 马三进四　　车4平3

以上一段红方通过强迫性的兑子后，正好有机会表演“炮碾丹砂”杀法，左右开弓毁掉黑方的禁卫军后，策马出城，正是“春风得意马蹄疾”也。

28. 仕五进六　　车3进7　　29. 帅五进一　　车3退1
30. 帅五退一　　炮9平2
31. 马四进五（图二）

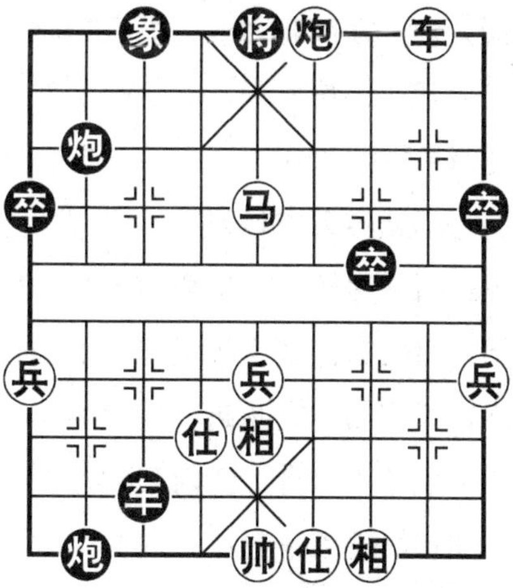

图二

如图二，红方马踹中营，后发先至，锁定胜局。以下黑方对攻速度慢了一拍，红棋随时可以通过进攻而兑掉黑炮，而一旦兑子后，黑藩篱尽毁，无法抵挡红方的攻杀。

31. ……　　　　象3进5

如走将5进1，红马五进

三，黑也始终慢一拍。读者有兴趣的话可以自行推演，在此不再浪费篇幅。

32. 炮四退二　象5退7　33. 车二平三　将5进1

34. 炮四平二（红胜）

终局形势，黑如炮2进6，红马五进三将5平4，炮二进二（伏车三平六弃车杀），车3平8，马三进四将4退1，马四退五将4进1，车三退一将4进1，马五进四，绝杀。

李翰林漂亮的赢下此局，第二盘杭州队王天一扳回一城，最后两队打成平手。

第二十八局　快剑如风

年少万兜鍪，坐断东南战未休。天下英雄谁敌手？曹刘。生子当如孙仲谋！

这半阙“南乡子”，乃是南宋爱国词人辛弃疾流传千古的名篇。词人登上京口北固楼，极目远眺，抚今追昔，不由对八百多年前继承父兄基业，与曹操、刘备鼎足而三分庭抗礼的孙权大加赞赏。今天借花献佛以此用在浙江少帅赵鑫鑫身上，诚不为过也。

赵鑫鑫天资聪颖，少年成名。2007年以19岁稚龄而荣登大宝，成为新中国第十三位全国冠军，2009年获得世界冠军。前几年挑起重担，出任浙江队主教练。在他的带领下，一大批新人崭露头角，徐崇峰、王家瑞、赵旸鹤、孙昕昊等小将如雨后春笋茁壮成长，浙江队的成绩也稳步上升。队内29岁的赵鑫鑫成为带头大哥，25岁的黄竹风亦如蜀汉姜维一般让人放心，假以时日，浙江队定能与广东、内蒙古等强队一争短长。

象甲第十九轮，浙江队主场迎来了杭州象协队。此前浙江队积 20 分排名第五，仅以局分优势列在江苏队之前，比第七位的京冀联队也只不过高出一分，可谓后有追兵。回想去年，他们在最后关头败于内蒙古，痛失季后赛席位，教训深刻。因此，本轮是抢分的大好机会，不容有失。

赵鑫鑫身先士卒，首发出场。他的对手是杭州象协队 19 岁的吴欣洋。吴欣洋虽然不是大师，但上个循环却有力克黄竹风的壮举，前两轮又战胜过山东陈富杰，也是有一定实力的年轻棋手。

浙江　赵鑫鑫　先胜　杭州象协　吴欣洋

飞相局对进右马

2017 年 8 月 5 日弈于杭州

1．相三进五　　马2 进 3　　2．兵三进一　　卒3 进 1

3．马二进三　　马3 进 4

赵鑫鑫以他拿手的飞相开局，吴欣洋跳起右马，这也是近年来十分流行的下法，河北队尤其擅长此阵。第三回合，黑急进右马盘河，是十几年前后手方惯用的变例，姿态积极。最近几年，通过大量实战，高手们普遍改为车1 进 1，更为含蓄。

4．马八进七　　炮8 平 4

红方起左正马，厚重的走法。另有马八进九注重子力结构的协调性，并有炮八进三的扩先手段，但黑方可以强硬地走炮8 平 5，抢夺中兵，足可一战。黑方平炮过宫，加强河口马的位置。如炮8 平 3，红可兵七进一兑兵活马，黑方步数亏损无益。

5．炮二进三

积极求战，是赵鑫鑫深有体会的变化，针对黑马进行打击。

5．……　　　　马4 进 3　　6．炮八进四　　马8 进 7

7．炮八平七　　炮2平3　　8．车九平八（图一）

如图一，红方左推右攻，顺利开出左车，以下要攻击黑方过河孤马，先手已有扩大之势。看来黑方急进先锋马的变例勇猛有余而柔韧不足，这可能也是更多人在第三回合选择车1进1的原因吧。

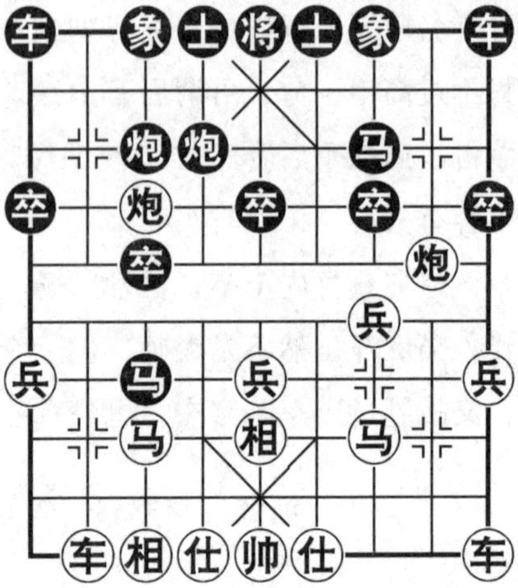

图一

8．……　　卒3进1

9．相五进七　　炮3进3

实战黑方驱卒渡河，赵鑫鑫毫不犹豫以相换卒，显然对此有过充分的准备。

10．车八进三　　车9平8　　11．车一平二　　炮3进2

以炮换马，被逼无奈，步数甚亏。此时如改走炮4平3，红马七退九轻灵避让，黑有失子之虞。

12．炮七退四　　马3退4　　13．车八进二

弃相之后红方各子俱活，现在进车更是狠辣异常。如兵三进一，黑马4退5，兵三平四象3进1，红方虽然有兵过河占优，但尚不及此手厉害。

13．……　　马4退5

委曲求全，如马4退3，车八平七，黑方节节败退损失更大。

14．马三进四　　车8进1

红马扑出呈全面推进之势，黑短抬车准备增援右翼，否则红有炮七平二将黑车打回原位。

15．马四进六　　车8平3？

平车败着。红方已经是春风得意马蹄疾，黑右车应该尽早参加战斗。故此黑应走象3进1，希望能够走到车1平3，以下红若马六进八，则炮4退1苦守。实战平车应属误算，被红单枪匹马破门而入。

16．马六进八　　车3进2　　17．炮二平七　　炮4平2

黑方之所以选择平车，全仰仗这一手平炮解围。那么，真的能够解围吗？请看：

18．后炮进四　　炮2进2　　19．前炮进一　　士4进5

黑方使出了苦肉计。

20．前炮平六（图二）

如图二局势，赵鑫鑫图穷匕见，一手平炮于士角蹩马腿，黑右车"出师未捷身先死"，棋局顿时戛然而止。黑原本以为红方前炮平三吃马，则车1平2！必能捉死红马，先弃后取，黑方便可化险为夷。哪知红棋算度更为深远精妙，剑光一闪，已是血溅当场，至此红方获胜。

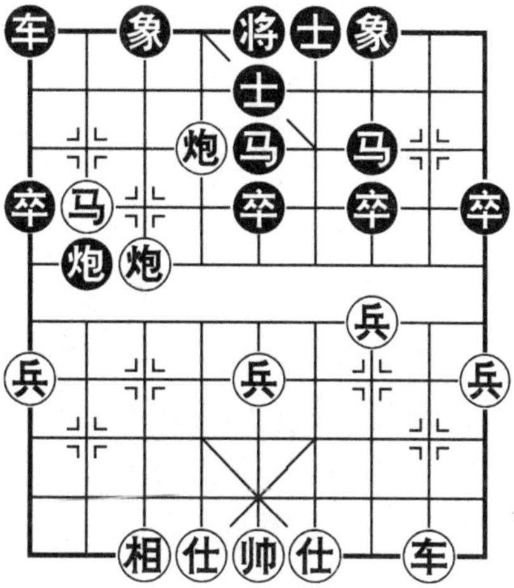

图二

本局短小精悍，尤其最后一招意味隽永，堪称佳构。赵鑫鑫强大的攻击力和精深的算度，于此可见一斑。

浙江队本轮以6比2击败杭州象协队，排名上升到第四位，朝着季后赛又迈出了坚实的一步。

象甲第二十四轮到大结局

2017 年 11 月 4 日

今天是全国象棋甲级联赛番禺站比赛的报到日，因本年度的全国象棋个人赛与番禺站的象甲联赛是无缝对接，参加个人赛的部分运动员教练员和媒体人员从深圳坪山移师广州番禺。

我乘坐的一辆大巴是最后出发的，工作人员反复清点人数以后才放行，大约已经快下午两点钟了。

眼下正是深秋时节，岭南大地依然是阳光和煦，满目葱茏。

车厢内静悄悄的，没有嘻笑和喧哗，棋手们似乎没有欣赏美景的雅兴，有的竟然已经酣然入睡了，连日征战的疲惫，此时正是补觉的良机。

从坪山到番禺大约要两个多小时车程，据说还要经过虎门大桥，我听说后不觉精神一振，对虎门的亲和力是从中学学历史的时候就开始的，“一八三九六月三，林则徐在虎门烧大烟”，当年老师教的顺口溜至今还记得，眼巴巴的等待，一直乘车到了番禺，也没有看到虎门大桥，原来为了怕堵车，汽车另辟蹊径了。

到番禺时已经快天黑了，我们下榻在君御酒店，将近四个小时的旅程，比预计的时间将近翻了一倍，我平时出门不多，此时最能体会到棋手们四处征战的辛苦，等待他们的将是又一场你死我活的拼杀。

2017 年 11 月 5 日

腾讯棋牌天天象棋 2017 全国象棋甲级联赛“石碁红木小镇杯”第三阶段赛会制的比赛，今天下午 13：00 点在番禺君御酒店拉开战幕。

这是今年象甲第 24 轮的比赛。今天下午场是河南对厦门，京冀联队对杭州集团队，浙江民泰银行队对江苏海特股份队。

今天晚场是内蒙古队对杭州象协队，黑龙江农村信用社队对广东碧桂园队，上海金外滩队对四川成都龙翔通讯队，山东重汽队对湖北光谷队。

比赛经过二十四轮，二十五轮，二十六轮，最后决出前六名队。

比赛从 11 月 8 号进入季后赛（淘汰制），目前积分榜上前六名的排序为，广东碧桂园队，内蒙古伊泰队，杭州环境集团队，江苏海特股份队，上海金外滩队，浙江民泰银行队。

千年国粹融汇百年古镇，各路豪强际会番禺鏖兵，谁能雄霸天下，南面称王？必将是好戏连台。

比赛首日就爆出了大冷门，塞外铁骑内蒙古队 2∶6 不敌杭州象协队，再次印证了“象甲无弱旅”那句老话。更让人意想不到的是，杭州象协队出彩的两位都是少年郎，而且吴魏和吴欣洋真是无所畏惧，都是执后手分别战胜了洪智、郝继超。闻讯后教练马天越不禁喜上眉梢，为小字辈们不畏强手，茁壮成长感到欣慰！

广东 7∶1 碾压黑龙江，四川和山东都是以 5∶3 的同样比分，分别战胜上海和湖北。

王天一与蒋川激战成和，杭州与京冀联队其他三台都平分秋色，浙江对江苏，厦门对河南也都是 4∶4 战成平手。

此次象甲番禺站与以往不同，象棋大师进企业，进学校，进社区活动有声有色，受到了各界人士的热烈欢迎，这是中国象棋协会，广东省棋类协会砥砺前行，锐意改革取得的丰硕成果。

11 月的广州，秋色宜人。在这丹桂飘香的金秋时节。象棋世界冠军、特级大师吕钦，率弟子象棋女子全国冠军、特级大师陈幸琳，女子全国冠军、特级大师陈丽淳，“棋”聚番禺，“棋”聚永华红木。

百年一寸，五寸成材。广州永华红木家具，弘扬中国传统红木家具的文化，突出红木的文化艺术价值。红木做成的棋具更是饱含韵味，棋文化和红木文化的交融，相得益彰。

象棋大师走出棋盘，走进企业，完成了一种跨越。

广东省棋类协会副秘书长，广东省鼎新高科女子象棋队领队孙寿华陪同三位特级大师一同前往。活动的重头戏是车轮战，棋迷们能与心中的偶像过招，群情激奋，场面火爆，吕大帅一对十率先结束战斗，阵阵掌声响彻大厅。陈幸琳八胜二和，陈丽淳九胜一负，围观者目睹巾帼英雄的丰采，啧啧称赞！这期间还安排了一个特别节目，世界盲棋三大高手之一，象棋大师党斐应邀来到石碁中学，给数百名学生进行了励志演讲，礼堂的走廊里都挤满了人，一个多小时的演讲会场上一直鸦雀无声，从五岁学棋一路坎坷，情到深处感人至深，就连我这个“老江湖”都差一点热泪盈眶！

2017 年 11 月 6 日

2017 全国象棋甲级联赛第二十五轮的比赛，其中粤沪之战无疑是人们关注的焦点之战，这两支老牌的象坛劲旅是一对几十年的老冤家了。人们不会忘记，早在 1960 年第一届全国象棋团体赛，上海队获冠军、广东队获亚军。人们也不会忘记，2003 年第一届全国象棋甲级联赛，上海队获冠军、广东队获亚军，这宿命般的轮回，彰显着这两支雄狮的无比强大和经久不衰。只不过是近年来粤军的实力更为强劲，发挥更为稳定而已。

首战双方都派出强将以夺先声，广东郑惟桐与上海孙勇征都肩负重任，志在必得，二人以对兵局拉开战幕，局面一直密云不雨，交战至马炮残局，郑惟桐下得更为耐心，寻机一兵换得一马一士，形成多子必胜残局，力拔头筹。

粤沪之战第二盘，由上海特级大师万春林对广东特级大师许国义，双方布局未几便兑掉双车，都希望在漫长的中残局较量功底，局面一直平淡无奇。因上海队先失一局，万春林着法积极，优势中谋取对方一士，但久攻不下。再交换子力后形成马炮单相对黑双马单象卒的局面，最后演变成炮相对马卒的例和残局，因时间关系，被黑方软缠硬磨，寻机取胜。

局后万春林提出检查自然限着的步数，通过录像。黑方没有到60回合，红方只能接受这个现实。

广东队两战皆胜领先，接下来谢靖先和许银川，张学潮先和赵玮6：2广东队胜出。杭州队与黑龙江队同样以6：2的比分，分别战胜杭州象协队与河南队。

有道是几家欢乐几家愁，河南，黑龙江，湖北，杭州象协四家要降三家，湖北队5：3战胜内蒙古，保级无望，只能为荣誉而战。

11月6日，参加象甲的全部12位全国冠军，走进石碁中学。他们是吕钦，赵国荣，柳大华，许银川，洪智，赵鑫鑫，蒋川，王天一，孙勇征，谢靖，郑惟桐，徐超。

广州市番禺区石碁中学，是全国象棋特色学校。象棋已进入第一课堂。据学校邓校长介绍，全校每一个学生都必须学会三种棋（象棋，围棋，国际象棋），坚持“智慧人生从此起步”的教学理念。为学生美好的人生奠定基础。

石碁中字教学楼上悬挂的一副对联引人注目：

石桌陈兵　誉宫论艺　喜见楚河一着全盘凭智慧

碁坛会将　粤海腾龙　更闻汉界飞车跃马振神洲

大师们走进校园，也被浓厚的棋文化氛围所感染，一系列的互动节目热情洋溢，让同学们领略到象棋的博大精深和学习传统文化的深刻内涵。

大师们在自己的著作上签名，是送给学生们的最好礼物。

植树，功在千秋。把象棋的根播种在孩子们的心里。

把自己的智慧人生，讲给学生们听。

手把手下指导棋为同学们面授机宜。

学校一下子来了这么多全国冠军，能和他们学习一盘，真过瘾！

大师走进学校，是传承象棋文化的必由之路。把全国象棋甲级联赛的季后赛放在学校，更是象甲历史上的创举。

2017年11月7日

今天是2017全国象棋甲级联赛常规赛的最后一轮，历经半年时间的烽火洗礼，谁能挺进前六名的决赛圈？无疑是万众瞩目的焦点。

广东3∶5不敌厦门，多少有点出人意料，但仍以场分40分高居14支代表队之首，内蒙古5∶3胜黑龙江，积37分位居第二，有了王天一的杭州队6∶2大胜四川，以第三位的身份挺进季后赛，而2016全国象甲第三名的四川队竟然跌至第九，这不能不让人们对象甲赛场的风云起伏变化莫测而感慨万千！

江苏、浙江、上海分别排名4至6位闯入季后赛，山东、京冀联队、四川、厦门、河南分列7至11位，河南新军保级成功实属不易。后三位的黑龙江，湖北，杭州象协队跌入沦陷区，只能蓄势待来年了。

2017年11月8日

全国象棋甲级联赛大踏步走进学校。

本次比赛由中国象棋协会主办，广东省棋类协会、广州市番禺区文广新局、广州市番禺区教育局、广州市番禺区石碁镇委镇政府联合承办，广州市番禺区石碁中学、深圳市华阳文化体育发展有限公司联合协办。

季后赛移师番禺石碁中学，把全国象甲联赛决赛这样一个重大赛事放在一所中学进行，这是中国象棋协会和广东省棋类协会联袂弈出的颇有创意的新局，其深远的意义难以估量。

季后赛（采用淘汰制）是由常规赛的前六名巅峰对决，他们是广东，内蒙古，杭州，江苏，浙江，上海。

从君御酒店到石碁中学，大约有不到一刻钟的车程，当我们走进校园的时候，已是彩旗飘飘一派节日景象。闭幕式的舞台正在紧张地搭建，在这里将要上映一场历史大剧。

比赛场地设在石碁中学体育馆，下午 13：00，裁判长、象棋国际特级裁判栾晓峰宣布象甲季后赛第一轮比赛开始，江苏对浙江。

由于两队势均力敌，4：4 的结果双方都能接受。其中江苏悍将孟辰，在劣势下更显杀气不凡，逆境取胜赵旸鹤，可惜徐超超时意外地负于小将王家瑞。

按本赛规程规则规定，淘汰赛双方打平要加赛 5 +3 超快棋，电光火石之中浙江队愈战愈勇，原来广东民泰银行组织了美女拉拉队来到现场，她们拉起了横幅，为同行业的棋队鼓劲加油，给赛场平添了一道靓丽的风景。

美女助阵，必有勇夫！孟辰轻取徐崇峰，黄竹风挑落孙逸阳，赵鑫鑫报了几天前个人赛的一箭之仇，浙江 10：6 战胜江苏，今年全国象棋个人赛新科状元徐超两战皆墨，着实叫人大跌眼镜。

晚场，杭州与上海两队挑灯夜战，其中王天一与赵玮之战，紧紧地吸住了人们的眼球。

2017 年全国象棋甲级联赛，王天一的回归成为最大看点。90.4% 的“魔鬼胜率”，已然给象甲书写了神话。

在挺进四强的激战中，面对上海队这支老牌的棋坛劲旅，王天一第三个出场，他的对手是赵玮，人称“赵大力”，是上海队新锐。

王天一执红，以起马局拉开战幕，继而双横车布阵，稳步推进。在兑掉一车之后，黑方的另一支车还在家里，红棋明显占优。

接下来，红驱动车炮双马发动侧攻，捕获的利益是破掉了对方一象，“缺相怕炮”，是初学者都懂的棋理，况且黑将不安于位，红还有过河兵助阵，毫无疑问，王天一已经胜势在握。

黑方当然不能坐以待毙，车马卒发动反攻。就在黑方策马扑槽之时，红方选择了扬相勒马。对弈中前行的每一步都需要扎扎实实地努力，而瞬间的失控，就像垂直加速度的滑梯，而这一刻，被对手等到了。

此时，红方完全可以补士，撤兵回防，把战线拉长，不正是王天一的强项么？但他没有，因为隆隆前行的战车已经刹不住了。

弃象拦马的代价实在是太大了。

而此时的黑方，车马卒已形成集团冲锋，同样是一手扬象，有人称之为“天外飞仙”，让王天一陷入万劫不复之地。

第73回合，黑方在红方侧翼底线，做成冷杀。

获胜后的赵玮喜形于色，都憋不住地笑出声来。

轻轻的一声叹息，给王天一的象甲之旅画上了句号。

然而，正如他的粉丝们所说，王天一，像神一样地存在着。

是的，正因为有无可未知的未来，竞技体育的魅力永不褪色。

这盘棋胜负易手，导致杭州队应胜反负，3∶5不敌上海队，可能是英雄相惜的缘故，大师吕钦说，王天一这盘棋输得太大了！

2017年11月9日

世界冠军、国际特级大师吕钦率弟子女子全国冠军、特级大师陈幸琳和陈丽淳，大师李鸿嘉一行，走进石基社区文化广场。受到社区居民的热烈欢迎。

在短短的几天里，象棋走进学校，走进企业，走进社区。其情其景令人难忘，广东这片象棋热土，象棋的种子已经深深地扎根于民众之中。

今天是半决赛。

常规赛第一的广东队选择了昨天获胜的浙江队，那么内蒙古队就只能对上海队了。

淘汰赛的残酷性都让参赛双方的棋手不敢有丝毫的松懈。广东队“双核驱动”，郑惟桐与黄竹风战至残局，上演了“双马饮泉”的好戏，但见蜀山棋侠双骑追风左右纵横上下翻飞，胜来煞是好看！

广东队另一个先手给了许银川，徐崇峰执黑面对强敌，明知道单凭功力是讨不到半点便宜，所以布局未几便挑起战端，继而弃炮轰相以求乱战，许银川是何等人物？历来是借力打力的高手，只见他处变不惊，守中带攻，轻舒猿臂把对手斩落于马下。

其他两盘战和，广东 6∶2 胜浙江，挺进决赛。

内蒙古与上海 4∶4 战成平手，经过加赛快棋的苦战，最终 10∶8 战胜对手，与广东队会师巅峰。主帅洪智身先士卒，见神杀神，遇佛杀佛，为内蒙古队晋级决赛居功至伟。

浙江与上海在争夺第三名的决赛中也杀得难分难解，最终浙江 9∶7 胜出。

2017 年 11 月 10 日

这一天是天下棋迷都翘首以待的日子，全国象甲六冠在握的岭南雄师与上届亚军塞外铁骑狭路相逢，一场“天地大冲撞”一触即发！

说来也巧，自 2003 年开始，全国象棋甲级联赛已经走过 14 个年头，广东队六次大魁天下，夺冠的年份分别是 2004 年，2006 年，2008 年，2012 年，2014 年和 2016 年。夺冠的年份竟然都是双数年，这似乎是一种宿命，而今就要看广东队能不能打破这个魔咒了？

我赛前得到的第一个信息就是喝酒豪放的吕大帅这两天滴酒不沾

了。他私下里对我讲他可能会上场。

吕大帅一早就来到赛场，早早地坐到了媒体席上，这里不受干扰，而且赛场的情况一览无余。

内蒙古伊泰象棋队是近年崛起的象甲豪门，2015 年第三，2016 年第二，步步高升的势头显示了强劲的实力和问鼎中原的雄心壮志。

主帅洪智是威震弈林的乱战枭雄，他在本年度的射手榜上仅次于王天一和郑惟桐位居第三，再加上有东北虎赵国荣的辅佐，如虎添翼。赵国荣是六零后棋王中的一面旗帜，至今还一刀一枪地征战象甲沙场，不能不让人们肃然起敬！还有郝继超和蔚强，也都是抢关夺旗不可小觑的人物。

广东碧桂园象棋队，是全国象甲 14 支队伍中，唯一拥有全特大豪华阵容的王牌队伍，主帅吕钦虎帐谈兵指挥若定，众将领齐心协力唯马首是瞻，许银川、郑惟桐双剑合璧，许国义、张学潮亦可独挡一面。

早上 8∶00 整，比赛开始了。

第一台洪智对张学潮，洪智把自己排在第一个出场，志在先声夺人。

双方以对兵局拉开战幕，洪智采用惯用的左横车右移，试图从三、七线寻找突破口，张学潮第 5 回合即伸炮倒骑河攻击红方河口马，一时间已是战云密布剑拔弩张了。第 15 回合洪智策马从边线切入，直奔卧槽，不承想这匹并不起眼的卧槽马竟让黑方如鲠在喉，疲于应付了。

接下来红方的后续部队蜂拥而上，很快便形成了三子归边之势，战至第 35 回合，张学潮见无力回天，就爽快认负了。

洪智力拔头筹，内蒙古队 2∶0 领先。

第二台郑惟桐对赵国荣。

二人以常见的中炮过河车对屏风马平炮兑车布阵斗法，郑惟桐采用五九炮阵式，这也是他的强项布局之一，先手较容易掌握。赵国荣则选择双炮过河应对，旨在封锁红方兵线，第21回合黑方寻机兑掉了红车，而另一只红车被黑炮压制，局面呈胶着状态。缠斗至27回合，郑惟桐突然弃中兵中路发力，双马如龙盘旋而出，赵国荣见招拆招逼兑一马，扼制红方汹涌的势头。岂料第43回合，红方七路兵强行涉水，同时送入卒和象口中，但黑方却不敢吃，说是迟那时快，只见红兵衔枚疾进，铁骑突出刀枪鸣！与天地炮遥相呼应，浑然一体，终于演成精妙杀局。

郑惟桐回敬颜色，场上比分2：2。

第三台郝继超对许国义。

不知道什么原因，第三台的比赛迟迟没有开始，他们二人早已来到赛场，只是各自远离棋桌，抬抬胳膊伸伸腿，好像是在做自由体操，用肢体的舒展来减缓紧张压抑的心情。

此时赵国荣、洪智、郑惟桐三巨头聚在研究室里复盘，无声的交流迟迟不肯散去，看着他们摆出的一个又一个的变化图，不由得让人暗自喝彩！

此时学校的操场上，正在上演由美女大师时凤兰主持的棋王真人秀，隐隐约约可以听到一阵阵欢声笑语，实在是分身乏术，要不然怎么会错过赵鑫鑫、孙勇征等棋王的精彩演出？

此时的吕大帅依旧坐在媒体席上，一直没有起来走动，脸上的表情依然凝重。

二人终于入座，第三台比赛开始了。

郝继超飞右相起手，许国义还以左中炮，说起飞象局对左中炮的兴起，要追溯到20世纪六七十年代，那时上海队喜欢用飞象局，广东队则喜欢用左中炮应对，两个队都形成了各具特色的传统法宝。

此局给人的感觉是双方都小心翼翼，一波又一波的兑子在不停地简化局面，红方依仗先手之利，取得了多一通头边兵的优势，而且兵种齐全，车马炮对车双马。

郝继超后盘发力，右翼卧槽马与左路车双管齐下，形成左右夹击之势，炮立士角栓住对方车马，边兵长驱直入犹如无人之境，岂奈关键时刻一步平兵走错了次序，被许国义抓住了这千载难逢的机会，栓死了对方的车兵，郝继超只能望洋兴叹了！

赛后复盘时发现，如果红方先平车……而竞技体育的残酷就是在于没有如果。红方也只能接受和棋的结果。

场上比分 3∶3。

历史竟是如此惊人的相似，2016 年全国象棋甲级联赛冠亚军决赛，也是在广东和内蒙古之间展开，最后一台也是许银川对蔚强，不过那一盘许银川只需下和广东队就可登顶，而今变数丛生，看来大家一定要把悬念进行到底。

是局许银川先手飞起了右相，蔚强还以左中炮，刚好是第三盘比赛的翻版，只不过黑方第二手就炮取中兵先得实利了。

接下来双方都围绕中心区域勾心斗角，许银川连续两步运炮摘掉了黑方硕果仅存的中卒，并在缠斗中掠去了黑方一象，局面渐入佳境。

现在已经到了中午吃饭的时候，工作人员送来的盒饭，媒体人员也都抓紧时间先吃起来，做持久战的准备，吕大帅也匆匆抓起来一盒，草草吃了几口先垫垫肚子，网上网友们也都期盼吕大帅出场，吕大帅说，如果打到加时赛我就上！

记得 2016 年决赛最后那盘棋，蔚强已经残去了许银川一士，车马对车炮久攻不下，左冲右突出尽八宝，仍难越雷池一步，硬是被许银川走满限着，而今已方残一象，下风中的蔚强苦思冥想，谁知，超时的铃声响了。

广东队与内蒙古队历史性的较量定格在 5∶3。

广东碧桂园象棋队强势夺得象甲第七冠，不仅打破了魔咒而且蝉联了冠军桂冠，延续了梦之队的神话。

内蒙古伊泰象棋队获得亚军，浙江民泰银行象棋队获得季军。四至六名为上海金外滩象棋队，杭州市环境集团象棋队，江苏海特股份象棋队。

常规赛最有价值棋手王天一。

季后赛最有价值棋手洪智。

下午，在碁石中学，举行了 2017 全国象棋甲级联赛隆重而盛大的闭幕式。

38　奇兵突击

图 38 是冠亚军巅峰对决中的关键之战，是由广东郑惟桐与内蒙古赵国荣布阵斗法 40 回合形成的盘面，红方双炮已攻入对方阵地，且多一通头边兵，但主力车还在家中，一时难以通透。请看郑特大的进攻方略：

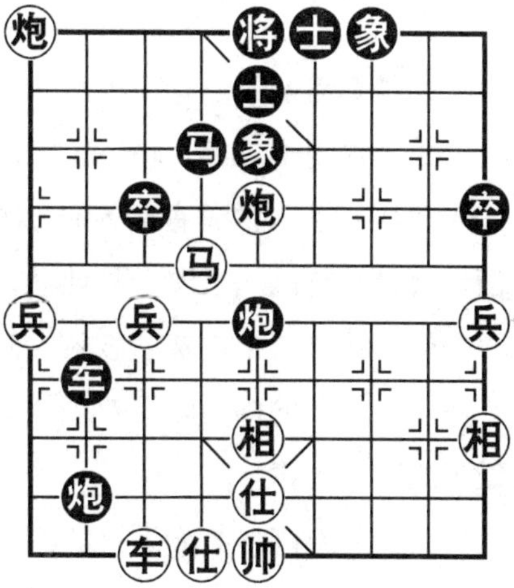

图 38

41. 马六进四　　炮5 平 6

42. 炮五退二　　马4 进 5

骏马扑槽继而退炮闪击挂角，弈来进退有方。

43. 兵七进一　　炮2 进 1

红兵强行涉水，奇兵突出是漂亮的一手！

黑如卒3 进 1，则车七进五，红大车杀出黑方难以抵御，黑不能象

5进3吃车，因红马四进六将5平4，炮五平六杀。

44. 兵七平六　　马5退7　　45. 马四进六　　将5平4

46. 马六进七　　车2退6

红兵衔枚疾进如虎添翼，马炮组杀声势相倚，黑退车解杀只此一手，如将4进1，则炮五平六士5进4，兵六平五士4退5，马七退六将4进1，兵五平六，连杀红胜。

47. 炮五平六　　士5进4　　48. 车七平八　　车2平1

49. 兵六平五

绝杀，红胜。

第二十九局　阿喀琉斯之踵

这是季后赛第一轮，杭州队与上海队争夺半决赛席位的关键战役。

象甲常规赛二十六轮战罢，进入季后赛的六强座次排定，依次是：广东碧桂园队、内蒙古伊泰队、杭州环境集团队、江苏海特股份队、浙江民泰银行队、上海金外滩队。根据规程，常规赛的冠亚军拥有少赛一轮直接进入半决赛的权利，这样广东、内蒙古将休战一轮，坐山观虎斗。剩下的四个队捉对厮杀进行残酷的淘汰赛，决出另外两个晋级半决赛的名额。

淘汰赛对阵形势如下：江苏对浙江、杭州对上海。

杭州队在常规赛中双杀上海，每次都是由王天一、赖理兄建功，其余和棋。但毕竟常规赛不是淘汰赛，没有你死我活之说。现在上海队在极其经济实惠地晋级之后，季后赛各队才突然发现：原来这是一支深藏不露的队伍，谁碰上都会头痛。

在古希腊神话传说里，半人半神的阿喀琉斯是天下群雄的梦魇，是战无不胜攻无不克的超级大英雄。在他刚刚出生之际，就有先知预言其一定会名垂青史，但天不假年，注定会战死沙场。他的母亲女神忒提丝为了避免其悲剧命运，将他在冥河中浸泡使其刀枪不入，唯一的弱点就是当时忒提丝用手捏住了阿喀琉斯的脚踝，所以阿喀琉斯的脚踵成为他身上唯一的弱点。

王天一，常规赛当之无愧的最佳棋手。当他本赛季首次亮相，便开启了抢分模式，此后一路雄风，横扫六合。二十六轮战罢，仅与徐崇峰、蔚强、孟辰、赵鑫鑫、蒋川弈和，其余 21 战全胜，中途创下前无古人的 11 连胜，胜率超过百分之九十。凭借他的神勇发挥，杭州队闯入三甲，这也是该队参与象甲联赛以来的最好名次。若将王天一誉为象甲赛场上的阿喀琉斯，诚不为过。虽然如此，但王天一也有弱点：其一，队友已经习惯了由王攻城拔寨，对其过于依赖；其二，连续的征战已经使得王疲惫不堪，状态不稳，个人赛已见端倪。在个人赛甲组比赛中，王天一的疲态已经难以掩饰，首轮先输一局给党斐，次轮又输一局给曹岩磊，对孙昕昊大优的棋也没拿下，次局才一举获胜过关。好不容易跌跌撞撞杀进决赛，终于在加赛快棋时倒在徐超的飞刀之下。心力交瘁，卫冕失败，来不及休息就马不停蹄开赴番禺，又是连续三天拼杀，铁打的汉子也难免有些吃不消了。就在人们为王天一常规赛的惊艳表现欢呼赞叹，期待他在季后赛有更加精彩的发挥时，一支冷箭破空而来，正中阿喀琉斯之踵，战神颓然倒地，悲壮地结束了 2017 象甲之旅。

杭州　王天一　先负　上海　赵玮

起马局对挺卒

2017 年 11 月 8 日弈于番禺

1．㊄八进七　　卒3 进 1　　2．㊣三进一　　马2 进 3

3．㊋二进三　❸8 进 9　4．㊌一进一　❸7 进 5

淘汰赛第一轮，江苏与浙江的比赛于下午进行，经过八盘血战，浙江淘汰江苏，晋级四强。而杭州与上海的比赛安排在晚上六点开始。杭州队第一个出场的是张彬大师，他稳健地与万春林特大战平；第二盘代表杭州出战的是越南外援赖理兄，他在后手与全国冠军孙勇征的较量中已经反先，却失之保守，没有抓住极好的围歼红马机会，最终两人也平分秋色，上海队逃过一劫。第三盘，王天一终于登台，他的对手是有“赵大力”美誉的赵玮大师。

赵玮与王天一、谢靖等人同年出生，是上海队大名单上唯一没有特级大师称号的棋手，但实力却是非常强劲。他的特点是布局纯熟能攻善守，等级分一直保持在 2500 以上，也是一位网络讲棋高手，粉丝众多。

王天一没有选择飞相局或者仙人指路，而是走起马局，希望能够尽量做到出其不意攻其不备。但当下信息时代，人工智能蓬勃发展，顶尖高手的所有对局资料都已不是秘密，有心人自然会研究拆解。赵玮这一步象7 进 5，显然有自己的心得。以往多见车9 进 1，试举一例：车9 进 1，炮八平九车1 平 2，车九平八炮2 进 4，车一平六象3 进 5，车六进三车9 平 2，车八进一士4 进 5，车八平四炮2 进 1，双方互缠。

5．车九进一　车1 进 1　6．兵一进一　炮2 进 2
7．车九平四　车1 平 7　8．车四进六　炮8 平 7
9．马三进二　士6 进 5　10．车四退三　卒7 进 1
11．相三进五　卒7 进 1　12．车四平三　炮7 平 6

平炮兑车消势，黑方布局取得了满意的效果。

13．车三进四　马9 退 7　14．兵七进一　卒3 进 1
15．相五进七　马7 进 6　16．相七退五　卒5 进 1（图一）

如图一，黑方冲起中卒，使得双马得以遥相呼应，气机通畅，看来赵玮的家庭作业准备得不错。以下双方进入中局格斗。

17. 车一平六　　马3进4

御敌于国门之外，自是要着。

18. 马七进六　　炮2退1

19. 马六进八　　炮2进4

20. 炮二平八　　车9平8

21. 马二退三　　车8进6

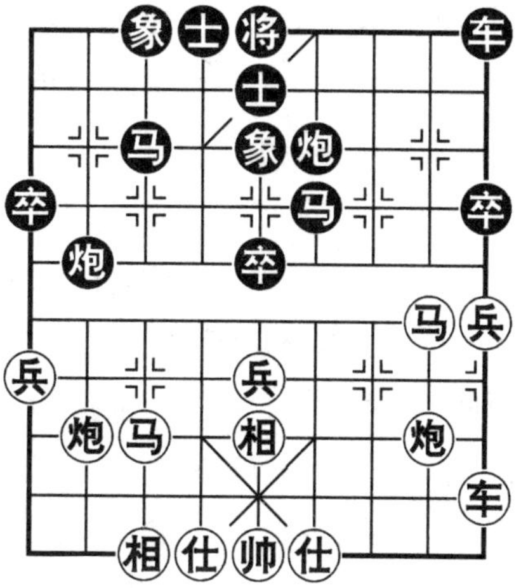

图一

黑方的防御阵型如铜墙铁壁，红方要想进取何其难哉？若无舍我其谁的英雄气概，很可能双方很快就通过大量兑子而形成和势。王天一心里清楚：对方还有谢靖尚未出场，队友后手要想在谢靖身上讨便宜，希望甚微。一旦拖入加赛，上海队实力均衡无短板，于杭州队不利。因此，王天一决心执锐攻坚。但赵玮的双马在棋盘中腹结成连环，威风八面，强攻无益，王天一于是采用了引蛇出洞的策略，引诱对方来攻，拉长战线寻找机会。赵玮此步车8进6固然是积极进取的好棋，若改走象5进3，给红马套上笼头，静观其变，却也是高明的手段。

22. 马八进六　　炮6退1　　23. 车六进三　　车8平7

24. 炮八平六　　马4退2

稍显求稳。既然21回合没有走象5进3而是车8进6以攻代守，此时就应该索性卒5进1，红兵五进一马4进6逼退红马，黑方子力活跃，是战是和，颇有回旋余地。即便对手是强大无比的王天一，对此应该也是深有顾忌的吧！

25. 车六平二　　炮6平7　　26. 车二进五　　炮7退1

27. 马六退四　　车7退2　　28. 马三进二

以上寥寥数着，红方抓住机会调运子力朝黑方薄弱的左翼攻击，至此双马连环威力大增。

28. ……　　　车7平8　　29. 马四进二　　将5平6

30. 后马进四　　车8平7

红方车双马盘旋而进，已有攻势。黑棋这几步徒劳往返，大约是时间紧张所致。这步平车准备马6退7兑子缓解局势，不如改走马2退3，争取下一步走到马3进4。

31. 炮六退一　　马6退7？（图二）

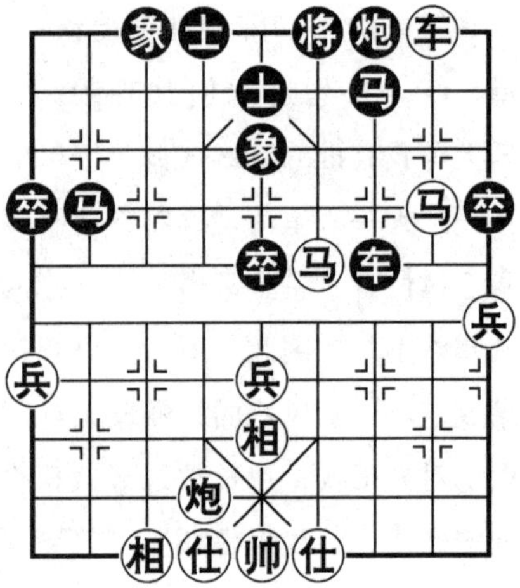

图二

如图二局面，黑方退马败招，险些酿成苦果。应先走将6平5躲避为好。

32. 炮六平四

即便是棋高如王天一者，也并非完美无瑕。临场红方走棋速度很快，一直逼迫着对方的时间。这一步随手平炮将军，看似自然，实则坐失良机。红方如果马二进三，将会大占优势。试演：马二进三车7平6（车7退3也是炮六进七），炮六进七！车6进5，帅五进一，黑方败势。实战王天一平炮照将，是惯性使然，不给黑方选择的权利，却错过了一击致命的良机。

32. ……　　　将6平5　　33. 马二进三　　车7退3

34. 马四进二　　车7进2　　35. 炮四平一　　马2进4

虽然黑方逃过一劫，但局面依然困难，只得见招拆招，顽强顶住。

以下红方将要步入优胜残棋。

36. 炮一进五　车7退1　37. 马二进一　车7平9

无可奈何之举，如走车7退1，则马一进三象5退7，炮一进三，黑方损失更大。

38. 马一进三　象5退7　39. 车二平三　士5退6

40. 兵一进一　马4进5

至此，红方大占优势。如不出意外，获胜只是时间问题。

41. 车三退四　卒5进1　42. 兵九进一

不够细致。可走车三平五车9平5，车五平二！顿挫换位。以下黑不能再车5平9，因红可车二退一捉死黑方中卒。黑大概只好士6进5，则车二进四士5退6，炮一进三车5平9，炮一平四弃兵，尽毁黑方士象，取胜不难。

42. ……　马5进3　43. 车三平五　车9平5

44. 炮一进三　士6进5　45. 车五平三　将5平6

46. 车三进四　将6进1　47. 车三退三　象3进1

劣势下头脑冷静，正所谓“善败者不乱”也。赵玮此时钟面时间所剩无几，几乎是扫一眼就要走棋，但却临危不乱，尽量给对手施加障碍，韧劲十足。

48. 兵一平二

平兵准备退炮回营重新组织攻势。其实可以简单车三平九再取一卒，为胜利打下物质基础。

48. ……　马3退2　49. 相五进七？　卒5平4

王天一时间颇有富裕，见赵玮用时吃紧，这几步走得有些急躁。飞相蹩马属于白送，应该贯彻“残棋炮归家”的思路直接炮一退八，攻守兼备，胜望颇浓。

50. 仕六进五　卒4平3　51. 炮一退八　卒3进1

赵玮走得很坚决，破相之后黑方车马卒也有杀伤力，红方已经有顾忌了。恐怕王天一此刻也是后悔莫及，但他岂肯轻易罢战？要知道，正是对胜利的强烈渴望，才铸就了他胜率超过百分之九十的辉煌，有好多棋都是靠着咬牙坚持才赢下来的。何况此时红方仍然具有一定优势，自然全力争胜。

52. 兵二平三　士5进4　53. 炮一进一　马2进4

54. 车三平四　车5平6

兑车谋和，王天一继续求战而冒险杀卒。

55. 车四平九　车6进3　56. 车九平七　象1进3

王天一平车捉卒，空着。不如车九进一杀象，破釜沉舟以求一搏。赵玮高象阻隔，好棋！形势已经悄然在向利于黑方发展了。

57. 兵九进一　马4进3　58. 帅五平六　车6平4

59. 炮一平六　马3退2

残棋老练异常，退马预留小卒进击通道，红方局面失控。

60. 炮六退一　卒3进1　61. 车七平八　车4进1

62. 仕五进六　车4平6　63. 仕六退五　车6平4

64. 仕五进六　车4平6

65. 仕六退五　车6平4

66. 帅六平五　卒3进1

以上双方激战，扣人心弦。王天一支仕打车，退仕是用炮捉黑方底士，属于长捉，必须变着。无奈只能平帅，准备鸣金收兵。

67. 仕五进四（图三）

如图三，红方扬仕叫杀失

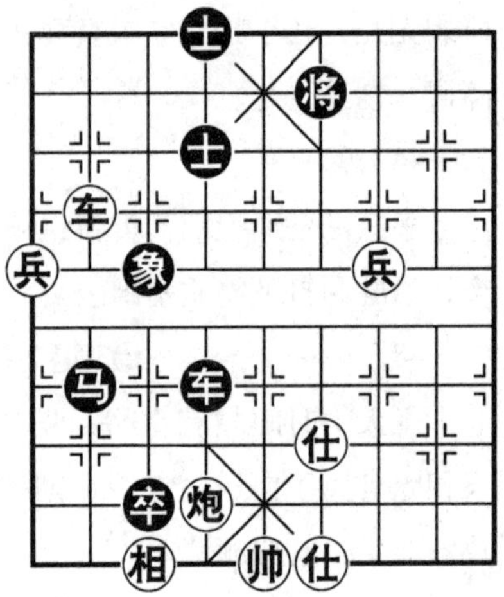

图三

误！黑方车马卒已杀至九宫，危急万分，理应冷静走㊣六进一。以下黑方❸2进4，㊕五进六，正好叫杀，黑无暇吃仕。正常应是和棋一盘。

67. …… ❶4平5 68. ㊣六平五 ❸2进4

天赐良机，黑方熬过了艰辛无比的日子，终于等到了对方的漏着，上海队有幸矣。

69. ㊙五平六 ❶5平4 70. ㊐八平四 ❻6平5

71. ㊖七进五

扬相叫将速败。但如㊐四平五❻5平4，㊣五平一❶4退1！准备❸4退5攻杀，红亦难逃罗网。

71. …… ❻5平4 72. ㊣五平二 ❶4平1

73. ㊖五退七 ❶1进3（黑胜）

战神倒下了，杭州队的2017象甲之旅也随之结束。本局赵玮的布局相当成功，但在中局阶段王天一还是展示出了恐怖的力量。残棋本是红优，可惜王天一似乎太过疲惫，没有发挥出自己的最佳水平，殊为遗憾。赵玮在劣势下防守反击，可圈可点，堪称名局。

第三十局　拐角马之累

季后赛第一轮结束后，上海、浙江闯入半决赛。根据规程，常规赛冠军广东队可以任选其中一队作为半决赛的对手。广东队经过研究，选择了浙江队——尽管常规赛时粤浙两度交手都是平局，而上海队却两次败于广东。为何如此？只因上海队实力平均没有明显短板，且赵玮上一轮刚刚击败了王天一，沪军气势正盛。浙江少帅赵鑫鑫虽然神勇无比，但其他年轻队员毕竟经验尚缺，比起老辣的上海队来说总是好对付一点。这样，塞外铁骑内蒙古队就要与上海队死磕。

11 月 9 日下午，两场半决赛同时开始。

上海队似乎从一开始就没想与内蒙古在慢棋中决胜负，而内蒙古队也害怕重蹈昨天杭州队的覆辙，因此大家都表现得温良恭俭让，四盘棋很快就全部以短和局告终。稍事休息即开始了 5 分钟加 3 秒的闪电战。前面两盘，赵国荣、郝继超分别战平了万春林、孙勇征。第三盘，内蒙古洪智出场，迎战上海赵玮。

内蒙古　洪智　先胜　上海　赵玮

仙人指路对卒底炮

2017 年 11 月 9 日弈于番禺

1．兵七进一　　炮2 平 3　　2．炮二平五　　象3 进 5

3．仕六进五

洪智今年象甲常规赛赢了 14 盘棋，除了首轮是摆当头炮之外，其余的 13 局全部都是起手仙人指路立功，可算是对此情有独钟。赵玮以卒底炮右象迎敌，这也是上海队研究有素的套路。第三回合红方补仕，系浙江陈孝堃大师首创，曾经风靡一时，至今仍长盛不衰。布局指导思想是保留马八进七的可能性，加强中心区域的争夺。

3．……　　　马2 进 4

跳起拐角马是上海队喜爱的下法，谢靖对此有深刻的体会。作为队友，赵玮自然也是了如指掌。另有卒7 进 1 的变化，以下马二进三马8 进 7，车一平二车9 平 8，车二进四炮8 平 9，车二进五马7 退 8，炮五进四士4 进 5，兵五进一马2 进 4，炮五平六……双方另具攻守。

4．炮八平六　　车1 平 2　　5．马八进七　　卒7 进 1

黑方先开动右翼，红棋自然也亦步亦趋。此时挺 7 卒针对性极强，是近年来后手方赖以抗衡的变例。

6．马二进三　　炮8平7　　7．马七进六　　车9进1

8．车一平二

看似平淡，实为洪智的改进之着。在象甲第21轮时，洪智与徐超弈到相同局面，红走相三进一，黑炮7进4，马六进四炮7平6，马三进二车2进4，马四退六炮6退3，车一进一炮6平8，车一平四马8进7，车四进三马7进8，马六进五车9平7，车四进一车2退2，马五进七炮8进2，车四平六车2平3，炮六进六……黑方以优良的防御最终让红棋无功而返。

8．……　　　　炮7进4　　9．炮五平四　　马8进7

红方卸开中炮调整阵型，严阵以待。

10．相三进五　　车9平6　　11．车二进四　　炮3平1

12．兵九进一　　车2进1（图一）

如图一，黑方高车，准备伺机马4退2摆脱牵制，但步调过于缓慢。观图可知，黑方深沟高垒军容严整，唯一的缺点是拐角马受制成为负担。不如改走卒1进1采取主动出击的态势，以下红炮六进六车6平4，马六进七炮1平3，兵九进一车4进5，舍小就大，牺牲一卒换来全局气机通畅，当可抗争。

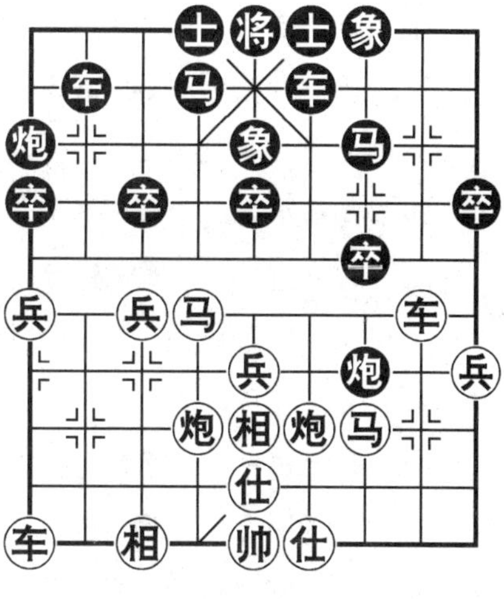

图一

13．兵九进一　　炮1进2　　14．车九进四　　车2进2？

瞻前顾后，犹豫不决。车置于冷巷是准备马4退2或者马4进2，其实并不能实现，不如直接车2进3巡河，可以左右呼应。

15. 兵五进一

目光敏锐，在双方六大子俱存的复杂局面下，能瞬间捕捉战机，洪智的乱战功夫名不虚传。冲中兵后，有车九退一捉炮的手段，黑方顿感头痛。

15. …… 炮7平2

被迫逃离险地，红马得以借打车先手跃出，棋局进入洪智擅长的领域了。

16. 马三进四 炮1平6

习惯性的应法却使局面雪上加霜，只因时间吃紧压力太大所致。只能车6平9委曲求全，红方虽然有较大的空间优势，但黑阵地尚无明显漏洞，可以坚守待机。

17. 炮六平八 炮2平7 18. 兵五进一

雄兵趁势强渡，如入无人之境。

18. …… 炮6进3

无可奈何，否则丢子。

19. 炮八平四 车6平7 20. 兵五进一 卒3进1

21. 兵五进一 象7进5

中兵连冲四步破象，空间优势转化为物质优势，简洁明快，酣畅淋漓。

22. 兵七进一 象5进3 23. 车九退一 车2平4

24. 马六退七 炮7进2 25. 相五退三（图二）

如图二，红方落相，关公脱袍，准备架中炮发起总攻，力在其中。如车二退三捉炮，则俗不可耐矣。

25. …… 车4进4

局势已非，如走士4进5，炮四平五将5平4，车九平三炮7平9，车三进二，红方胜势不可动摇。

26. 车九平五　　车7平5
27. 车五进五　　将5进1
28. 炮四平五　　车4平3
29. 车二进四　　将5退1

如马四进五，则车3平5，马五进七将5退1，相七进五，虽可得车，但不如实战锋锐，显得拖泥带水，不是洪智的风格。

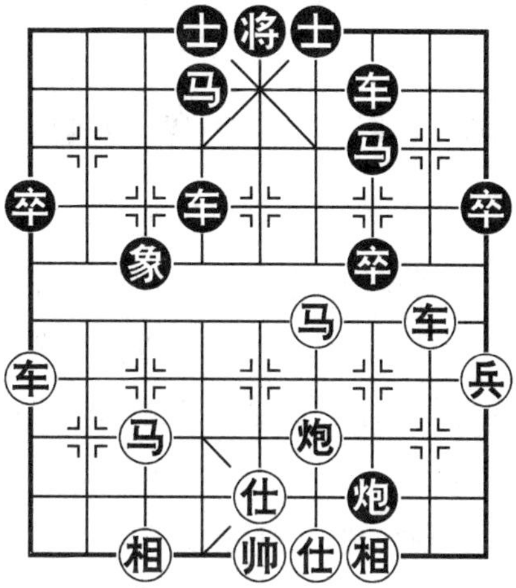

图二

30. 车二平六　　车3进2
31. 仕五退六　　车3退4
32. 马四进六

空头炮、锁喉车，只待马到成功，红马渡河已呈绝杀之势。

32. ……　　炮7平1　　33. 马六进四　　炮1进1
34. 仕六进五　　车3进4　　35. 仕五退六　　车3退1
36. 仕六进五　　车3进1　　37. 仕五退六　　车3退4
38. 仕六进五（红胜）

黑方无计解杀，黯然投子认负，洪智为内蒙古队拔得头筹。本局赵玮的布局亦是堂堂正正，只因中局两步缓手，被洪智抢到先机而再也动弹不得，洪的攻击能力令人叹为观止。纵观全局，黑方深受拐角马所累，牵一发而动全身，竟至处处掣肘，读者诸君当引以为戒。

洪智获胜后，内蒙古只需再得一分便可闯入决赛。不料谢靖背水一战击败蔚强，两队再成平局。第九局，比赛进入突然死亡，双方都派出了本队快棋最强者：洪智先手对谢靖。酣斗至中局，在均势下谢靖弈出大漏，被洪智马踏中营，一鼓而胜。就这样，洪智几乎凭借一己之力，将内蒙古队再度带入了决赛。

第三十一局　顿挫有方

话说广东碧桂园队锁定常规赛冠军后，有挑选半决赛对手的权利，又可多休息一天，真是以逸待劳。他们的对手浙江民泰银行队则与劲敌江苏队苦战八盘，方才惊险晋级。11 月 9 日下午，两场半决赛同时打响。

规程规定，广东队还有挑选主客场的权利。他们选择了客场，这样第四位出场的棋手将执红棋，比较有利。

浙江队第一个出场的是昨天立下大功的王家瑞，广东队则派出特级大师许国义。两位一场好杀，最后却只能收获平局。第二盘，广东队郑惟桐出战，迎战他的是浙江队二号人物黄竹风。

黄竹风，1992 年出生，浙江绍兴人，象棋大师。别看黄竹风年纪只有 25 岁，却是征战沙场的一员“老将”。他 8 岁就获得了全国“希望杯”儿童赛冠军，2004 年获全国少年赛 12 岁组冠军，2007 年年仅 15 岁就在内蒙古“伊泰杯”全国个人赛上晋升为象棋大师。黄竹风多年代表浙江征战象甲，棋风稳中有凶，等级分 2560，属于实力派的强大师。本届联赛，他在常规赛净赚三盘，而且数次上演单骑救主的好戏，是赵鑫鑫的左膀右臂。季后赛第一轮，就是黄竹风在超快棋的较量中为浙江队打开了胜利之门。

广东　郑惟桐　先胜　浙江　黄竹风

仙人指路对卒底炮

2017 年 11 月 9 日弈于番禺

1．兵七进一　　炮2平3　　2．炮二平五　　象3进5

3．马二进三　　卒3进1　　4．马八进九　　卒3进1

5．车一平二　　车9进1　　6．车九平八　　车9平4

轻车熟路，双方很快形成颇为流行的“仙人指路对卒底炮”，红方放卒过河，目的是加快出子速度，早年曾盛行一时。

7．炮五进四　　士4进5　　8．炮五平一　　马2进1

红炮连取双卒，为将来的战斗打下物质基础，是郑惟桐喜欢的变例。黑方马2进1先开通右翼，是后期大家比较青睐的下法，以往都清一色地选择马8进9。

9．仕六进五　　马8进9

红方补仕很有必要，防止黑车进仕角骚扰。

10．车二进四　　卒3进1

继续下卒。如车4进4，红炮八进二巧兑，车4平8，炮八平二，红方双炮位置极佳，多兵占优。

11．炮八平六

新颖别致，是对以往炮八平四的改进。

11．……　　卒3进1

不可炮8平7，否则马九进七！炮7进4，相七进五炮7平3，车二平七后炮进1，炮一退二！车4进5，车八进三，红方先弃后取将一举夺得优势。

12．炮六平四

并非白让一先。上一步如直接炮八平四，黑可卒3平4，既可威胁中兵，也控制红马之出路。现在诱敌下卒后再平炮移步换型，颇堪玩味。

12．……　　卒7进1　　13．相七进五　　车4进5（图一）

如图一，黑方进车欲对红方边马进行骚扰，但未奏效，致使跋山涉水深入敌后的过河卒轻易丢失，殊为可惜。笔者愚见，不如车4进2

捉炮，红炮一退二车4平3，暂时在敌军阵地里埋伏下一支小分队，红方也有顾忌。

14. 炮四平七　　车4平1

15. 相五退七

从容不迫，消灭后患，红方先手有所扩大。

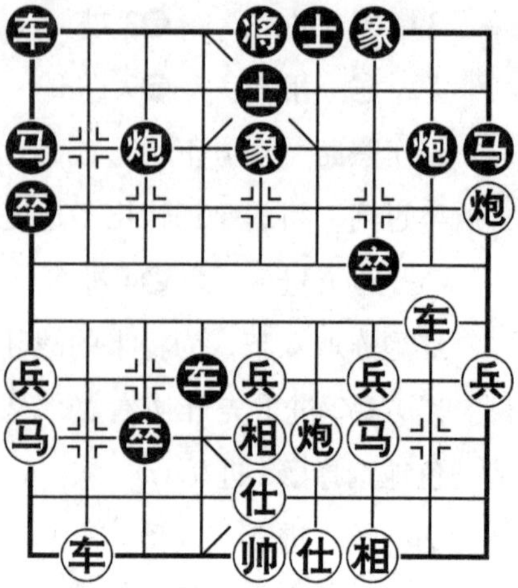

图一

15. ……　　后车平4

16. 相三进五　　车4进3

17. 炮一退二　　炮8平7

18. 车二平八　　马9进7

进马目的不明，似可改走卒1进1，静观其变为宜。

19. 后车进三　　车1平2　　20. 车八退一　　卒1进1

21. 兵五进一　　车4平5　　22. 车八平五　　马1进3

23. 炮七进五　　炮7平3　　24. 马九进七　　炮3进4？

以上一段，双方围绕中兵纠缠甚紧。黄竹风大师此步以炮换马，是为了消灭红方中兵，但兵种不全也是后患。可以考虑炮3平2，可对红方进行某些有效牵制。红如马七进六，则炮2进7，相七进九车5平4，车五平六（兵五进一？车4退3红中兵丢失）炮2退9，互缠为宜。

25. 车五平七　　马3退2

退马是预定手段，准备马2进4监视河沿。至此，红方如贪恋中兵走车七平五，黑方从容马2进4，下一步马4进3夺取中兵，顺利实现防守计划，局势可望缓解。

26. 马三进五　　车5进2　　27. 兵三进一　　车5退2

郑惟桐果断放弃中兵，盘马弯弓发动新的攻势，不拘泥于一城一地之得失，乃战略家的胸襟气度。黄竹风欣然受之，也是势在必行。

28. 兵三进一　　象5进7　　29. 马五进七　　马7退8？

一番折冲之后局面趋于平稳，红方有兵种之利，略占主动；但黑棋车马占据要道，防守稳固。此时黄大师本欲走象7退5，却不慎忙中出错误拿了马，真是急煞人也。偏偏这时用时也告急，焦躁之下只得退马，情绪大受影响。

30. 马七进九　　象7退5　　31. 马九进八　　马2进4

接连犯错。应走车5平2，马八进六车2平4，马六退八车4退1连续驱赶，不让红马有卧槽的攻势。

32. 马八进九

机不可失，郑惟桐扑马窥槽，黑方已陷入困境。

32. ……　　马4进3　　33. 马九退七　　将5平4

34. 炮一平六

如雷轰顶，红方车马炮珠联璧合，已是胜利在望。

34. ……　　车5平3　　35. 炮六平七！（图二）

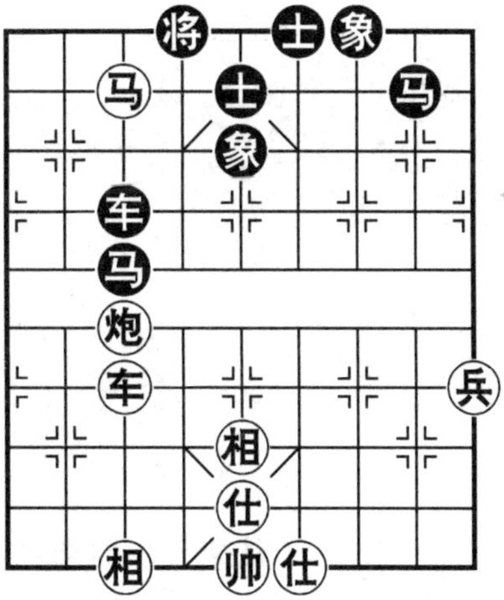

图二

如图二，郑惟桐平炮打车，冷着精妙！是一步强有力的顿挫，由此步入佳境。

35. ……　　车3平5

36. 车七平八　　象5退3

37. 车八进六　　象7进5

38. 马七退五　　马3退4

红方剑锋一转，从底线进攻，机动灵活。至此终于破去黑象，预示着这场战斗将要进入尾声。黑方退马无奈，如车5退1，红车八平七将4进1，车七退四，形成必胜残棋。

39. ㊉七平六　　将4平5　　40. 马五进三　　马4退6

41. 车八平七　　士5退4　　42. 车七退四

车如猛虎，马似蛟龙，一套漂亮的组合拳下来，红方已是赚到盆满钵满，胜势不可动摇。此时退车河沿，控制全局。

42. ……　　　马8进7

不可车5平7捉马，红有炮六平五镇空头的狠招。

43. 车七平四　　车5退1　　44. 车四进一　　将5进1

红方三步运车，逐渐缩小包围圈，至此黑方竟然无法动弹而只得以老将走闲。郑惟桐的“捆仙绳”可谓法术无边矣！

45. 车四平八　　车5平7

最后的失误。不过，即便不走此招，红棋也是胜定之局。

46. 车八进二（红胜）

失子失势，黑方放弃抵抗。郑惟桐精彩的攻杀给人以美好的艺术享受。

第三盘，赵鑫鑫遭到了广东张学潮的奋力抵抗，无功而返，使得比赛几乎失去悬念。最后，只需战平即可的许银川利用对手急躁求胜的心态再下一城，广东队遂以6比2大胜浙江队，与内蒙古队会师决赛。

第三十二局　季军之争

2017年11月9日，两场半决赛同时在广州番禺石碁中学打响。广东队以6比2击败浙江队闯入决赛，内蒙古队与上海队的决战则是跌宕起伏。内蒙古、上海两队四盘慢棋全部战平，加赛四局超快棋又各胜一局不分高低，直到第九盘，比赛进入“突然死亡”，才由洪智射入致胜金球，与广东再次会师。

冠亚军决赛将于10号上午进行，要命的是半决赛两支落败的队伍浙江与上海本已身心俱疲，还得马不停蹄挑灯夜战，决出三四名。

上海与浙江之战，四盘慢棋同样打平。到了超快棋环节，赵鑫鑫取胜赵玮；孙勇征马上还以颜色，经过一百多回合苦战击退王家瑞。黄竹风与万春林未分轩轾，决战在上海谢靖跟浙江徐崇峰之间展开。

几个小时之内下到第五盘，谢靖脸上充满了疲态。他的对手徐崇峰情况稍微好些，但也下到了第三盘。残酷的赛制加上十分接近的水平，使得比赛到了白热化的程度。5分钟加3秒的快棋，拼技术、拼体力，也拼运气，谁也不知道下一秒将会发生什么状况，胜负往往在于一念之间。

请看实战：

上海　谢靖　先负　浙江　徐崇峰

中炮横车七路马对屏风马

2017年11月9日弈于番禺

1．炮二平五　马8进7　2．马二进三　车9平8

3．兵七进一　卒7进1　4．马八进七　马2进3

5．车一进一　象3进5

谢靖是胡荣华老师最为得意的弟子，各种布局烂熟于心，尤其善于针对不同的对手制定相应的对策，可谓智慧超群。他的对手徐崇峰同样不简单，自小拜在“东方电脑”柳大华门下，各式各样的流行套路也是倒背如流。因此，谢靖祭出了师门绝技——中炮横车七路马。这一布局早在清代即有专著加以论述，童圣公所著《梅花泉》便以很大篇幅演绎了中炮横车与屏风马斗法的多种变化。不过，因横车步伐缓慢，很长一段时间内不受重视，顶尖高手采用者更是寥若晨星。直到20世纪60年代，对象棋艺术展开全面探索并刻意推陈出新的胡荣华在全国重大比赛上率先垂范，并获得辉煌战果，才逐渐引起人们的关注。

黑方补右象，是玄门正宗功夫。亦有车1进1或者象7进5的选择，但均不如飞右象刚柔相济，变化繁杂。

6．车一平四　　炮8进2

红方横车占据右肋，是胡荣华首创之法，古谱多走车一平六过宫，不如平四路攻守兼备平衡发展。黑方升起巡河炮，力求局势简明。此外另有士4进5和炮8平9的变例，变化十分复杂。

7．马七进六　　卒3进1　　8．马六进七　　卒3进1（图一）

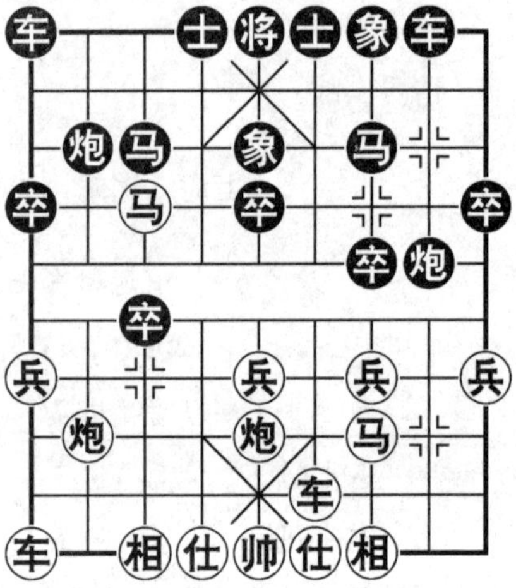

图一

如图一，此前红方跃马出击，也可改走炮八平九，黑卒3进1，车九平八车1平2，车八进四卒3进1，车八平七马3进4，车四平八车8进1，双方另有一番争斗。黑方挺卒邀兑，是升巡河炮的预定手段，红自然不予理睬，否则炮8平3后全盘皆活，于是进马压马，黑方顺势渡卒。以往红方至此局面均走车四平七消灭过河卒，以下炮2进2，车七进三炮2平3，炮八平七车1平2，车七平四车2进2！兵三进一炮8退1！黑方应付裕如。实战中，谢靖不走寻常路，突然另辟蹊径：

9．炮八平七　　卒3进1

平炮窥象，但黑过河卒也得以保留，利弊参半。或许谢靖心知肚明，若照搬前人俗套，想要取胜谈何容易？不如放手一搏把水搅浑，乱战中才有机会。小将徐崇峰见状，毫不手软，弃象冲卒，双方由此短兵相接。

10. ㊣七进五　　❶2平5　　11. ㊣七进五　　❶7进6

12. ㊣九平八

主力抢先开出，甚为要紧。如果贪图一时之快走㊣五进四，则❶4进5顺势补厚。由于红方中路空虚，黑方接着有❶8进3、❶6进4等绝对先手，红方不利。

12. ……　　❶6进4

攻守兼备的佳着。

13. ㊣八进四　　❶4进5　　14. ㊣七进五　　❶1平3

交换红方中炮后，黑方虽少一象，但过河卒威力很大，且红马不活，黑方已经是充分可战之局。谢特大背水一战的下法未能奏效。

15. ㊣七平八

威胁以沉底炮栓链黑车，逼迫黑棋作出反应。若㊣七平九，黑方就可从容❶3平4，红如㊣五进一，正好凑黑棋❶5进1，左右逢源，占尽先机。

15. ……　　❶3平2

必走之着。

16. ㊣四平二

颇费踌躇。如果㊣四进五进犯卒林，唯恐黑方有❶8进4手段，下伏左车袭扰红马，红方将非常头痛。比较稳妥的方式是㊣四进三联成霸王车，解决无根车炮受牵制的问题，但又顾忌黑有❶8进1的强硬招法，㊣四平二❶8进5，㊣八平二❶2进2交换后，红方残局比较辛苦。因此谢靖也回敬一手平车栓链，用心良苦。

16. ……　　❶3平4　　17. ㊣二进三　　❶4平5

虽然双方互相牵制，但黑有卒过河明显主动。徐崇峰两步横卒，思路清晰，步伐坚决，至此红方已经不容乐观。

18. 兵三进一?

过于从容。目前挺兵活马虽然也是红方迫切想要走到的一手，但左翼车炮被牵才是亟待解决的问题。就棋而论，红方应该炮八平九及时摆脱牵制方为上策。此手兑兵，让黑方巡河炮活动空间更大，从此局面困顿。

18. …… 卒7进1　19. 车二平三　前卒进1

舍生忘死，杀开一条血路。

20. 仕六进五　车8进1

红方临场稍一犹豫，便补起左仕。为何不走相三进五以绝后患呢？如相三进五，黑可能有两种选择：其一，炮8平5然后车8进6；其二，炮5进5轰相，帅五进一炮5退3，车三进二炮8退2！车三平二车2进1，黑方厉害。

黑方立即抬起左车，准备调至红空虚的左翼攻击，反应机敏。

21. 车三进五　前卒平6

红方不甘苦守，索性砍底象一逞，显然已经失去耐心。确实，从下午到晚上，谢靖现在已经苦战五局，体力严重透支，宁为玉碎不为瓦全也。

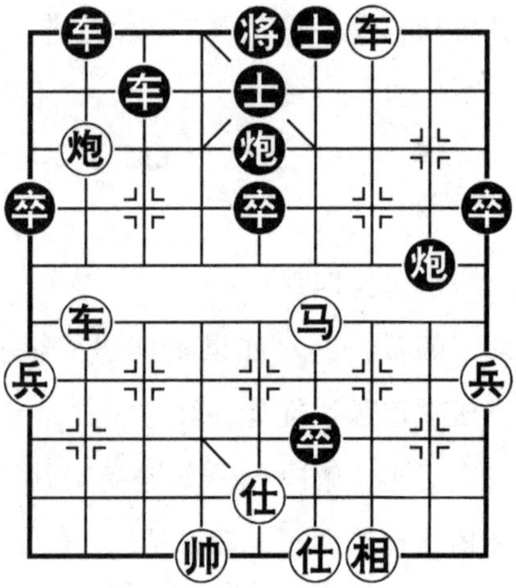

图二

22. 马三进四　车8平3

如改走炮8平5，仕五进四前炮平2，可以得子，但不及此招平车催杀狠辣。

23. 帅五平六　车3平4

24. 帅六平五　车4平3　25. 帅五平六　车3平4

26. 帅六平五　车4平3　27. 帅五平六　士4进5（图二）

如图二，观图可知，黑方补士准备车2平4杀棋，红方已是四面楚歌防不胜防了。

28. 车三退四　车2平4　29. 车三平六　车4进4

30. 马四进六　车3平4　31. 车八平六　炮5平4（黑胜）

最后几招，红方读秒声中大漏失车，棋局戛然而止。不过，即便不出此漏，黑也胜势不可动摇。

就这样，凭借徐崇峰的绝杀，浙江队战胜上海，获得本年度象甲联赛季军，上海获得第四名。

第三十三局　季后赛之男

又是一年过去，但进入总决赛的依然是那两支队伍：广东与内蒙古。

让我们把时光倒流，追溯到2016年11月的深圳坪山。当时决赛的第一盘是由内蒙古郝继超对阵广东张学潮，执红棋的郝布局成功，已经具备一定的优势，不料大意失荆州，一步随手棋竟然被张学潮把大车打死，就此倒下。随后吕钦出场，与赵国荣平稳弈和。第三个出场的洪智奋力猛攻郑惟桐未果，只能遗憾收获平局。广东队许银川压轴出战，在只需和棋就能夺冠的情况下，遭到了蔚强以命相搏，一度处于下风，幸赖残棋老练苦守过关。广东队历史上第六次夺得联赛冠军，内蒙古屈居亚军。

往事历历在目，恍如昨日，塞外铁骑重整旗鼓卷土重来。半决赛，他们与上海队鏖战九局，枪林弹雨，血肉横飞，凭借洪智两盘超快棋的胜利，惊险过关。而广东队与浙江一战相对轻松，他们在四盘慢棋中就以6比2胜出，队中双核许银川、郑惟桐都有精彩的表现。

决赛第一局，由洪智先手对阵张学潮。

张学潮，1989年出生，广东汕头人，象棋特级大师。他自幼师从于汕头著名教练章汉强（章教练也是许银川的启蒙老师），后来被吕钦看中，挑选进入广东队。张学潮2009年就被派上象甲大舞台，是广东队2012年、2014年、2016年夺冠的主力队员。他为人谦和，能征善战，被吕钦称为广东队的“福将”。张学潮有着强烈的团队意识，在广东队征战象甲的最近两年中，为了保证许郑两位拿分，自己主要以拿后手居多，从无怨言（与之类似的还有特级大师许国义）。

裁判长栾晓峰一声令下，比赛开始。

内蒙古　洪智　先胜　广东　张学潮

对兵局

2017年11月10日弈于番禺

1．兵七进一　　卒7进1　　2．马八进七　　马8进7

3．车九进一　　象3进5　　4．车九平三　　马2进4

洪智一如既往地以仙人指路开局，张学潮应以对挺卒，习惯上大家把这类开局统称为对兵局。其实这个称谓还是比较笼统，因为布局尚未定型，由此可以转化为多种局面。第二回合红方如炮二平三，也是极为流行的下法。洪智选择进马、抬横车，是较量中盘功力的走法。

5．马七进六　　炮8进3　　6．相三进五　　车1平3

红方跃马盘河，主动出击；黑棋进炮骑河针锋相对。此手平车象位准备从3路线杀出，是此类布局常见的手法。不可贪图小利走卒7进1，因红方马六退七后，黑方度数有亏。

7．马二进一　　卒3进1　　8．炮八平七　　车3进2

斜谷出兵，构思新颖。从实战效果来看略显缓慢，似可商榷。此时可供黑方选择的路线很多，初看可以卒7进1攻马，但红有车三平六，以下黑如果卒7进1，车一平三；又如卒7平6，红炮二平三，两种变化均对黑方不利。但可考虑卒5进1威胁河口红马，红兵一进一则炮8平6，可以抗衡。

9．兵一进一　　炮8进1　　10. 兵三进一　　车3平4

11. 马六进七　　马4进6　　12. 兵七进一　　炮8退2

13. 炮二平三　　车4进1（图一）

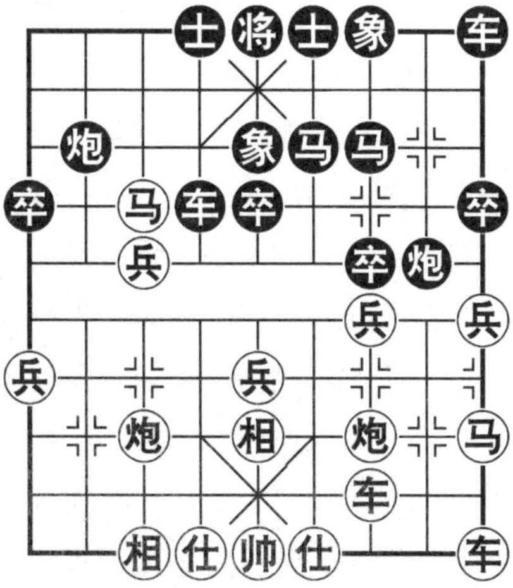

图一

如图一，红方以上步步紧逼，使得局势剑拔弩张，而这种复杂的局面恰好是洪智所擅长的。黑方进车是想暂缓红方在三路线的攻势，不料顾此失彼，右翼出现薄弱环节。此手可走车9进2保马，尽快使动荡不安的局面安定下来较为妥当。

14. 车三平八　　炮2平3

临场这一步平车捉炮，洪智走得飞快。也可考虑刁钻古怪的招法——马七进九，在短时间内对黑方是个极大的考验。

15. 马七进九　　炮3进5　　16. 炮三平七　　炮8平3

17. 车一进一

善战者求之于势。在左翼取得某种进攻态势后，洪智果断抬起横车助攻，临场给予张学潮很大压力。

17. ……　　车9进1

过于小心，不如干脆卒7进1，看红方如何来进攻。以下红并不能车一平六兑车，因黑车4进5，车八平六炮3进5，仕六进五象5退3，帅五平六士4进5，炮七平八象3进1，炮八进七士5进4，车六进六炮3退2，黑方可以应付。

18. 车一平四　　士6进5

如炮3退2，恐红方有车八进六跟踪追击。

19. 马一进三　　卒5进1

红方得理不饶人，每步都是进攻招数，可谓凶悍。张特大此刻为其气势所慑，无暇推敲，只好见招拆招。

20. 兵三进一　　象5进7

红方驱兵渡河，黑方马炮象三子都可灭之。究竟用哪一个吃为好呢？实战张学潮用象吃兵还是比较稳妥。如果炮3平7或者马6进7，红都有车八进五手段，强占卒林，其势更盛。

21. 车八进四　　炮3退2　　22. 车八进二　　炮3进4

23. 车八退四　　炮3退4　　24. 车八进四　　炮3进4

25. 车八退四　　炮3退4　　26. 仕六进五

双方时间颇为紧张，红连续捉炮观其动向，黑不为所动。现在洪智补仕老练，防止将来黑炮可以打将，补厚自身的同时，也把犯错误的可能性转移给黑棋。

26. ……　　　　象7退5

红炮瞄着底线闷宫，从情理上来讲，一般都会选择联象，但此时回象却加速了失败。黑方可以马6退4，先解决红方卧槽马的攻势，虽然局面依然困难。

27. 车四进三　　车9平8　　28. 马九进七　　车4退2

29. 车八平六　　象5进7

象起象落之间，局势已非。黑方担任重要防守任务的车被交换掉，从此右翼马炮如孤雁离群，红方车马炮纵横捭阖无所顾忌，胜利在望。

30. 车六进五　　马6退4　　31. 车四进二（图二）

如图二，红车进驻卒林要道，黑方各子已动弹不得。请欣赏洪智的入局手段。

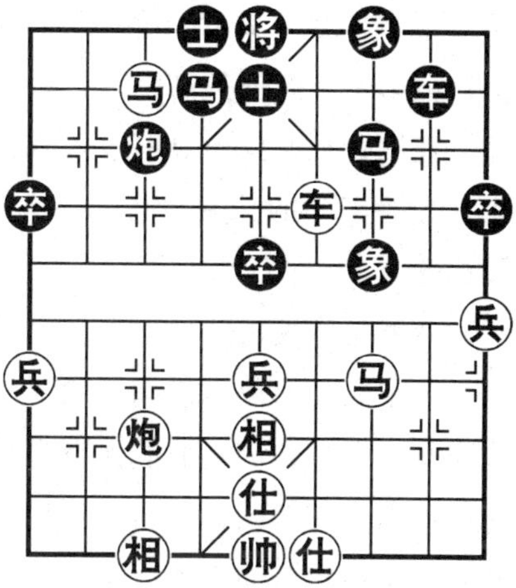

图二

31. …… 炮3进4

32. 炮七平八 士5退6

33. 兵五进一 炮3平2

34. 车四平八 炮2平6

35. 车八平六（红胜）

终局形势，红方平车伏炮八进七得子，黑如炮6平2，兵五进一，黑方诸子受制，以下红方还有炮八平六、马三进五等等攻杀手段，委实难以抵挡，张学潮只得投子认负。

这也是洪智在本届象甲联赛的最后表演。他在季后赛出场四次，取得三局胜利，分别战胜了赵玮、谢靖，把队伍带入决赛；又在总决赛身先士卒勇拔头筹，力克张学潮，使得塞外铁骑无限接近他们的首座联赛冠军金杯，季后赛最有价值棋手的荣誉当之无愧。

第二局，广东队郑惟桐击败赵国荣，扳平比分。第三局，许国义后手顶住了郝继超的进攻，双方打成平手。最后一战，广东队许银川与内蒙古蔚强继去年总决赛后再度对决，许银川胜出，广东队打破了奇数年不夺冠的魔咒，第七次获得象甲联赛冠军。

第三十四局　终结者

他是继杨官璘、吕钦之后，南粤大地孕育出的又一位棋坛王者。他15岁即成为象棋大师，18岁登顶，是胡荣华之后夺冠时最年轻的全国冠军（胡荣华15岁称王）。他六次登上棋坛的珠穆朗玛峰，是夺冠次数第二多的顶尖高手。他是继赵国荣、吕钦之后第三位集全国冠军、亚洲冠军、世界冠军于一身的"全冠王"。象甲联赛，他六次获得"射手王"的殊荣（其中一次与蒋川并列），是广东队六夺联赛冠军的绝对主力。

那就是许银川。

广东队与内蒙古队再次决战于紫禁之巅，首盘洪智战胜张学潮，先声夺人；第二盘郑惟桐力克强敌，以精妙的攻杀扳倒赵国荣；第三盘，广东许国义稳如泰山，顶住了郝继超的进攻，两队比分持平。决战在许银川和蔚强之间上演。

许银川提前来到座位，放下茶杯，凝视着棋盘，进入一种老僧入定般的状态。

蔚强在比赛大厅的另一头，见许银川已经入座，便欲前往。主教练洪智似乎看出爱徒有一丝紧张，上前叮嘱："放开下，你可以考虑积极一点的下法，不要有太大的压力。"蔚强点头答应。

虽然许银川的巅峰期已过，但当这位昔日的王者端坐在你面前，淡定自若的神态和那笔直的身姿，立即会给对手一种极其强烈的压抑之感。何况这盘棋还是由许银川执先呢？蔚强今年的表现和去年相比还是有些落差的，输的盘数比较多，这也无形中造成他的自信心不足。

历史性的时刻到来了，记者们的相机"咔嚓"之声过后，比赛开始。

广东　许银川　先胜　内蒙古　蔚强

飞相局对左中炮

2017年11月10日弈于番禺

1．相三进五　　炮8平5　　2．兵三进一

许银川以飞相起手，蔚强还以左中炮，第二回合抢挺三路兵是许

的预订方案。一年前，同样是象甲联赛冠亚军决战的最后一盘，同样是许银川执先对蔚强，当时的积分形势是广东队领先一局，许银川只要打平即大功告成。红方当时走马二进三卒7进1，兵七进一马8进7，马八进七车9平8，车一平二炮2平3，马七进八马7进6，仕四进五马6进5，炮二平一车8进9，马三退二车1进1，炮八进七车1平2，马八进九车2进2，车九进二车2平1，车九平六士6进5，车六进一车1平2，马二进四马5退6，炮八平九车2退3，炮九退三车2进3，炮九进三卒5进1，车六平四（稍软，宜炮一进四）马6退7，车四进三炮5进1，黑颇具弹性，许银川后来凭着深厚的残局功底下风成和。前事不忘，后事之师，虽然广东队夺冠，但许银川对自己本局的下法很不满意。时隔半年后，2017年5月8日，许银川遭遇洪智，扬长避短，把第二回合的马二进三改为兵三进一，取得了不错的效果。虽然那盘棋最终成和，但至少战术上压制住了对方的强项。因此，在如此关键的战役中，许特大继续如此，也就不足为奇了。高手相争，每一个细微动作或许都是大有深意，爱好者不可等闲视之。

2．……　　　　炮5进4

远炮轻发，利弊参半，或许是蔚强临场即兴而为。常规赛第五轮，许洪对局为：马8进7，马二进三车9平8，车一平二炮2平4，马八进七马2进3，车九平八车1平2，炮二进四卒3进1，仕四进五士6进5，炮八进四马3进4，炮八平七车2进9，马七退八马4进5，马三进五炮5进4，炮二平五……兑尽双车较量马炮残棋，红方稍好。蔚强当然记得这盘棋，自知没有师父洪智那样的功力，不愿与许银川下无车棋，于是另辟蹊径。

3．仕四进五　　炮5退1　　4．马八进七　　马8进7

5．炮八平九　　马2进3

这几步棋，许银川弈来轻快，蔚强却显得犹豫不决，耗时不少。

看来年轻小将还是心理压力太大。

6．车九平八　　车1平2

7．车八进四　　卒5进1

8．马二进三　　车9平8

9．车一平二　　车8进4

10．炮二进一（图一）

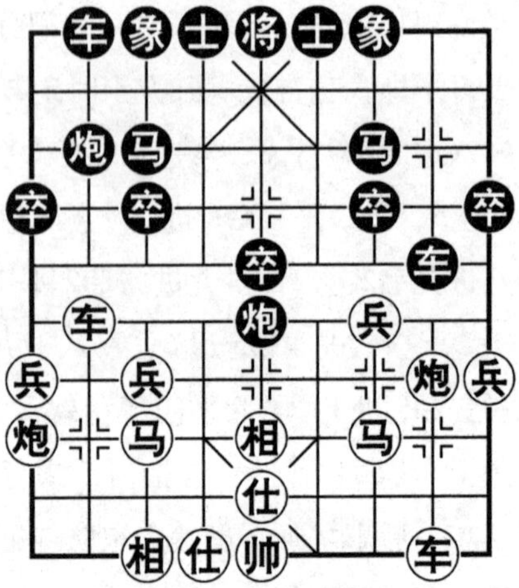

图一

如图一，红方升炮准备平中消灭黑方中卒，继而威胁黑炮。以下兑掉双车已是无可避免，许银川细腻的残棋功夫将大有用武之地。

10．……　　炮2平1

11．车八进五　　马3退2　　12．炮九进四　　卒3进1

红方边炮出击考验黑方，蔚强在此又是大为纠结，良久才选择了卒3进1制马。其实黑可以卒7进1，红如炮九退一牵制，黑马7进5，较为灵活。

13．炮九退一　　马7进5　　14．炮二平五　　车8进5

15．马三退二　　象3进5

兑掉双车后局面平稳，红方仅多一边兵，具有微弱优势。但不可忽视的一点是：接下来的战斗将会十分漫长，而蔚强的耗时已大大多于许银川，这是一个潜在的危险因素。

16．马二进三　　卒7进1　　17．马三进四　　马2进3

18．炮九平五　　卒7进1　　19．相五进三　　炮1退1

20．相三退五　　炮1平5

双方子力紧密纠缠，在中路形成一字长蛇阵。黑方下一步要马5进7跃出，且看红棋如何应对？

21. 后炮平三　　象5退3？

许银川这一手平炮走得铿锵有力，落子如飞，多少给蔚强造成了某种程度的影响。蔚强见跃马出击的计划不能实现，慌乱之下退象邀兑，导致吃亏。其实，黑大可不必理会，应立即马3进4窥视红方七路兵，足可一战。

22. 马四进三

见缝插针，机敏。

22. ……　　　　后炮进3

察觉不妙，已悔之晚矣，只好忍气吞声吃点小亏。假如再走象3进5顽固不化，红有马三进五的奇袭，黑将白白丢失双象而处于败势。

23. 炮三进六　　士6进5　　24. 马三退五　　马3进4

红方顺势带响吃象，自然是心满意足。不过黑棋立即扑马上前剿灭七路红兵，子力也渐趋活跃。

25. 炮三退六　　马4进3　　26. 帅五平四　　马5进7

许银川突然加快了行棋的速度，其实他的时间还挺富裕，此举意在给蔚强造成心理恐慌，体现了丰富的比赛经验。红方此手出帅老练，忙而不乱，如随手马七进五，黑方马3进5回敬一手弃马搏相，则前功尽弃也。

27. 相五进三　　马7退6　　28. 马五进三　　马3退4

29. 相七进五　　炮5退2　　30. 马七进六　　炮5进3

31. 兵一进一　　士5进4

以上几手，蔚强时间甚为吃紧，但并未慌乱，弈来井井有条。唯此手士5进4略缓，可走马6进8盯住边兵。红若炮三平一马8进9，炮一进三马9进7以攻为守，和味极浓。

32. 马六进四　　炮5平6　　33. 兵九进一　　士4进5

34. 兵九进一　　马4进6　　35. 马四退六　　前马退7

红方徐徐推进的边兵即将加入主战场，蔚强扑马向前逼兑。原本以为红只能马三退四，黑炮6退2交换后基本成和，谁知许银川灵巧地一个回马，造成黑棋兵种不全。蔚强略微一愣，棋钟只剩下几秒，连忙退马吃马。

36. 马六退四　　马6进5

37. 马四进六（图二）

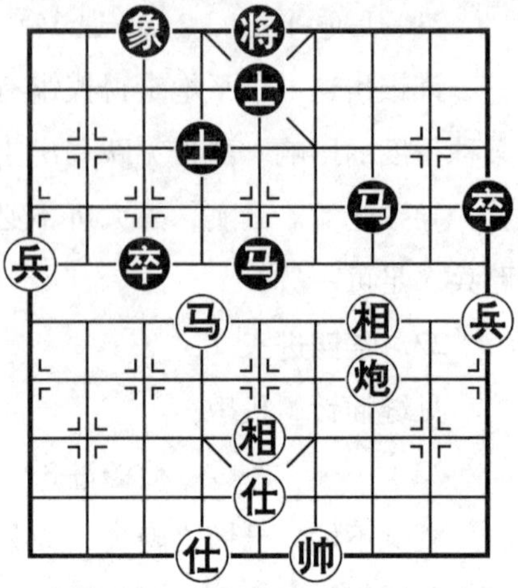

图二

如图二，蔚强正准备卒9进1邀兑，未及走出，计时钟无情地响起，黑方遗憾超时。论局势，黑方虽处下风，但若防守精确，红方未必能胜。事后笔者就这一残局请教许银川，许的回答很客观：“正常情况下应该要和，不过他的时间太紧，红方也存在机会。”

局后复盘探讨，许银川道：“你前面想得太久了！我也没什么棋呀，你干嘛考虑那么久?”蔚强有些不好意思，并未回答。笔者妄加猜测，估计还是心理压力过大，技术层面的原因倒还在其次吧。

许银川又一次扮演了终结者的角色，同时也帮助广东队首次蝉联冠军（此前广东队虽然六次捧杯，但从未蝉联），打破了奇数年不能夺冠的魔咒。象甲联赛15年，广东队七次称王，许银川功勋卓著。内蒙古队虽然再次功败垂成，但冠军只有一个，能够连续两年打进总决赛，他们也是了不起的英雄。